KB214993

곽선희 목사 설교집
51

선으로 악을 이기라

곽선희 지음

계몽문화사

머 리 말

　'복음은 들음에서'—이는 진리이며 우리의 경험입니다. 하나님께서 우리에게 주신 복 가운데 가장 큰 복은 말씀을 주신 것입니다. '말씀이 육신을 입어서 오신 것'입니다. 말씀을 주셨고 들을 수 있게 하셨고 마음문을 열고 받아 믿게 하신 것, 참 놀라운 은혜입니다.

　말씀은 단순한 지식이 아닙니다. 추상적인 이론이 아닙니다. 말씀은 선포되는 하나님의 계시적 능력인 것입니다. 말씀의 권능, 그 능력을 알고 체험하면서 비로소 '말씀 안에서 태어나는 생명적 기적'이 나타나게 됩니다. 오늘도 그 말씀이 증거되고 새롭게 선포되고 있습니다. 설교가 곧 말씀입니다. 성령의 역사와 함께 끊임없이 이루어지는 생명의 역사입니다. 이 선포되는 말씀, 증거되는 진리를 통하여 구원의 능력은 항상 새로워집니다. 말씀 안에서 새 생명이 탄생하고 말씀 안에서 영혼이 소생하며, 그 큰 능력 안에서 우리는 강건해집니다. 우상을 이기는 능력의 사람으로 성장해가는 신비롭고 놀라운 사건을 강단에서 늘 경험하고 있습니다.

　여기에 또다시 설교말씀을 모아 책자로 내어놓습니다. 예수소망교회 강단을 통하여 하나님께서 우리에게 주신 말씀입니다. 이제 그 말씀을 책자로 엮어 내어놓음으로써 우리가 시간과 공간을 월하여 개별적으로 하나님을 만나게 되는 '말씀의 역사'에 귀중한 방편이 되고자 합니다. 책자라는 그릇에 담긴 이 말씀들은 읽는 자의 마음 안에서 또다른 '말씀의 신비한 기적'을 낳게 되리라 확신합니다.

　한 시간 한 시간의 설교를 위하여 간절히 기도해주신 모든 성도들과 이 책자를 출간하기까지 수고해주신 여러분께 진심으로 감사를 드립니다. 그리고 또다시 영광을 오직 하나님께 돌리면서……

곽 선 희

곽선희 목사
장로회 신학대학 졸업
프린스턴 신학석사
풀러신학 선교신학박사
인천제일교회 목사
장로회 신학대학 교수 역임
숭의여자전문대학 학장 역임
서울장로회신학교 교장 역임
소망교회 원로목사

곽선희 목사 설교집 제51권
선으로 악을 이기라
인쇄 · 2014년 7월 15일
발행 · 2014년 7월 20일
지은이 · 곽선희
펴낸이 · 김종호
펴낸곳 · 계몽문화사
등록일 · 1993년 10월 11일
등록번호 · 제16—765호
전화 · (02)917-0656
　　　　010-3239-5618
정가 · 20,000원
총판 · 바전북 / (031)907-3927
ISBN 978-89-89628-34-7　03230

선으로 악을 이기라

성서적 전쟁의 속성

    블레셋 사람이 점점 행하여 다윗에게로 나아오는
데 방패든 자가 앞섰더라 그 블레셋 사람이 둘러보다
가 다윗을 보고 업신여기니 이는 그가 젊고 붉고 용
모가 아름다움이라 블레셋 사람이 다윗에게 이르되
네가 나를 개로 여기고 막대기를 가지고 내게 나아왔
느냐 하고 그 신들의 이름으로 다윗을 저주하고 또
이르되 내게로 오라 내가 네 고기를 공중의 새들과
들짐승들에게 주리라 다윗이 블레셋 사람에게 이르
되 너는 칼과 창과 단창으로 내게 오거니와 나는 만
군의 여호와의 이름 곧 네가 모욕하는 이스라엘 군대
의 하나님의 이름으로 네게 가노라 오늘 여호와께서
너를 내 손에 붙이시리니 내가 너를 쳐서 네 머리를
메고 블레셋 군대의 시체로 오늘날 공중의 새와 땅의
들짐승에게 주어 온 땅으로 이스라엘에 하나님이 계
신 줄 알게 하겠고 또 여호와의 구원하심이 칼과 창
에 있지 아니함을 이 무리로 알게 하리라 전쟁은 여
호와께 속한 것인즉 그가 너희를 우리 손에 붙이시리
라 블레셋 사람이 일어나 다윗에게로 마주 가까이 올
때에 다윗이 블레셋 사람에게로 마주 그 항오를 향하
여 빨리 달리며 손을 주머니에 넣어 돌을 취하여 물
매로 던져 블레셋 사람의 이마를 치매 돌이 그 이마
에 박히니 땅에 엎드러지니라
(사무엘상 17 : 41 - 49)

성서적 전쟁의 속성

네덜란드는 작은 나라입니다. 우리는 히딩크 감독 덕분에 네덜란드에 관심을 많이 가지게 되었습니다. 네덜란드 하면 풍차와 튤립으로 유명한 나라이고 아름다운 풍광으로 가득한 나라, 그렇게 정원도시로, 정원적인 나라로 기억되고 있습니다.

만일에 여러분이 네덜란드를 혹 관광을 한다고 하면 반드시 안네 프랑크의 집을 빼놓을 수 없을 것입니다. 3층집입니다. 그 꼭대기에 올라가면 책상 하나가 놓여 있고 그것을 살짝 밀면 비밀통로가 나타납니다. 그 통로 아래로 있는 조그마한 공간이 바로 독일 게슈타포를 피해서 유대인 가족이 숨어 있던 곳입니다. 그리고 그곳에서 열세 살난 어린 소녀 안네가 일기를 썼습니다.

이 일기는 모든 소녀들이 한 번쯤은 읽어야 하는 필독의 저서가 됐고 「안네의 일기」는 세계적으로 많은 사람의 마음을 감동시킨 그런 책이 되었습니다. 그 안네의 일기 속에 있는 한 대목입니다. '우리 세계가 어두움의 세력에 점점 포위되어 가고 있는 것을 느낀다. 공포와 죽음이 다가오고 있는 것을 느낀다. 그러나 동시에 우리는 이 공포와 학살과 죽음과 전쟁의 건너편에서 우리를 향해 다가오는 하나님의 나라의 빛을 바라보고 있다. 우리에게는 하나님의 나라가 바로 평화의 원천이다. 우리는 이 소망 때문에 이 작은 공간에서도 천국을 경험한다.'

세계적인 유명한 역사가 찰스 베어드는 평생토록 역사를 연구했고 수십 권의 책을 썼습니다. 그런데 그는 말합니다. '아무리 보아도 역사는 전쟁이다. 전쟁으로 점철되어 있다. 전쟁이 없는 사회도 없고 전쟁이 없는 나라도 없고 한 번도 전쟁 없는 세대가 없었다.' 그러니까 조금 조금 우리에게 평화가 있지마는 그 자체가 기적입니다. 참 기적입니다. 더더욱 우리같은 나라는 여러 가지 여건으로 보아서 하루하루 평화롭게 산다는 것이 엄청난 기적이 아닐 수 없습니다. 그런데 찰스 베어드는 결론을 짓습니다. 전쟁은 하나님께 속한 것이라고…… '악의 승리, 어두움이 빛을 몰아내는 것처럼 느끼지만 결코 아니다. 맷돌이 천천히 돌아가는 것같지만 보드랍게 갈고 있는 것처럼 말이다. 하나님의 심판과 구원이 동시적으로 순간순간 항상 바르게 나타나고 있다. 그것이 전쟁이다.'

여러분, 전쟁이 무엇입니까? 오늘 성경은 우리에게 가르쳐줍니다. 소년 다윗은 외칩니다. 전쟁은 하나님께 속한 것이라고. 사람의 일 같은데 사람의 일이 아닙니다. 아니, 악마의 일 같은데 악마의 일도 아닙니다. 악한 사람 때문이라고 하지만 그것도 아닙니다. 하나님께 속한 것입니다. 하나님의 능력과 지혜 안에 전쟁이 있습니다. 작은 전쟁이든 큰 전쟁이든 큰 사건이든 작은 사건이든 오늘 우리 주변에 있는 사사로운 사건 속에도 하나님의 경륜이 있고 그의 능력과 지혜가 계시되어 있습니다.

'전쟁은 하나님께 속한 것이다.' 그 말의 뜻이 뭐냐하면 전쟁을 통해서 하나님께서 악을 심판하신다는 것입니다. 여기에 문제가 있습니다. 악을 심판하신다면 하나님께서 그때그때 악한 사람의 머리에 벼락을 치시든가 그랬으면 얼마나 좋겠습니까? 그런데 그렇지 않습니다. 이상하게도 잠시 잠깐 악한 자의 승리가 보입니다. 악한 사람이 득세합니다. 불의한 자가 더 큰 세력을 가지는 것 같습니다.

불의한 자가 성공하고 돈도 벌고 권세도 얻는 것처럼 그렇게 보입니다. 그 자체가 큰 시험입니다. 그래서 구약성경에는 여러 곳에서 말씀합니다. '악인의 형통함을 부러워하지 마라 잠시 후에 없어지리니 다시 살필지라도 없을 것이다.'

여러분, 악인의 형통을 부러워하지 마세요. 불의한 자가 돈벌었다고 부러워하지 마세요. 불의한 방법으로 성공했다고 성공이라고 생각하지 마세요. 왜요? 하나님께서는 불의한 자로 하여금 성공하게 하고 악으로 하여금 득세하게 하고 그리고 교만하게 만듭니다. 교만이 끝까지 갑니다. 마침내 하나님을 부인합니다. 의를 부인하고 진리를 부정합니다. 여기까지 간 다음에 내려치십니다. 이게 하나님의 방법이라고 찰스 베어드는 누누이 설명하고 있습니다.

그래서 하나님께서는 악을 심판하실 때 꼭 성공하게 만드십니다. 교만하게 만드십니다. 그리고 나서 '꽝'하는 것입니다. 악인의 형통이 있을 때 부러워하지 마세요. 그것을 성공이라고 생각하지 마세요. 절대 그런 것이 아닙니다. 하나님께서는 악을 심판하십니다. 그리고 악을 성공하게 만드십니다. 잠시 잠깐 꼭 성공한 것 같습니다. 그러나 이 일을 통하여 모든 작고 큰 악이 다 노출됩니다. 끝까지 노출되고 만인이 알 만큼 된 다음에 마침내는 하나님을 부인하는 데까지 옵니다. 하나님을 모독하는 데까지 옵니다. 그리고 "꽝"하는 것입니다.

일본 수상이 태평양전쟁 말기에 독일을 방문했습니다. 독일과 일본이 연합을 해서 이 전쟁을 승리로 이끌겠다고 거기까지 갔을 때 그때에 독일에서 군대를 불러서 일본 수상 앞에 사열을 했습니다. 사열을 하는데 독일 군대가 줄을 맞춰서 앞으로 지나갑니다. 히틀러가 기분이 좋았습니다. 그래서 한마디 했습니다. "우리 독일 군대는 하나님 외에는 절대로 두려워하지 않습니다." 이렇게 말했습니다. 그랬더니 일본의 동조(東條)가 뭐라고 했는지 아십니까? "우리 일본 군대는 하나님도 무서워하지 않습니다." 그랬습니다. 그 말 하고 얼마 안돼서 일본이 망했습니다.

여러분, 이런 교만 말입니다. 제가 좀 답답한 것은 여기까지 간 다음에 멸망이 온다는 것입니다. 좀더 일찍 심판하셨으면 좋겠는데 답답합니다. 그러나 하나님께서는 그렇게 하시지 않습니다. 오늘 성경에도 보면 골리앗 대장이 나옵니다. 골리앗은 큽니다. 창을 들고 천하무적입니다. 온 이스라엘 백성이 벌벌 떱니다. 이 한 사람 골리앗 대장이 언덕 위에 올라서서 소리를 지르는 모습을 상상해보세요. '하나님께서는 뭘 하고 계시나, 벼락을 치시지 않고.' 그러나 거기까지 버려두셨어요. 골리앗의 교만이 끝까지 도달했습니다. 여호와 하나님을 모독하는 큰 소리를 합니다. 그 다음에 "꽝"했습니다.

하나님의 심판은 그러합니다. 없는 듯 있습니다. 아주 전혀 모르는 것같이 보이지만 세밀합니다. 조용히 생각해보세요. 평소에는 우리가 잘 모릅니다. 그러나 전쟁을 통해서 하나님의 심판이 나타날 때 보세요. 어쩌면 정확하게 개인이나 나라나 가정이나 하나님께서는 심판하십니다. 그것이 전쟁입니다. 하나님께서는 세밀하게 심판하십니다. 전쟁이라는 큰 사건을 통하여……

두 번째는 하나님께서 구원하십니다. 전쟁을 통하여 하나님의 백성을 구원하십니다. 하나님께서 사랑하시는 자를 구원하십니다. 믿음의 사람을 구원하십니다. 의와 불의가 섞여 있고 선과 악이 혼돈합니다. 평소에는 의인지 악인지 악 같으면서도 의요, 의 같으면서도 불의요, 알 수가 없습니다. 평소에는 의와 불의를 구분하기 어렵습니다. 그렇게 혼돈하다가 전쟁이라는 큰 사건 앞에서 모든 모습이 다 노출됩니다. 악은 악으로 불의는 불의로 참 특별합니다. 이걸 우리가 꼭 잊지 말아야 합니다.

제 개인적인 얘기를 해서 죄송합니다마는 전쟁 때 첩보대에 있었는데 첩보대에 한번 나가면 보통 12명 나가는데 8명밖에 못돌아옵니다. 그러니까 4명 정도는 실종되든가 죽든가 그렇습니다. 그런 위험한 일이지만 매일 밤 첩보대가 나갑니다. 첩보대에 가서 때로는 육박전도 하고 위험한 곳에 가서 첩보활동을 치르고 그렇게 돌아왔습니다. 옷에 피가 묻고 그렇지요. 그 돌아온 모습을 한번 봅니다. 돌아온 다음에 어떻게 하나? 여기서 딱 갈라집니다. 돌아오면 자유를 주거든요. 그러면 불의한 자는 돌아왔으니까 먹고 마시고 얼마나 못되게 노는지 모릅니다. 마지막에는 권총까지 다 팔아먹습니다. 아무도 못말립니다. 맘껏 발악을 하고 맘껏 향락을 하고 다시 또 나갑니다. 그런가 하면 그 가운데에 예수믿는 사람들을 보면 잠깐 휴가 나와서 조용하게 교회를 방문합니다. 성경을 읽습니다. 묵상하고 기도합니다. 또 앞에 어떤 일이 있을지 모르니까 조용하게 마음을 경건하게 준비하는 것을 볼 수 있습니다.

죄송하지만 그때 제가 느낀 것입니다. '천당갈 사람 지옥갈 사람이 내 눈에 환하게 보인다' 그랬습니다. 전쟁은 그런 것입니다. 구원받을 사람과 구원받지 못할 사람이 환하게 보입니다. 의와 불의가 환하게 분명하게 명백하게 갈라지는 것을 볼 수 있습니다. 그게 전쟁입니다. 그래서 전쟁을 통해서 하나님께서는 당신의 백성을 구원하십니다. 이스라엘 백성을 구원하십니다. 오늘도 주님을 사랑하는 사람 하나하나를 구원하십니다. 하나님의 구원하심이 그 위대한 역사가 어떻게 나타나고 있는가를 확실하게 볼 수 있는 것입니다. 바로 극한 전쟁 속에서 볼 수 있다는 말입니다. 하나님의 구원하심이 이 속에 있습니다.

그런가하면 그러면서 하나님의 백성을 넓은 곳으로 인도합니다. 더 큰 가능성으로 더 큰 소망의 세계로 하나님께서 인도하시는 것을 볼 수 있습니다. 그런고로 전쟁은 하나님의 심판이며 하나님의 구원하심이며 하나님의 뜻이 실현되는 아주 확실한 현장임을 우리가 알게 됩니다.

세 번째는 하나님의 선교적 역사입니다. 전쟁을 통해서 하나님께서는 선교의 역사를 이루십니다. 당신의 백성들을 부르십니다. 선교학을 전문으로 하고 한평생 연구한 사람들의 기록에 의하면 전쟁을 통하지 아니하고 선교가 성공한 일이 없다 그랬습니다. 그렇습니다. 만날 선교한다고 애써도 안됩니다. 전쟁을 통해서 이루어집니다.

지난날에 이라크 전쟁이 있지 않았습니까? 많은 희생도 있었고 손해도 있었지마는 이것은 신문에 나지 않는 얘기입니다. 무슬림세계에 아무리 선교하려 해도 안됩니다. 선교사들 갔다가 전부 처형당하고 합니다. 그 수천 년 동안을 선교하려고 애써도 안되고 여전히 자기네 풍속대로 살고 얼굴을 가리고 까만 옷을 입고 히잡을 쓰고 그러지 않습니까? 이번에 "꽝"하고 나니까 이라크의 여자들이 히잡을 다 벗어버렸어요. 우리도 더이상 이렇게 얽매여 살 수 없다, 그래서 자유를 부르짖고 나왔어요. 이제 그 뒤에 교회가 있습니다. 이라크 그 무슬림세계에 이천 년만에 처음으로 복음이 들어갑니다. 전쟁은 아픈 것입니다마는 전쟁을 통해 복음의 역사가 이루어지고 교회가 서게 됩니다.

여러분, 이걸 알아야 합니다. 전쟁은 하나님의 비상조치입니다. 예수님께서 마태복음 24장에 보면 세상의 종말에 대해서 예고하십니다. '지진이 있고 재난이 있고 환난이 있고 고통이 있고 사랑이 식어지고 이런 많은 전쟁이 있고 혼란이 있을 것이다. 그러나 아직 시작이다. 더 많은 환난이 있을 것이다. 그 환난 속에서 복음이 땅 끝까지 전해지리라. 그제야 끝이 오리라"참 깊은 뜻의 말씀입니다. 큰 환난을 통해서 복음이 전해지더라.

여러분, 개인적으로 봐도 그렇지 않습니까? 잘나가고 잘사는 사람들에게 여러분 예수 믿으라고 한번 해보았습니까? 예수 믿습디까? 택도 없습니다. 심지어 날더러 그러대요. "예수믿는 사람들은 만나기가 무서워요. 자꾸 예수믿으라고 해서 귀찮아요." 그런 사람도 봤어요. 유명한 정치가인데 정말 못됐데요.

만약 이렇게 잘나가고 출세도 하고 권세도 있고 돈도 있고 한 사람이 교회 나왔다고 생각해봅시다. 왜 나온 것 같습니까? 죽을병이 들었지. 그렇지 않고는 어림도 없습니다. 제가 50년 동안 목회하면서 많이 보았습니다마는 건강하고 잘나가고 출세하고 돈벌고 예수 안믿습니다. 절대로 받아들이지 않습니다.

이런 사람 가운데 한 사람 감옥에 들어갔습니다. 잘못되어서. 여러 달 동안 감옥에 있는데 아무도 찾아오지 않더랍니다. 그런데 본인 말이 우리 교회의 권사님 중에 한 분이 그분하고 초등학교 동창생입니다. 옛날에 어렸을 때니까 아주 친한 친구로 지냈답니다. 어지간히 가까이 지냈대요. 찾아가서 감옥에 있는 것을 보고 "야, 너 한참 회장님 사장님 하고 잘나간다고 하더니 고작 감옥에 있니. 이거나 봐라"하고 제 설교집 2권을 줬어요. 얼마나 많이 읽었는지 다 해어졌어요. 수십 번 수백 번 전부 언더 라인을 해가면서 읽었어요. 이 2권을 읽고 감옥에서 나오는 날 이 책을 들고 교회 나왔어요. 그래서 예수를 십 년 동안 잘 믿고 세상을 떠났는데 그분이 날 만날 때마다 한마디 하는 게 그래요. "내가 대통령하고 골프도 쳐봤고 한때 멋지게 잘살았습니다. 그런데 못해본 게 하나 있는데, 꼭 하고 싶은데 안될까요?" "뭔데요?" "성가대원이요. 교회 갈 때마다 부러워 죽겠어요. 어쩌다가 내가 저걸 못해봤나." 그런 줄 알고 하세요. 그런데 보세요. 이분이 누군지 아십니까? 불교협회 평신도협회 회장입니다.

여러분, 이걸 깊이 생각해야 됩니다. 환난과 핍박 참으로 어려운 것입니다. 그러나 이것은 우리의 마음을 두드리는 주님의 역사요 선교는 결정적으로 여기서 이루어지는 것입니다. 하나님께서 선교적 사역을 이루십니다. 하나님의 이름이 높임을 받습니다. 주의 백성을 만나고 주의 백성의 마음을 열고 주의 백성을 온전케 하시는 역사가 전쟁 속에서 이루어집니다. 이것은 우리의 간증입니다.

유명한 빅터 E. 프랭클은 「죽음의 수용소에서」라는 책을 썼는데 그가 수용소에서 경험한 깊은 간증을 가지고 '인생에게는 세 가지 가치가 있다'라고 결론을 짓습니다. 첫째는 창조적 가치. 항상 새로운 세계를 생각하고 항상 새로운 세계를 발견하고 새로운 생각을 가다듬어야 한다. 전쟁 속에서도 말입니다. 오히려 전쟁이 가능하게 하지요. 모든 것이 무너질 때 채워지는 걸 볼 수 있어야 한다. 또하나는 경험 가치. 다양한 경험을 하게 되고 새로운 경험 속에서 새로운 가치관을 수립하게 된다. 셋째가 중요합니다. 태도적 가치. 사실보다 중요한 것은 태도이다. 상황을 묻지 마세요. 내가 어떤 태도로 임하느냐가 중요합니다.

여러분, 선한 사마리아 사람의 비유를 압니다. 요새 와서 특별히 생각이 듭니다. 여러분, 선한 사마리아 사람의 비유에 보면 강도 만난 사람이 쓰러져 있습니다. 예수님께서 그걸 말씀하실 때에 선한 사마리아 사람이 도와주었다, 이렇게 되는데 이상하게도 한마디도 강도에 대한 말씀이 없습니다. 강도가 나쁜 놈이고 저런 제도가 있어서 사회적 구조가 문제고 한마디도 없습니다. 강도에 대해서 일언반구가 없습니다. 다만 강도만난 사람에 대해서 우리가 해야 될 일이 있다는 것입니다. 자세를 분명히 하십시다. 우리는 세상이 달라지길 바랍니다. 좀더 좋은 일이 있지 않을까? 아닙니다. 다 하나님께 속한 것입니다. 문제는 내가 취해야 될 자세, 내 자세입니다.

소년 다윗은 믿음을 외치고 있습니다. 그의 힘이 아니고 하나님의 위대함, 그의 지혜가 아니고 하나님의 지혜에 의지하여 무기가 아니라 오로지 믿음으로 골리앗을 대항합니다. 그리고 승리하게 됩니다.

여러분, 오늘 우리는 다시 새로운 역사관을 가져야 하겠고 새로운 가치관을 가져야 하겠고 새로운 전쟁관을 가져야 하겠습니다. 예수님 말씀하십니다. '죽음이 있는 곳에 독수리가 모인다.' 죄악이 있는 곳에 전쟁은 있습니다. 새로운 태도로 새로운 미래를 바라보는 그런 귀한 시간이 되어야 할 것입니다. △

이 사람의 행복

헤롯은 듣고 가로되 내가 목 베인 요한 그가 살아났다
하더라 전에 헤롯이 자기가 동생 빌립의 아내 헤로디아
에게 장가든 고로 이 여자를 위하여 사람을 보내어 요한
을 잡아 옥에 가두었으니 이는 요한이 헤롯에게 말하되
동생의 아내를 취한 것이 옳지 않다 하였음이라 헤로디
아가 요한을 원수로 여겨 죽이고자 하였으되 하지 못한
것은 헤롯이 요한을 의롭고 거룩한 사람으로 알고 두려
워하여 보호하며 또 그의 말을 들을 때에 크게 번민을
느끼면서도 달게 들음이러라 마침 기회 좋은 날이 왔으
니 곧 헤롯이 자기 생일에 대신들과 천부장들과 갈릴리
의 귀인들로 더불어 잔치할새 헤로디아의 딸이 친히 들
어와 춤을 추어 헤롯과 및 함께 앉은 자들을 기쁘게 한
지라 왕이 그 여아에게 이르되 무엇이든지 너 원하는 것
을 내게 구하라 내가 주리라 하거늘 저가 나가서 그 어
미에게 말하되 내가 무엇을 구하리이까 그 어미가 가로
되 세례 요한의 머리를 구하라 하니 저가 곧 왕에게 급
히 들어가 구하여 가로되 세례 요한의 머리를 소반에 담
아 곧 내게 주기를 원하옵나이다 한대 왕이 심히 근심하
나 자기의 맹세한 것과 그 앉은 자들을 인하여 저를 거
절할 수 없는지라 왕이 곧 시위병 하나를 보내어 요한의
머리를 가져 오라 명하니 그 사람이 나가 옥에서 요한을
목 베어 그 머리를 소반에 담아다가 여아에게 주니 여아
가 이것을 그 어미에게 주니라 요한의 제자들이 듣고 와
서 시체를 가져다가 장사하니라

(마가복음 6 : 16 - 29)

이 사람의 행복

여러분 잘 아시는 영국의 BBC방송국이 다큐멘터리 프로그램 「How to be Happy」라고 하는 것을 제작하면서 '행복위원회'라고 하는 것을 구성했습니다. 그리고 전문가 여섯 사람을 시켜서 많은 시간 동안 깊이 연구하고나서 '행복헌장 십계명'을 만들었습니다. 한번쯤 들어볼만하지 않겠습니까?

'행복헌장 십계명' 내용은 이렇습니다. 첫째, 운동을 하라. 하루에 한 번씩 운동을 하되 특별히 일주일에 세 번은 꼭 해야 하고 운동은 삼십 분을 넘지 않도록 하라. 그게 가장 효과적이라고 합니다.

두 번째는 좋았던 일을 떠올려라. 하루를 마무리하는 시간에 좋았던 기억만 하고 나쁜 일은 생각하지 마라. 좋았던 일만 생각하면서 적어도 다섯 가지를 생각하고 감사하도록 하라.

세 번째는 대화를 나누라. 마음을 열고 적어도 일주일에 한 시간만이라도 누구와 마음을 열고 이야기를 할 수 있어야 한다. 마음 문이 막히면 중한 병에서 헤어나지 못한다. 그래서 일주일에 한 시간이라도 진지하게 누구와 이야기를 할 수 있어야겠다.

네 번째는 식물을 가꾸라. 작은 화초라도 가꾸면서 들여다보고 화초와 더불어 이야기를 해보라. 그 속에서 무궁무진한 이야기를 들을 수 있고 신비감에 도취될 수 있다.

다섯 번째. 방송국에서 나온 프로그램임에도 불구하고 텔레비전 시청을 1/2로 줄여라. 반으로 줄이라. 지금 보는 것보다 반으로 줄여라.

여섯 번째는 미소를 지어라. 적어도 하루 한 번쯤은 내가 늘 만나는 사람이 아니라 낯선 사람, 쉽게 말해서 웃지 않는 사람을 향해서 웃어라. 미소를 지어보라.

일곱 번째, 친구에게 전화하라. 하루에 한 번이라도 비즈니스가 아니라 문안전화를 꼭 하라.

여덟 번째, 하루에 한 번쯤은 큰 소리로 웃어라. 빙그레 웃는 것 말고 더구나 비웃는 웃음 말고, 크게 웃어서 내 몸이 내 행복을 알아듣고 행복해질 만큼 큰 소리로 웃어라.

아홉 번째, 매일 자기 자신에게 선물을 하라. 조그마한 것 손수건이라도 내가 내게 선물을 하고 그리고 자신을 칭찬하라. '오늘 너 잘했다 좋은 일이었다.' 하루에 한 번쯤은 자기 자신을 칭찬할 줄 알아야 한다.

마지막, 매일 누구에게 친절을 베풀라. 그러면 행복으로 돌아올 것이다.

구절구절이 다 아는 얘기이면서도 많은 연구를 해보아도 행복의 길은 이것밖에 없다는 것입니다. 그러니까 평범한 중에 행복의 요소가 있다는 것을 다시 생각해야겠습니다.

중요한 것은 이것입니다. 행복과 쾌락은 다릅니다. 쾌락이라는 것은 자연적으로 도취된 기분을 지칭하는 것인데 의학적으로 말하면 신경전달 물질인 '도파민'이 음식과 약물 기타 육체적인 자극에 반응하면서 뇌에서 분비됩니다. '도파민'이 분비되면서 우리가 상쾌해집니다. 우리는 이것을 쾌락이라고 합니다. 이것은 순간적입니다. 곧 사라집니다. 그 다음에 문제가 있습니다. 이런 쾌락을 즐겼을 경우 더 큰 쾌락에 목말라합니다. 그 욕구는 에스컬레이팅됩니다. 죄

송합니다. 연애하는 사람들이 생전처음 애인의 손을 잡았을 때 화끈
하고 기분이 좋았어요. 그런데 그 다음에 두 번째 잡으면 어제와 같
지 않아요. 이제는 손만 잡는 것 가지고는 안돼요. 자꾸만 자꾸만 욕
구가 상승하는 것입니다. 그게 어디까지 갈 것입니까? 이래서 절망
하게 되고 실망에 빠지게 되는 것이란 말입니다.

　여러분, 행복과 쾌락은 다릅니다. 쾌락은 육체로부터 와서 정신
의 세계로 옵니다. 그러나 행복이란 심령에서부터, 정신세계에서부
터 와서 육체로 갑니다. 내가 맛있는 음식을 먹어서 혀가 즐겁고 기
분이 좋았어요. 그건 잠깐입니다. 그러나 내가 마음속에 깊은 사랑
을 느끼면서 속에서부터 행복이 솟아올라서 입맛이 돌았어요. 그러
면 무엇을 먹어도 행복합니다. 행복과 쾌락은 다릅니다.

　건강비결에 아주 간단한 이야기가 있습니다. 비슷한 얘기 같습
니다. 적절한 음식을 먹어라. 많이 먹지도 말고 굶지도 말고 적절한
음식을 먹어라. 두 번째, 적당하게 운동하라. 너무 많이 해도 안되고
안해도 안된다. 요새 보니까 나이든 분들 생전 안하다가 운동해야
산다고 버둥거리다가 무릎 나가는 사람 많더라고요. 그것 아닙니다.
그거 다 아무나 하는 게 아닙니다. 남 한다고 나도 할 수 있는 것 아
닙니다. 어쨌든 운동을 해야 됩니다. 그런데 제가 말하고자 하는 것
은 이 세 번째입니다. 가장 중요한 것입니다. 좋은 추억이 있어야 한
다는 것입니다. 여러분, 행복하려면 아니, 건강하려면 좋은 추억거
리가 있어야 됩니다. 가만히 생각하면 지난날 일들이 좋았어요. 행
복했어요. 지난일의 추억, 이것이 좋아야 됩니다. 그런데 옛날생각
하면 그저 후회스럽기만 합니다. 가슴을 치고 왜 그랬던가? 아 이건
아니었는데…… 그러나 돌아갈 수 없습니다. 그렇게 후회하다가 죽

는 것입니다. 그러니 좋은 추억이 있어야 한다. 이것이 건강비결이다. 그럴 것 같습니다.

그런데 오늘본문에 나타난 이 헤롯은 이 세 번째에 해당하는 것입니다. 아주 나쁜 추억을 가졌습니다. 지울 수 없는 이 나쁜 추억 때문에 그렇게 살다가 비참하게 죽었습니다. 이걸 생각해야 됩니다. 좋지 않은 악몽같은 추억이 그 생명을 집어삼켰습니다. 일생을 망하게 만들었습니다. 모든 창의력과 능력을 다 소실해 버리고 말았습니다.

오늘본문 가운데 16절에 보면 "헤롯은 듣고 이르되 내가 목벤 요한 그가 살아났다 하더라." 예수님께서 세상에 오셔서 역사하실 때 어떤 사람들은 세례 요한이 죽은 가운데 살아났다 하기도 하고, 혹은 어떤 사람들은 엘리야라고도 하고 선지자라고도 하고 나름대로 예수에 대해서 의견을 말하고 있고 생각했습니다마는 오직 헤롯왕은 이게 중요한 것입니다. '내가 죽인 그 요한이 살아났다.' 예수를 보며 예수에 대한 소문을 들을 때 즉각적으로 반응합니다. '내가 죽인 세례 요한이 살아났다.' 이렇게 생각을 하고 이렇게 말하면서 살아갑니다. 그 생이 어떠했을 것같습니까? 지울 수 없는 악몽에 쫓기며 후회하며 그렇게 한평생을 마치게 됩니다.

본문은 헤롯의 행복했던 사건을 결정적인 사건을 우리에게 말해주고 있습니다. 헤롯은 잠시 행복의 극치를 경험하고 있었습니다. 이 행복이라는 것은 역시 소유에서 오기도 합니다. 성취에서 오기도 합니다. 그러나 성취나 소유, 이보다 더 큰 행복이 있습니다. 그것이 뭐냐하면 베푸는 마음입니다. 가지려는 마음이 아니라 주려는 마음입니다. 그래서 아이들은 받아서 행복하지만 어른들은 주면서 행복합니다.

여러분, 아이들에게 필요한 것을 주고 아이들이 기뻐할 때 그 어머니와 할아버지 할머니의 마음은 말도 못합니다. 주면서 행복합니다. 줄 수만 있으면 많이 주고, 많은 행복도 주고 싶습니다. 주는 것 그 베푸는 마음 주고자 하는 마음으로 바뀝니다. 얻고자 하는 마음에서 주고자 하는 마음으로 마음이 열리는 순간 그야말로 행복입니다. 행복의 극치이기도 합니다. 23절에 나타나 있습니다. "네가 내게 구하면 내 나라의 절반일지라도 주리라." 얼마나 행복하면 이런 생각을 했겠어요. 나라 절반이라도 준다. 그야말로 Peak experience(절정경험)입니다.

여러분, 그런 생각 해보셨나요? 사도 바울은 이보다 더 높은 말을 합니다. "너희를 위해서라면 내가 나를 관제로 드릴지라도 기뻐하리라." 행복의 극치입니다. 관제라는 게 뭐냐하면 피를 쏟아붓는 것입니다. 양동이에 받아다가 선지피를 제단에 붓는, 피를 쏟아붓는 그런 관제로 내가 드릴지라도 나는 기뻐하리라.

저는 그 생각을 합니다. 이게 행복의 극치라고 생각합니다. 행복의 극치가 무엇입니까? 이대로 죽어도 좋다, 이대로 피를 쏟아붓고 이 자리에서 끝난다 하더라도 나는 행복하다— 그런 행복 말입니다. 이런 행복 한 번도 경험하지 못했습니까? 그럼 잘못 산 것입니다. 적어도 어느 때 한 번만이라도 이대로 죽어도 좋다, 당신을 위해서라면 아니 이 일을 위해서라면 오늘 세상을 끝내도 좋다— 그런 마음 말입니다.

그런데 오늘 이 헤롯왕은 자기 앞에서 조카딸 살로메가 춤을 추는데, 생일날 자기 삼촌을 위해서 춤을 추는데 얼마나 예쁘게 얼마나 행복하게 해주었던지 헤롯왕이 감동이 돼서 '뭐든지 구하라 나라 절반이라도 주마'합니다. 그 순간을 생각해보세요. 아마 헤롯이 생애 최고의 절정경험을 하는 시간입니다. 행복한 시간입니다. 그는 원하는 사람과 결혼을 했습니다. 동생의 아내를 빼앗아서 말입니다. 어쨌든 원하는 사람과 불법이지만 결혼을 했습니다. 이것이 행복이 겠습니까? 그리고 그 조카딸이 눈앞에서 춤을 출 때 이렇게 크게 기뻐하고 있습니다. 큰 기쁨을 경험하고 있고 행복의 극치를 말하고 있습니다.

그러나 잘못된 행복일 뿐 아니라 큰 함정이었습니다. 이걸 잊지 말아야 합니다. 그 순간 그는 교만했습니다. 허세를 부리고 있었습니다. 나라 절반을 줄 수도 없거니와 그렇게 해서도 안되는 일이지요. 그런데 그 많은 대신들 앞에, 많은 천부장과 백부장들이 있는 가운데 큰 소리로 이렇게 큰 맹세를 하게 됩니다. 교만과 허세와 맹세 여기에 함정이 있었습니다. 이 시간 돌이킬 수 없는 깊은 함정에 빠집니다.

이 아가씨는 성경에는 이름이 안나타납니다마는 이름이 살로메입니다. 오페라에도 많이 나와 있고 하지만 원작은 「Salome」라는 소설입니다. 그런데 이 소설을 자세히 읽어보면요 절절히 특별한 것이 있습니다. 헤롯이 잘못하기도 했지마는 문제는 헤롯의 아내인 헤로디아입니다. 그가 자기 남편보다 자기 남편 형이 더 잘난 것같아 자기 남편을 버리고 형한테 온 것입니다. 한마디로 최고의 남자하고 결혼한다는 거지요.

그런데 헤로디아가 그랬듯 그 딸 살로메도 엄마를 닮아서 '엄마가 결혼한 아버지보다 더 훌륭한 사람, 더 위대한 사람하고 결혼하고 싶다.' 그래서 암만 둘러봐도 남자같은 게 없더래요. 그래서 누굴 택했느냐, 바로 세례 요한을 택합니다. 세례 요한이 인기가 좋아요. 문자 그대로 야성적이었습니다. 온몸에 털이 있고 메뚜기와 석청을 먹고 낙타가죽으로 옷을 입고 지팡이를 짚고 소리를 지르는데 백성들이 나가서 그 앞에 무릎을 꿇으니까 그것을 보고 반하여 소설에 의하면 살로메가 매일같이 가서 사랑을 고백합니다. 그러니 세례 요한이 뭐라고 했겠습니까? 있는대로 욕을 하고 저주를 했지요.

그래서 삼촌을 시켜서 감옥에다 가뒀어요. 감옥에 가둬놓고 매일 밤 나가서 감옥에 가서 사랑을 고백하는 것입니다. "이 감옥에서 고생하지 마라 음침한 감옥에서 고생하지 마라. 한마디만 해주면 감옥의 문을 열 것이고 나와 함께 행복한 일생을 살 것이다." 열심히 사랑을 고백합니다. 어떻겠습니까? 세례 요한이 그 말을 들을 것같습니까? 역시 있는대로 악담을 하고 욕을 하고 전혀 관심도 주지 않습니다.

어떡하면 좋을까? 하다가 오늘 본문에 있는대로 춤을 추고 혜롯왕의 마음을 감동을 시키고 혜롯왕이 "나라 절반이라도 준다"할 때 "세례 요한의 목을 주세요." 그럽니다. 참 무서운 여자입니다. 그러니 맹세한 걸 어떡하겠어요. 그대로 실천하게 됩니다. "목을 잘라와." 소반에 담아다 줍니다. 소설에도 그렇고 오페라에도 그게 나옵니다. 세례 요한의 목을 소반에 담아가지고 오는데 그 다음 장면은 성경에 없습니다. 소설에는 이렇게 나옵니다. 살로메가 그 세례 요한의 입에다가 키스를 합니다. 이 이야기는 이것이 사랑이냐고 묻습니다. 내가 원하는 사람을 꼭 내가 가져야 됩니다. 죽여서라도 가져야 됩니다. 그게 사랑이냐? 이렇게 유명한 소설은 우리에게 웅변적으로 말해줍니다.

보세요. 오늘 여기서 헤롯이 "나라 절반이라도 준다"하는 순간 함정에 빠집니다. 회개할 수 없습니다. 못합니다. 그랬다가 "세례 요한의 목을 주세요" 할 때 "그건 안돼" 그래야 되지 않습니까? "적어도 그건 안돼." 이 안된다는 말을 못하는 것입니다. 왜요? 체면이 있잖아요. 문무백관 앞에서 큰 소리를 쳐놨는데 이거 어떡하면 좋겠습니까? 하나님을 못보고 사람을 봤어요. 그래서 이래서 안된다고 생각하면서 그 목을 치게 됩니다. 결정적인 순간입니다. 자기자랑에 빠지고 허세에 빠졌다가 이런 함정에 빠져서 원치 않는 일을 하게 됩니다.

여러분, 사람은 해야 할 일을 하지 않으면 하지 말아야 할 일을 하게 됩니다. 여러분 잘 알잖아요. 공부해야 될 아이들이 공부 안하면 꼭 해서 안될 일을 하게 돼 있는 것입니다. 마땅히 해야 될 일을 하지 않으면 해서는 안되는 일을 하게 되는 것입니다. 그래서 헤롯은 지금 엄청난 실수를 하고 원치 않으면서도 세례 요한을 죽이게 됩니다. 그리고 일생 회개하지 못하고 평생 그 악몽에 시달립니다. 이제 그 생이 어떻게 될 것같습니까?

언어학자 매기 잭슨은 「집중력의 탄생」이라고 하는 책에서 현대인의 인간상을 이렇게 말합니다. 산만형 인간(Distressed People)이라고 말합니다. 보세요. 요새 아이들 많이 봅니다. 이어폰을 끼고 손에는 핸드폰이 있습니다. 모니터를 보며 밥을 먹고 공부합니다. 귀에다가 항상 꽂고 다닙니다. 그리고 동시에 전화기는 손에 들고 있습니다. 산만합니다. 정보홍수 속에 삽니다. 전부가 피상적입니다. 무엇을 봤는지 무엇을 들었는지 모릅니다. 그렇게 홍수에 밀려가고 있습니다.

이러면서 깨어진 것이 있습니다. 바로 인간관계입니다. 누구의 말도 조용히 듣지 못합니다. 듣고 생각하지 못합니다. 누구에게 말하지도 않습니다. 그래서 자폐증 환자가 되어버리고 맙니다.

여러분, 우리는 내 행복의 현주소가 어디에 있는지 내가 지금 무엇을 구하고 있는지 깨달아야 합니다. 저는 목회하면서 이런 사람을 봤습니다. 재벌까지는 안되지만 꽤 넉넉한 집안의 아들이 연애를 해서 결혼을 하게 됩니다. 외아들이기 때문에 시어머니가 오래전부터 준비해놨던 혼수가 있어요. 다이아반지부터 잔뜩 준비했다가 며느리에게 주려고 했습니다. 그랬더니 그 며느리될 사람이 하는 말이 "아버지 어머니 죄송합니다만, 저는 지금 이 남편이 대학원을 다니는데 이 사람이 자기 손으로 돈을 벌어서 그 사람이 주는 반지를 구리반지라도 그때 가서 끼겠습니다. 아버지 어머니가 주시는 반지는 받지 않겠습니다." 그 말 한마디에 시아버지가 너무 좋아서 우리집에 복덩이가 들어왔다고 나한테 자랑하더라고요. 사실이야 그렇지요. 남편이 제 손으로 벌어서 줘야 사랑의 선물이지 시아버지 시어머니가 다이아반지 아닌 뭘 준들 그게 무슨 의미가 있습니까? 의미가 없습니다. 이걸 깊이 생각해야 합니다.

행복의 현주소가 어디에 있습니까? 한나라의 유향이라는 사람이 지은 「설원」이라는 책이 있습니다. 그 속에 '치망설존'이라는 말이 있습니다. 여러분 다 들으신 얘기이지만 너무 재미있는 얘기입니다. 임종을 앞둔 스승이 있었습니다. 제자가 마주 앉아서 "마지막으로 우리에게 교훈해주세요. 좋은 말씀을 주세요"했더니 하는 말이 "네가 고향을 방문하거든 절대로 수레를 타고 가지 마라" 그리고 "높은 나무 아래를 지날 때는 종종걸음으로 걸어라" 라고 이야기한 후 마지막으로 스승은 입을 벌린 후 "잘 들여다봐라. 내 혀가 있느냐?" "예 있습니다." "내 이빨이 있느냐?" "없습니다." "그것 봐라. 이는 강하기 때문에 없어졌고 혀는 부드럽기 때문에 남아 있단다"하고 죽었습니다. 여러분, 이것이 뭐냐 하면 치망설존(齒亡舌存)입니다. 교만한 자에게는 쾌락은 있으나 행복은 없습니다. 행복은 참으로 없습니다. 쾌락으로 미쳐돌아갑니다. 행복은 없습니다. 요한복음 14장 27절에서 예수님께서 말씀하십니다. '나의 평안을 너희에게 주노라 이것은 세상이 주는 것과 같지 않다.' 십자가 지시기 몇 시간 전에 하시는 말씀입니다. "나의 평안을 너희에게 주노라." 또 말씀하십니다. "내가 주는 샘물은 뱃속에서 생수가 되어 솟아나리라." 그런 행복 말입니다.

아우구스티누스는 그의 고백서에서 말합니다. "하나님이 나에게 주시는 위로 얻기까지는 아무 위로도 없습니다." 다시 한 번 생각합시다.

하나님으로 말미암은 행복 외에는 이 세상 어디도 행복은 없습니다. 쾌락의 범주에서 벗어나 참으로 무궁무진한 행복의 세계로 그렇게 살아가는 것이 그리스도인의 모습입니다.   △

마땅함의 윤리

사랑하는 자들아 주께는 하루가 천년 같고 천년이
하루 같은 이 한가지를 잊지 말라 주의 약속은 어떤
이의 더디다고 생각하는 것같이 더딘 것이 아니라 오
직 너희를 대하여 오래 참으사 아무도 멸망치 않고
다 회개하기에 이르기를 원하시느니라 그러나 주의
날이 도적같이 오리니 그 날에는 하늘이 큰 소리로
떠나 가고 체질이 뜨거운 불에 풀어지고 땅과 그 중
에 있는 모든 일이 드러나리로다 이 모든 것이 이렇
게 풀어지리니 너희가 어떠한 사람이 되어야 마땅하
뇨 거룩한 행실과 경건함으로 하나님의 날이 임하기
를 바라보고 간절히 사모하라 그 날에 하늘이 불에
타서 풀어지고 체질이 뜨거운 불에 녹아지려니와

(베드로후서 3 : 8 - 12)

마땅함의 윤리

　월남전 당시에 포로로 잡혀가서 7년 동안 포로수용소에서 생활을 하고 석방된 제임스 네스미스라고 하는 소령이 있습니다. 그가 유명해진 것은 포로생활 때문이 아니라 바로 골프 때문입니다. 그는 포로생활에서 석방되자 바로 다음날 동료들과 함께 골프를 치러 갔습니다. 그러니까 7년만에 처음입니다. 그런데 그의 실력이 놀라웠습니다. 7년 전에 겨우 핸디 95였는데, 7년만에 치는 첫날 그의 핸디는 74였습니다. 모두가 한마디씩 했습니다. "이 사람, 포로생활은 안하고 골프만 치다가 왔나 보구먼!" 모두가 이렇게 말하였습니다. 그러자 제임스는 대답합니다. "비록 포로생활 하는 동안 골프채는 없었지만 나는 손에서 골프채를 놓은 날은 없었네. 계속 생각을 했지. 밥 먹을 때나 잘 때나 계속 골프생각만 했지. 그리고 내가 치던 골프장의 풀 한 포기, 그 나무 한 그루, 꽃 한 송이…… 계속 그 생각만 했네. 하루도 골프를 잊어본 일이 없었지. 몸은 수용소에 있었지만 마음은 항상 골프장에 있었네." 그리고 오늘 7년만에 쳤는데 자기 생애 최고로 잘쳤다는 얘기입니다.

　여러분, 무슨 생각을 하게 됩니까? 「탈무드」에 나오는 이야기가 있습니다. 랍비 한 사람이 설교를 할 때마다 "죽기 전에 회개하라! 죽기 전에 회개하라!" 했습니다. 이것이 늘 그의 설교 주제였습니다. 그러자 한 어떤 교인이 물어보았습니다. "죽기 전에 회개하라 죽기 전에 회개하라 그러시는데 죽는 날을 모르니 어떡하면 좋습니까?" 그러니까 랍비의 대답은 "그러면 오늘 회개하세요" 그랬더랍니다.

여러분, 비행기를 타십니까? 각각 삶의 스타일이 다릅니다마는 저는 그렇습니다. 비행기를 딱 타면 의자에 앉자마자 시계의 시간을 고칩니다. 현재시간이 아니고 출발지 시간이 아니라 목적지 시간으로 바꿉니다. 내가 뉴욕을 가면 뉴욕, LA를 가면 LA, 목적지 시간으로 시계를 맞춥니다. 왜요? 이제부터 내 생각은 목적지에 가 있거든요. 내가 떠나온 출발지는 잊어버리고 내가 가야 할 목적지 거기가 지금 내 시간입니다. 거기가 몇 시인가? 그 생각에 몰입하면서 비행기를 타고 가게 됩니다.

여러분, 인생의 목적지가 어디입니까? 목적지 시간은 몇 시입니까? 인생의 가치관은 그의 인생관에 있고 인생관은 그의 세계관에서 옵니다. 세계관은 그의 성경관에 있습니다. 그의 신앙에 있다는 말입니다. 그런고로 오늘성경은 말씀합니다. 이제 마땅히 행할 일이 무엇인가? 이 현시점에서 마땅히 행해야 할 일이 무엇인가?

마태복음 24장에 보면 예수님의 종말론이 있습니다. 말세에는 이런 일이, 이런 일이 있으리라고…… 그런데 수제자 베드로가 예수님의 종말론을 그대로 이어받아서 오늘본문에서 말씀합니다. '주의 날이 다가오고 있다.' 그래서 종말론적 윤리를 간단하게 말씀합니다.

오늘 이 성경에 나타난 이야기는 창조학회의 과학자들이 너무너무 감동적으로 읽습니다. 왜요? 과학적이니까요. 창조학회 분들 말에 의하면 창세기 1장에 있는 이야기가, 창조되는 과정이 매우 과학적이고, 그런가 하면 세상 끝나는 이야기가 또한 과학적이라는 것입니다.

오늘성경에 보면 간단하게 요약해서 이렇습니다. "하늘이 큰 소리로 떠나가고……" 이 푸른 하늘이 이 공간이, 하늘이 떠나가더라.

그 다음에는 '체질이 풀어진다' 그랬습니다. 여기에는 물질이라고 했습니다마는 '스토이케이아'라고 하는 이 말은 영어로는 'element'입니다. 우리말로 말하면 원소입니다. 원소가 불에 타는 것이 아니라 풀어진다, 그랬습니다. 여러분, 이런 놀라운 표현을 깊이 생각해야 합니다. 과학자들은 말합니다. 이것이야말로 가장 과학적 용어라는 것입니다. 불에 타는 게 아니고 모든 원소가 풀어집니다. 또한 그 결과로 모든 것이 드러난다, 모든 모순, 모든 의문사, 모든 비밀, 모든 감추었던 것들이 다 드러난다, 그런 때가 눈앞에 있다……

그렇다면 이제 묻습니다. "너희가 어떠한 사람이 되어야 마땅하뇨?" 주께서 오래 참으시지만 주의 날은 언젠가는 도적같이 올 것이다, 생각지 못한 때에 다가올 텐데 어떠한 사람이 되어야 마땅하뇨? 어떠한 사람이 되어야 되나? 여기에 마땅한 윤리가 있습니다. 미래를 전망하는 것이 아니라 종말 앞에 서서 생각하는 것입니다.

오늘성경은 두 가지로 말씀합니다. 먼저 "바라보라"그랬습니다. 종말을, 끝을 바라보라. 뒤를 보라가 아닙니다. 앞을 보라. 앞에 다가오는 종말을 바라보라. 열정적으로 바라보라. 기다림으로 바라보라. 두 번째가 뭐냐 하면 "사모하라" 그리워하고…… 그렇습니다. 그러니까 끌려가는 모습이 아니라 반가운 마음으로 기다리는 마음으로 사모하라. 사랑과 열정으로 이 종말을 받아들이라. 그래서 적극적이고 긍정적이지, 두려운 마음이 아니고 후회되는 마음도 아닙니다. 행복한 마음으로 다가오는 앞에 오는 미래를, 이 종말을 환영하라, 이렇게 말씀합니다.

그래서 그 결과로 거룩한 생활, 경건한 생활을 하고 여기서 경건이 나오는 것입니다. 이 말 저 말로 가르쳐도 봅니다. 윤리학이다 교육이다 생활철학이다 공부도 하고 가르칩니다. 그러나 이러한 것들로도 안되는 것같더라고요.

언젠가 한번 우리 소망수양관에서 특별한 강사님을 모시고 젊은 사람들에게 가정 관계에 대해서 강의를 한 적이 있습니다. 저도 그 다음시간에 맡은 게 있어서 좀 일찍 가서 뒤에 앉아서 그 강의를 들었습니다. 들었는데 남편은 아내에게 이렇게 하고, 아내는 남편에게 이렇게 하고, 결혼이란 이렇게 해야 되는 것이고, 이런 마음으로 이런 자세로 해야 되는 것이라고 강의하십니다. 아주 유창하게 두 시간 동안을 설명하시는데, 참 재미있고 실제적이고 참 좋은 얘기였어요. 그래서 감동을 많이 받았어요.

그런데 중요한 게 있어요. 그날 그 시간에 그 부인도 와 있었어요. 그런데 얘기 들어보니까 그 강의 하고 3개월 후에 이혼을 했다고 합니다. 그러니까 얘기가 좀 달라지잖아요. 얼마나 제가 실망했는지 알 수가 없어요. 그렇게 '유창하게 부부관계를 설명하더니 그건 말뿐이었구나' 그런 생각이 들더라고요.

여러분, 우리는 이것을 잊지 말아야 합니다. 무엇입니까? 바로 우리가 이 앞에 있는 종말을 놓고 우리가 어떻게 지금 살아야 할 것인가 하는 것 말입니다. 이같은 자세가 곧 믿음입니다. 거룩한 행실, 경건한 모습, 과거에 매이지 않고 앞을 바라보며 하늘을 우러러보며 기뻐하는 모습.

여러분, 이것이 얼마나 중요합니까? 늘 우리가 잘 외우는 윤동주씨의 시가 있습니다. '하늘을 우러러 한 점 부끄러움이 없기를……' 그렇지 않습니까? 제가 며칠 전에 신문에서 보고 깜짝 놀랐습니다. 그분은 신앙의 사람이었습니다. '하늘을 우러러' 그것은 하나님이고 '별을 바라보며'는 진리이고 '바람이'라는 것은 성령이라는 것입니다. 하나님과 진리와 성령을 생각합니다. 그런 사람이었다, 그런 해석을 보고 너무너무 마음이 흡족했습니다. 거룩한 행실, 하늘을 보고, 별을 보고, 그리고 바람을 보고 우리가 깊이 생각해야 합니다. 경건한 행실, 그리고 사모하는 마음으로 마땅히 구별되게 살아야 할 것 아니겠습니까?

　여러분, 로마에 가면 한 번씩 꼭 보게 되는 것이 바로 미켈란젤로가 그려 놓은 '천지창조'라고 하는 벽화입니다. 성당 그 넓은 천장에 한 사람이 그림을 다 그렸어요. 기가막힌 그림을 그렸는데 그 그림 그리는 데 4년 걸렸다고 합니다. 고개를 들고 그림을 그리다보니 마지막에 고개가 돌아오지 않았다고 합니다. 저는 그런 생각을 합니다. '적어도 이 그림을 그리던 사람은 돈을 바라보고 한 것은 아니요, 적어도 명예를 생각하고 한 것도 아니요, 오로지 하나님의 영광을 생각하며 이렇게 했겠구나!'하는 생각을 하게 되었습니다. 그 정성을 다해……

　그런데 그 그림을 그릴 때에 친구가 와서 보니까 여기에 있는 중요한 그림은 물론이고 구석구석 조그마한 구석에 있는 것까지 세밀하게 정교하게 그리는 것을 보고 미켈란젤로에게 한마디 했다고 합니다. "저 구석에 있는 것은 누가 보지도 않을 텐데 자세히 그리려고 애를 쓰나, 대충 그리지. 아무도 모를 텐데." 그때 미켈란젤로가 대답한 말입니다. "내가 알지."

　여러분, 성실하지 못하고 성실하고는 내가 압니다. 그리고 하나님께서 아십니다. 사람이 보든말든 그것이 바로 거룩함이요 그것이 성실함이라는 말입니다.

어느 농부가 구두쇠라는 별명을 가지고 있습니다. 동네에서 유명한 구두쇠입니다. 물론 교회에도 다니는 사람인데 봉사도 하지 않고 헌금도 하지 않는 구두쇠입니다. 그래서 모든 사람의 빈축을 샀는데 이 사람도 역시 불평이 많습니다. 왜냐하면 나는 죽은 다음에다 교회에 바치겠다고 약속했는데 그렇게 유서까지 써놨는데 왜 나더러 구두쇠라고 하느냐고……

여러분, 왜 그럴 것같습니까? 살았을 때 바쳐야지 죽은 다음에 어차피 못가지고 가는 건데 그건 버린 거지 그게 바친 겁니까? 여러분, 생각해보세요. '죽을 때 사회에 환원한다' 하고 신문에 나는 걸 볼 때마다 저는 웃습니다. 그건 못가져가서 남은 것입니다. 그것이 어떻게 선행이 되겠습니까? 내가 쓸 것, 내가 먹을 것, 이것을 내놓을 수 있을 때 내놓아야 선행이 되는 것이지요. 내가 못쓸 것 내가 버릴 것 못쓰고 떠나면서 그걸 뭘 주고말고 해요. 그냥 두고 간 것이지…… 생각을 잘해야 됩니다.

어느 백화점에 백화점을 새로 만들면서 엘리베이터를 놓았는데 엘리베이터가 손님들에 비해서 좀 작았어요. 사람들이 엘리베이터 앞에 줄을 서고 기다리면서 불평을 합니다. "왜 이렇게 엘리베이터를 작게 만들어서 줄 서게 만드나. 어떻게 감당하려고." 말이 많아요. "어떡하면 좋겠나? 갑자기 백화점을 다시 지을 수도 없고, 엘리베이터를 다시 놓을 수도 없고……" 백화점 측에서 의논할 때 아주 지혜로운 사람이 딱 한마디 했어요. "이렇게 하면 어떻겠습니까? 엘리베이터 안과 그 주위에 거울을 갖다 겁시다." 그래서 큰 거울을 붙여놨더니요 글쎄 사람들이 거울 보느라고 정신이 없어서 불평을 안하더래요. 여러분, 제발 거울 좀 보세요. 내가 나 자신을 보세요. 그러면 조급한 불평이 없어질 것입니다.

미국이 낳은 위대한 목사님 조나단 에드워드라고 있습니다. 우리는 잘 모릅니다마는 미국 사람들은 모두가 다 알고 존경하는 어른입니다. 조나단 에드워드. 그는 한평생 5가지 결심을 정해놓고 그대로 살았다고 전해지고 있습니다.

첫째, 목숨이 붙어 있는 한 전력을 다해서 하나님의 뜻을 이루자. 내 욕심 내 소망이 아니고 하나님의 뜻, 하나님의 영광, 오직 하나님의 영광. 그를 기쁘시게 하자. 이것이 내 생애의 1차 목적이다.

두 번째, 다른 사람을 깎아내리는 말이나 행동을 절대 하지 말자. 남을 비하시키는, 남을 낮추는, 깎아내리는 그런 말은 절대 하지 말자. 윤리적으로는 간단한 얘기입니다.

세 번째, 앙갚음이나 복수심에 의한 일을 하지 말자. 우리는 무엇이 잘못됐을 때 화가 나서 분풀이를 하고 복수하려고 합니다. 조용하게 복수합니다. 말없는 것같으나 복수심이 마음속에서 끓어오르고 있어요. 그런 일은 절대로 하지 말자.

네 번째는, 걱정거리나 부끄러움으로 남을 일을 하지 말자. 부끄러움이라는 흔적을 남기지 말자. 떳떳하게 그렇게 살아가자.

마지막으로 모든 시간을 창조적이며 건설적으로 쓰고 어물어물 보내는 시간낭비를 하지 말자. 여러분, 시간은 곧 생명입니다. 소중한 것입니다. 여러분 늦잠을 자도 안되고 게으름을 피워도 안됩니다. 이 얼마나 소중한 시간입니까. 시간낭비 하지 말자. 그렇게 5가지를 써 놓고 그대로 한평생을 살았다고 전해지고 있습니다.

여러분, 아무래도 말세가 온 것같아요. 세상은 끝날 것같아요. 온난화니 뭐니 하고 난리를 치는데 그런 얘기가 아니라도 점점 종말을 고하는 징조가 우리 주위에 넘쳐납니다. 개인적으로 보아도, 살아온 날보다 남은 날은 길지 않습니다. 종말— '에스카톤'. 성경을 보세요. 성경은 종말론으로 충만합니다. 성경은 처음에서부터 끝까지 종말론을 말씀하고 있습니다.

여러분, 이제 우리는 어떻게 살아야 하겠습니까? 마땅히 후회 없는 생을 살아야겠지요. 그것만이 아닙니다. 후회해서는 안되겠습니다. 과거에 매일 것 없습니다. 우리는 눈앞에 있는 종말을 보면서 오늘 내가 어떠한 사람으로 살아야 하고 무엇을 생각하고 살아야 하나? 다시 한 번 깊이 반성하고 다짐하고 다시 시작해야 할 것입니다. △

신앙인의 성장신비

이로써 우리도 듣던 날부터 너희를 위하여 기도하기를 그치지 아니하고 구하노니 너희로 하여금 모든 신령한 지혜와 총명에 하나님의 뜻을 아는 것으로 채우게 하시고 주께 합당히 행하여 범사에 기쁘시게 하고 모든 선한 일에 열매를 맺게 하시며 하나님을 아는 것에 자라게 하시고 그 영광의 힘을 좇아 모든 능력으로 능하게 하시며 기쁨으로 모든 견딤과 오래 참음에 이르게 하시고 우리로 하여금 빛 가운데서 성도의 기업의 부분을 얻기에 합당하게 하신 아버지께 감사하게 하시기를 원하노라

(골로새서 1 : 9 - 12)

신앙인의 성장신비

여러분, 요새 몹시 덥습니다. 아마 일 년 중 가장 더운 계절을 지나가고 있는 것같습니다. 견디기 어렵게 더울 때는 자기도 모르게 좀 불평이 나오기도 합니다. 그때마다 저는 제 선친 되시는 아버지께서 엄하게 교훈하시던 것을 생각하곤 합니다.

첫째, 절대로 밥투정하지 마라. 밥상에 올려놓은 것은 가리지 말고 다 먹어라. 절대로 밥투정을 하면 안된다. 천벌을 받을 죄다. 그래서 저는 밥투정을 못해봤습니다. 밥투정을 했다가는 잘못하면 죽으니까요. 둘째, 남기지 마라. 얼마나 소중한 것인데 밥을 남기느냐. 절대 남기지 마라. 그랬습니다. 셋째가 특별합니다. 덥다고 하지 마라. 밥을 먹고 사는 농사꾼의 자식은 절대로 덥다고 하면 안된다. 이 더위에 모든 식물이 자라기 때문입니다. 많이 더울수록 풍년이 듭니다. 더위의 기간, 심지어는 날짜가 아니고 시간적으로 잽니다. 얼마나 많은 시간 더웠느냐에 따라서 풍년이 좌우됩니다.

이제 8월 15일을 중심으로 '추락'이라고 하는 시간이 있습니다. 그때가 되면 딱 하루아침에 환경이 바뀌면서 선선한 바람이 붑니다. 8월 15일이 지나면 해수욕장에 못들어갑니다. 그렇게 찬 기운이 돌면 모든 식물은 그 시점에서 그대로 결실하는 것입니다. 그동안 많이 자랐으면 많은 결실을, 그동안 못자랐으면 못자란대로 적은 결실을 얻게 됩니다. 그런고로 더위는 더울수록 좋고, 더위가 길수록 좋다는 것입니다. 따라서 이 이치를 아는 농사꾼은 절대로 덥다고 하지 마라, 그랬습니다. 여러분, 오늘부터 덥다는 소리 하지 마세요.

오늘 본문에서 강조된 것은 하나님께서 우리를 자라게 하신다는 것입니다. 성장하게 하신다— 문장을 자세히 이해하면 하나님께서 주도권(Initiative)을 가지고 계십니다. 우리가 자라는 것이 아니고, 스스로 자라는 것이 아니고, 하나님께서 자라게 하신다— 여기에 역점이 있습니다. 대단히 중요한 말씀입니다. 하나님께서 자라게 하시는 그 귀중한 생명적 사역을 우리는 받아들여야 합니다. 이해해야 됩니다. 아니, 나아가서는 그것을 즐거워해야 됩니다.

어떤 목사님이 아주 풍자적으로 교인을 분석해놓은 이야기가 있습니다. 교인 가운데는 '달구지 같은 교인'이 있다고 합니다. 누군가가 꼭 끌어줘야지, 끌어주지 않으면 그대로 땅에 놓여 있습니다. 또 어떤 교인은 '연 같은 교인'이 있습니다. 높이 나는 것같은데, 줄만 끊어지면 어디로 가는지 보이지를 않습니다. 셋째는 '고양이 같은 교인'이 있습니다. 살살 만져주면 좋다고 그러는 교인입니다. 넷째는 '럭비공 같은 교인'이 있습니다. 공이 어디로 튈는지 알 수 없습니다. 또 '크리스마스 트리 같은 교인'도 있다고 합니다. 깜박깜박하는 교인입니다.

여러분은 어느 수준에 있습니까? 결국은 자라야 합니다. 하루아침에 마술적 변화를 일으키는 것이 아닙니다. 매직파워(magic power)가 아닙니다. 성화의 역사라는 것은 긴 과정입니다. 하나씩 하나씩 고쳐가고, 하나씩 하나씩 변화되어서 온전함에 이르는 것입니다.

누가 목사님께 질문을 했습니다. "아무리 참으려고 해도 잘 안됩니다. 십자가 밑에 죽어야 한다고 하고, 나를 죽여야 한다, 나를 죽여야 한다, 그런 생각으로 죽어가며 삽니다마는, 지렁이도 밟으면 꿈틀 하지 않습니까?" 그때 목사님이 대답했습니다. "그것은 산 지렁이지요. 죽은 지렁이는 꿈틀하는 법이 없습니다."

우리 그리스도인은 십자가 앞에서 완전히 죽어서 남은 시간을 사는 것입니다. 이것이 그리스도인의 성화과정입니다. 오늘본문에 보면 "하나님의 뜻을 아는 것으로 채우게 하시고(9절)"라고 되어 있습니다. 신앙인은 자기중심적 신앙이 있습니다. 하나님께서 내 소원을 이루어주시기를 바라고, 그 소원이 이루어졌을 때 은혜받았다는 말을 합니다. 반면 소원이 이루어지지 않으면 저주받았다고 생각합니다. 그래서 은혜와 저주를 들락날락합니다. 하루는 은혜 받고, 하루는 저주 받습니다. 감기만 걸려도 저주받은 것이고, 복권이 당첨되면 복받았다고 합니다. 이렇게 자기중심, 자기소원에 집착하는 신앙이 있습니다. 이거, 신앙이 있는 것같지만, 사실은 자기중심적인 신앙입니다.

그런데 이런 신앙이 성장을 하면, 중생을 하면 바뀝니다. 하나님 중심입니다. 내 소원이 아니고 하나님의 소원에 관심이 있습니다. 때로는 내 소원이 묵살되어도 하나님의 소원이 이루어지면 괜찮습니다. 내 욕망은 완전히 버려야 하지마는, 하나님의 뜻은 이루어지고 있습니다. 하나님 영광 중심의 신앙으로 한 단계 높이 성장해야 한다는 말씀입니다. 하나님의 뜻을 아는 것에 점점 깊이를 더해가야 합니다.

여러분, 나이 먹었다는 것이 무엇입니까? 점점 생각의 세계가 넓어지고 높아지고 깊어진다는 것 아니겠습니까. 이것이 문제입니다.

프랑스의 유명한 피에르 신부의 저서에 「단순한 기쁨」이라는 작은 책이 있습니다. 거기에서 그는 삶의 토대와 기본자세에 대해서 이렇게 말합니다. '우리의 신앙, 우리의 인격이란 별것이 아니다. 단순하게 생각해보자. 하나님은 사랑이라고 확신하는 것, 하나님은 사랑이라고 고백할 수 있으면 그것이 성장하는 것이다. 그리고 하나님의 사랑에 대한 확신이 없으면 그 모든 가치관이 다 흔들리게 된다.'

둘째는 '나는 하나님의 사랑을 받고 있다. 여기서 받고 있고 저기서 받고 있고, 하나님의 사랑을 내가 모르는 중에도 나는 엄청난 하나님의 사랑을 받고 있고, 그 속에 내가 있다'는 것을 날마다 확신해가는 것입니다.

셋째는 이것입니다. '그 사랑에 응답하는 길이 나에게 주어진 자유의 본질이다.' 그 사랑에 응답해서 생각하고, 그 사랑에 응답해서 행동하고, 그것이 바로 신앙인의 성장, 그 극치라는 말입니다.

그래서 사도 바울은 오늘본문인 골로새서 1장 25절에서 이렇게 말씀합니다. "내게 주신 경륜을 따라……" 바울은 하나님의 경륜을 아는 사람입니다. 하나님의 뜻, 하나님의 능력, 하나님의 지혜, 그리고 나를 향하신 하나님의 경륜을 알고 있습니다. 그 속에 내가 있습니다. 그 거룩한 프로그램, 그의 계획 속에 내가 있다는 말씀입니다. 예외가 없습니다. 조그마한 일 하나하나도 그 큰 경륜 속에서 이루어진 것이다— 바울은 여기에 응답하고, 이것을 즐기며, 그렇게 한 평생을 삽니다.

또한 하나님의 뜻을 알 뿐만 아니라, 그 다음에는 하나님의 뜻과 그 능력을 몸으로 경험합니다. 날마다 경험합니다. 여러분, 모든 능력으로 능하게 하시는 하나님, 그리고 하나님께서 나를 능하게 하신 것, 어느 정도 경험하고 있습니까? 나로서는 불가능한 일인데 하나님께서 가능케 하셨습니다. 나는 그렇게 의지적인 사람이 못됩니다. 비실비실하는데 하나님께서는 나로 하여금 이런 일을 할 수 있게 하셨습니다. 이제 와서 생각하니까 그것은 하나님께서 강권적으로 하신 일이더라고요.

그래서 저는 가끔 우리 젊은 교역자들에게 뭔가 훈계가 되라고 한마디씩 할 때가 있습니다. "내가 목사 안수 받아서 은퇴할 때까지 43년 동안 목사 생활을 했는데, 43년 동안 나는 새벽기도를 내가 인도했다. 부목사님들도 많이 계시지만, 꼭 내가 인도했는데, 어쩌다 보니 43년 동안 개근했다." 그러면 우리 젊은 목사님들이 입을 딱 벌립니다. 그 다음 말이 재미있습니다. "하지만 이제 나는 끝났어요. 이미 많이 빠졌으니까요." 여러분, 가만히 생각하면 어찌 이것이 가능합니까?

여러분은 잘 모르시겠지만, 지난 8월에 제가 심장수술을 받았습니다. 그리고 금요일에 퇴원해서 주일에 설교했습니다. 여기 올라올 때 제가 휘청휘청해서 붙들고 올라왔습니다. 그러나 설교했습니다. 그리고 생각합니다. '이것을 가능케 하신 분은 하나님이시다.'

여러분, 하나님께서 내게 능력을 주셨습니다. 내게 의지를 주셨습니다. 내게 힘을 주셨습니다. 이것은 내 힘이 아닙니다. 내 의지도 아니고 내 고집도 아닙니다. 하나님께서 나로 하여금 이 모든 일을 가능하게 하셨습니다. 놀라운 일이 아닙니까.

여러분, 지금 이 자리에 앉아서 이렇게 예배를 드리는 것, 또 우리 예수소망교회, 아무리 생각해도 명당입니다. 참 자리 잘 잡았습니다. 많은 사람들이 제게 물어옵니다. "어떻게 그 좋은 땅을 예배당 터로 구입했습니까?" 돈 가지고 되는 일이 아닙니다. 그런데 어떻게 가능했을까요? 이 근방에 있는 목사님들이 이 땅을 사려고 10년 동안 뺑뺑 돌며 기도했다고 합니다. 그런데도 못샀습니다. 저는 샀습니다. 저에게 묻습니다. "어떻게, 무슨 재주로 샀느냐?" 그러면 저는 "당신들은 교만해서 못샀고, 나는 겸손해서 샀다"고 답해줍니다.

원래 이 땅은 700평, 500평 두 필지였습니다. 땅값 올리려고 한 사람이 팔겠다고 나서면 다른 한 사람은 안팔겠다고 합니다. 그러니까 이것 다 사야겠다고 흥정을 하니까 못 산 것입니다. 저는 큰 예배당 지을 마음 없었습니다. '500평이면 충분하지.' 그래서 500평 팔겠다고 해서 샀습니다. 그랬더니 동네사람들이 기왕 하려면 큰 교회하라고 합니다. 그래 기다렸다가 결국은 700평을 마저 사서 1,200평이 되고, 이 교회가 된 것입니다. 그래서 '나는 500평 가지고 예배당 하겠다' 했더니 1,200평이 왔습니다.

누가 이런 지혜를 내겠습니까. 누가 이 일을 가능케 하겠습니까. 아무리 생각해도 이것은 하나님께서 우리에게 가능케 하신 것입니다. 누구의 지혜도, 누구의 계책도 여기에 관계가 없습니다. 하나님께서 이것을 가능케 하셨습니다. 여러분, 개인적으로도 교회적으로도 국가적으로도 그렇습니다. 하나님께서 그것을 가능케 하셨습니다. 그것을 순간순간 확인하며 살아갑니다.

로마서 8장 37절은 말씀합니다. "넉넉히 이기느니라." '그 사랑 안에서 넉넉히 이기느니라. 내게는 이와같은 힘이 있다. 하나님께서 나로 하여금 가능케 하심으로 내게 힘이 있다.' 그 하나님의 능력을 구석구석 우리 생활 현실 속에서 확인하며 또다시 감사하면서 사는 것, 그것이 높은 성장입니다.

오늘본문은 말씀합니다. "기쁨으로 모든 견딤과 오래 참음에 이르게 하시고(11절)." 여러분, 인내라고 하는 것은 참 좋은 것입니다. 인내는 쓰지마는, 그러나 결과는 달다, 그러지 않습니까. 참는 것,

참 중요합니다. 그러나 기쁨으로 참아야 참는 것이지, 죽지 못해 참는 것은 참는 것이 아닙니다. 기쁨으로 참는다. 여기에 중요한 그리스도인의 정서가 있습니다. 그래서 범사에 하나님을 기쁘시게 해드려야 합니다. 요새 젊은 사람들이 그런 말 하지 않습니까? "Feel이 꽂힌다." 하나님의 사람은 Feel이 좋습니다. 언제나 감성이 좋고, 느낌이 좋습니다. 느낌이 소망적입니다. 느낌이 확실합니다.

며칠 전에 어떤 분을 만났더니 아직은 그렇게 돈을 번 사람이 아닙니다마는, 저를 보고 이런 희한한 이야기를 하더라고요. "목사님, 앞으로 돈 많이 쓸 생각 하세요." 그래서 "있어야 쓰지" 했더니 "제가 드릴 테니까요" 하고 답합니다. 제가 다시 묻기를 "그런데, 왜요?" 하니까 "제가 요새 느낌이 있어요. 꼭 돈이 벌어질 것같아요" 그러더라고요.

그런데 여러분, 꼭 잊지 마십시오. 느낌이 어떻게 느껴집니까? 어떻게 Feel이 오느냐는 말입니다. 성숙한 그리스도인의 감정은 항상 소망적이고, 항상 행복합니다. 항상 훤하게 보이고, 어딘가 느낌이 좋습니다. 행복한 인내, 감사로 치닫는 것입니다.

이런 기록이 있습니다. 히틀러의 나치가 이스라엘 사람들을 많이 잡아다가 가둘 때 기독교인들까지 잡아다가 감옥에 가두었다고 합니다. 그런데 이때 수용소에, 혹은 감방에 십여 명 되는 기독교인들이 "우리 여기 있으면서 기도하십시다. 그리고 각각 성경 요절을 아는 것 있으면 외우세요. 우리 다 같이 외웁시다" 하면서 성경을 암송하고 묵상하며, 성경공부와 함께 기도하는 시간을 가졌습니다. 그런데 그렇게 중얼중얼 말하는 것도 감시하는 사람들이 못하게 막습니다. 무슨 말 하는 것을 절대 못하게 합니다. 그래서 말을 못하는데, 며칠 동안 감시자가 오지를 않는 것입니다. 그래서 마음대로 기도하고, 마음대로 성경을 외웠습니다. '왜 그랬을까?' 하고 생각해봤더니 벼룩이 너무 많아서 감방 간수들이 여기 가까이만 한 번 지나가도 벼룩이 하루종일 온몸에 스물거리는 것입니다. 그래 마지막에 그 기독교인들은 벼룩이 많이 들끓는 것을 하나님께 감사했다고 합니다.

여러분, Feel이 꽂힙니까? 항상 내 마음이, 내 느낌이 좋습니까? 이 느낌이 그리스도인의 감성이요, 그리스도인으로 하늘로 향하게 하고, 그들이 하나님의 약속을 지향하면서 항상 행복한 신앙생활을 하게 합니다.

또한 하나님께서 여기에 이르도록 나를 교훈하십니다. 하나님의 커리큘럼입니다. 하나님의 교과과정입니다. 이스라엘 백성을 애굽에서 인도하여 40년 동안 광야에 머무르게 하신 것처럼, 그리하여 가나안 땅에 들어가게 하신 것같이 내가 예수 믿어 하나님 앞에 갈 때까지 하나님께서는 계속 내게 말씀하십니다. 인도하십니다. 가르쳐주십니다. 충만케 하십니다. 모든 시련 속에서 모든 구체적인 사건 속에서 말입니다.

그래서 오프라 윈프리라고 하는 유명한 미국의 토크쇼 진행자는 늘 이렇게 말하고 있습니다. "나는 하루일과를 마칠 때마다 세 가지를 생각한다. 첫째, 나는 얼마나 상냥했는가? 얼마나 밝은 얼굴로 살았는가? 잠시라도 흐리지 않게 밝은 얼굴로 살았는가? 둘째는, 얼마나 친절했는가? 나 자신에게 오는 이득이나 욕망의 성취에 대해서 관심을 두지 말고, 다른 사람들이 생각하는 것, 다른 사람들이 무엇을 원하고 있고 필요로 하고 있는가에 대해서 관심을 두며 얼마나 친절하게 살았는가? 셋째는, 할 일을 다 했는가? 오늘 할 수 있는 일은 오늘 해야 되는데, 오늘 해야 될 일을 내일로 미루면 못하게 되는데, 오늘 내게 맡겨진 일을 오늘 내가 다했는가?" 이렇게 세 가지를 물었다고 합니다.

여러분, 분명히 잊지 말아야 합니다. 하나님께서는 오늘도 나를 성장케 하십니다. 하나님의 뜻을 아는 것으로 하나님의 능력을 체험하도록 하시며, 그리고 하나님의 큰 기쁨 안에서 넉넉히 이기도록 하십니다. 그리고 모든 시련을 통해서 버릴 것은 버리고, 취할 것을 취하도록 하시고, 깨달아야 할 것을 깨닫게 하시며, 연약한 부분을 강하게 하시기도 하고, 또다시 겸손하게 하시고, 또다시 사랑하게 하십니다.

어떤 글에 이런 말이 있습니다. 여성은 세 번 둔갑을 한다고 합니다. 그러고 나서야 여성이 된다고 합니다. 첫째, 여성은 자라면서 사랑하게 될 때 영 딴 사람이 된다고 합니다. 그런 것같습니다. 사랑을 알기 시작하면서 딴 사람이 한 번 됩니다. 그 다음에는 어머니가 된 다음에 또 딴 사람이 됩니다. 전혀 딴 사람입니다. 그런가 하면 마지막으로 할머니가 된 다음에 또 한 번 딴 사람이 됩니다.

그렇습니다. 여러분, 그렇게 거듭거듭 딴 사람이 되어 왔는데, 이제 마지막 단계, 이제는 어떤 사람으로 나타나야 할 것입니까? 우리 앞에는 어떤 이미지가 있습니까? 욥기 23장 10절에서 욥은 무진장한 고생을 하는 동안 이렇게 고백을 합니다. "그가 나를 단련하신 후에는 내가 정금같이 나오리라." 모든 고난을 겪고 난 다음에 내가 정금 같이 나오리라, 정금 같이 나오리라— 그렇습니다. 하나님의 뜻을 알고, 하나님의 뜻을 느끼고, 하나님의 뜻을 체험하며 살아갈

때 성장하고 성장해서 정금같이 완숙하고 성숙한 하나님의 사람으로 나타나게 되기를 바랍니다. △

자원하는 심령의 은총

　　나를 주 앞에서 쫓아내지 마시며 주의 성신을 내게
서 거두지 마소서 주의 구원의 즐거움을 내게 회복시
키시고 자원하는 심령을 주사 나를 붙드소서 그러하
면 내가 범죄자에게 주의 도를 가르치리니 죄인들이
주께 돌아오리이다 하나님이여 나의 구원의 하나님
이여 피 흘린 죄에서 나를 건지소서 내 혀가 주의 의
를 높이 노래하리이다 주여 내 입술을 열어주소서 내
입이 주를 찬송하여 전파하리이다 주는 제사를 즐겨
아니하시나니 그렇지 않으면 내가 드렸을 것이라 주
는 번제를 기뻐 아니하시나이다 하나님의 구하시는
제사는 상한 심령이라 하나님이여 상하고 통회하는
마음을 주께서 멸시치 아니하시리이다 주의 은택으
로 시온에 선을 행하시고 예루살렘성을 쌓으소서 그
때에 주께서 의로운 제사와 번제와 온전한 번제를 기
뻐하시리니 저희가 수소로 주의 단에 드리이다
　　　　　　　　　　　　　　(시편 51 : 11 - 19)

자원하는 심령의 은총

　제가 신학대학 1학년 때의 일입니다. 갓 학교에 입학을 해서 큰 감격으로 한 시간 한 시간을 아주 뜻깊게 보내고 있을 때입니다. 어느 날 채플시간에 박 목사님이라고 하는 분이 와서 설교를 하셨는데, 제가 그 설교를 지금까지도 잊지 못합니다. 일생에 깊은 은혜를 받았습니다. 그것은 설교라기보다도 하나의 간증이었습니다. 목사님의 사모님이 8년 동안이나 부인병으로 고생을 했다는 것입니다. 4기 암환자였습니다. 그때가 1955년이었으니까 의료시설이나 여건이 아주 열악한 시절이지요. 그런 환경이니 제대로 치료를 못하고 지냈습니다. 방에서 아주 썩은 냄새가 났답니다. 그렇다고 두 손 놓고 마냥 기다릴 수만은 없지 않습니까. 그래 목사님이 한약을 달여서 날마다 세 번씩 사모님께 드렸답니다. 어느 날 목사님이 약을 달여 짜서 약사발에 받아들고 방문을 열고는 안으로 들어가는 순간 문득 이런 생각이 들었다고 합니다. '이제는 그만 가지.' 참 엉뚱한 생각이었습니다. 장기간의 병간호에 지쳐서 저도 모르게 그만 그런 무서운 생각을 했던 것입니다. 순간 목사님 자신도 속으로 깜짝 놀랐답니다. '어찌 내가 이런 생각을 한단 말인가!' 그런데 하필이면 사모님이 바로 그 약사발을 받아들다가 그대로 돌아가셨다는 것입니다. 이 이야기를 하다가 목사님이 강단에서 엉엉 우셨습니다. 듣고 있던 우리 학생들도 다 따라 울었지요. 그렇게 한참 설교를 못하고 울었습니다. 죽지 못해 사는 생은 사는 게 아닙니다. 피치 못해서 하는 일은 봉사가 아닙니다. 만부득이해서 끌려가는 길은 사는 생이 아닙니다.

의무감, 좋은 말입니다. 그러나 의무감에 산다는 것이 얼마나 피곤한 일입니까. 도덕성, 좋은 말입니다. 세상에 우리의 행동을 도덕성에 묶고, 그 동기를 도덕성에 두고 사는 것도 힘든 일입니다. 베드로가 말했듯이 '멜 수 없는 무거운 짐'입니다. 도덕적으로 어떻고 저떻고…… 그거 힘들어 못합니다. 게다가 죄책감이라는 것도 있습니다. 이렇게 아니하면 죄책감 때문에 견딜 수 없을 것같아서 그 죄책감에 끌려다니며 사는 것, 그게 어디 사는 것입니까. 도덕성과 의무감, 이 얼마나 피곤한 일입니까. 무거운 짐입니다. 이렇게 끌려가면서 율법적으로 산다는 것은 때로는 죽기보다도 힘든 일입니다.

「반복 심리학」이라는 책이 있습니다. 부제가 '왜 나는 나쁜 습관을 반복하는가?'입니다. 미국 하버드 대학의 Dr. E. Verginia Demos라는 교수가 이 저서로 유명해졌습니다. '왜 사람들은 악한 일, 좋지 않은 일을 반복해야 하나?' 첫째는 완벽주의 때문입니다. 너무 완벽하려고 하다가 '완벽하지 못할 바에는 차라리 버리자' 합니다. 그래서 그만 완벽을 쳐다보고 살기는커녕 엉망으로 사는 것입니다. 또한 한계를 받아들이는 능력이 있어야 하는데, 역시 사람은 큰 제한 속에 삽니다. 우리가 무슨 능력이 있습니까. 다 부족하고, 다 허물 많고, 다 나약하고, 다 죄인입니다. 그러니까 한계를 인정해야 합니다. 이것을 알아야 합니다. 전적으로 자기 생을 책임질 수 있는 사람은 아무도 없습니다. 그렇게 살 수도 없습니다. 그러니까 완벽하려고 하지도 말고, 내 한계를 인정하고, 주어지는 한계 안에서 최선을 다해 그저 '한 가지도 좋고, 두 가지도 좋아' 하고 자원하는 마음으로 살아가는 것입니다. 그래야 오히려 더 큰 의를 이룰 수 있다는 얘기입니다.

세상에서 가장 슬픈 이야기는 이것입니다. 서로 이야기를 하다가 "그때는 사랑했었지. 내가 미쳤던가봐!" 하는 것입니다. 참 좋아 보이지만, 사람 죽이는 말입니다. "그때는 예뻤지." 지금은 아니라는 것이지요. "그때는 참 행복했지." 참으로 피곤한 일입니다. 우리 교인가정을 가끔 방문해보면 수십 년 된 결혼사진이 붙어 있는 집이 있습니다. 빛바랜 벽에 누렇게 된 사진이 걸려 있습니다. 저는 그런 사진 쳐다볼 때마다 처량한 생각이 듭니다. 저 사진 쳐다보면서 '그때는 좋았지' 하면서 오늘을 살 것 아닙니까. 떼어버리세요. 현재가 중요하고 미래가 중요하지, 옛 추억에 젖어 살아서 어쩌자는 것입니까. 오히려 더 피곤한 일입니다.

오늘본문은 성군 다윗의 유명한 참회록입니다. 이렇게 기도합니다. "자원하는 심령을 주사 나를 붙드소서(12절)." 여기서 '자원하는 심령'은 히브리말로 '루아흐너디바'입니다. '심령의 자유'를 말합니다. 영적 자유, 심령적 자유입니다. 과거에 쫓기지도 않고, 허망한 미래에 끌리지도 않습니다. 죄책에 만부득이 끌려가는 노예적인 생이 아닙니다. 형벌의식에서 벌벌 떠는 생은 더더욱 아닙니다. 무거운 책임으로부터 완전히 벗어나는 것입니다. 심지어 도덕적 책임, 사회적 책임, 가정적 책임에서 다 벗어나 항상 새로운 마음으로 자유한 가운데 살게 해달라는 말입니다. 뭐 한 가지를 하더라도 아주 자유로운 가운데서 '현재적 선택'으로 하게 해달라는 말입니다.

거짓말 같지만 가끔 이런 있을 수 없는 질문이 나옵니다. "다시 태어난다면 이 사람하고 또 살겠습니까?" 나이 80이 넘은 어느 할머니는 "저 양반 혼자서는 못사니까 내가 어차피 또 살아줘야겠죠" 하더라고요. 하지만 할아버지한테 "다시 태어난다면 할머니하고 또 살

겠습니까?" 하고 물었더니 대답이 이렇습니다. "그때 가서 생각해봐
야 되겠소." 현재 이 모습 그대로를 자원적으로 사랑해야 합니다. 그
래서 오늘본문인 시편 51편 10절은 말씀합니다. "내 속에 정한 마음
을 창조하시고 내 안에 정직한 영을 새롭게 하소서." 부분적인 수리,
Re-Pairment가 아닙니다. Re-Creation, 재창조입니다. 어느 부분을
고쳐달라는 얘기가 아니고, 다시 창조해달라는 얘기입니다. 이것이
다윗의 기도입니다.

　다윗은 하나님 앞에 기도합니다. 자기 의지로는 불가능하다는
것을 알기 때문입니다. 절대로 불가능하다는 것을 압니다. 그럭저럭
살아올 수는 있습니다. 의무감에 살 수도 있고, 도덕성으로 살 수도
있습니다. 그러나 자원하는 마음으로 살 수 없음을 알고 있습니다.
그래서 "창조해주소서" 하고 기도합니다. 대단히 중요한 말씀입니
다. 자원하는 심령을 창조해주소서 — 다윗은 여기에 귀중한 신학적
의미를 말씀하고 있습니다.

　첫째는 '주의 성령을 내게 주사'입니다. 성령의 역사가 아니고는
이 자원하는 마음을 지속할 수 없습니다. 그대로 사라집니다. 그대
로 또 노예로 살게 됩니다. 마음 깊은 곳에서부터 우러나는 이 자원
하는 심령은 하나님께서 주시는 은사입니다. 날마다 기도해서 얻어
야 합니다. 말씀을 묵상하는 가운데 얻어야 합니다. 성령의 역사로
만 자원하는 심령은 가능합니다. 이것을 다윗은 잘 알고 있습니다.
'하나님이여, 성령으로 인하여 자원하는 심령을 주소서.'

　둘째는 '구원의 즐거움을 회복시켜주세요'입니다. 구원의 즐거
움이 있었지요. 그러나 사라졌습니다. 누구에게나 첫사랑은 있었지
요. 그러나 사라졌습니다. 감격한 때가 있었지요. 어쩌면 '이대로 죽

어도 좋다' 할 만한 때가 있었을지도 모릅니다. 그러나 이제 다 갔습니다. 어느 사이에 다 시들었고, 이제는 사는 것 자체가 피곤해졌습니다. 그러니 어떡하면 좋겠습니까? '구원의 즐거움을 회복시켜주세요. 처음 마음으로 돌아가게 해주세요. 첫사랑으로 돌아가게, 처음 경험으로 돌아가게 해주세요. 그때의 감격을 회복시켜주세요." 이렇게 하나님 앞에 기도하고 있습니다.

숨지는 순간까지도 자신을 하나님께 온전히 드린 유명한 선교사가 있습니다. 데이비드 리빙스턴입니다. 그는 마지막에 이렇게 말하고 있습니다. "저는 결코 헌신해본 적이 없습니다. 제 생각에는 헌신이기보다 특권이라고 말해야 할 것입니다." 내가 헌신하는 것이 아닙니다. 보답하는 것도 아닙니다. 다 건방진 생각입니다. 그저 특권입니다. 이것도 특권이고, 이것도 영광이고, 이것도 축복입니다. 고난받는 것도 축복이고, 그리스도의 이름으로 죽는 것은 더더욱 영광입니다. 모든것이 특권입니다. 그래서 리빙스턴은 말합니다. "저는 그저 한평생 선교사로 일했다고 남들이 말하지만 아닙니다. 저는 늘 감사한 마음으로 살았을 뿐입니다."

어차피 우리는 전적으로 타락했고, 전적으로 불가능한 가운데서 구원을 받았습니다. Grace, 오직 은혜로 구원받았습니다. 다 알고 있습니다. 그러나 그 감격이 사라졌습니다. 그때 그 은혜, 그때 그 감격이 어디 갔는지 자취가 없습니다. 그런고로 다윗은 간구합니다. '구원의 즐거움을 회복시켜주세요. 구원의 즐거움, 그 처음 사랑으로 돌아가게 해주세요. 원점으로 돌아가서 주님을 찾게 해주세요.' 바로 그때가 언제입니까? 내가 하나님께로 나온 것이 아니라, 하나님께서 나를 만나주셨습니다. 내가 주의 이름을 부른 것이 아니라, 주께서 나를 불러주셨습니다. 강권적으로 나를 주의 사람으로 만들어주셨습니다. 그날 그때가 있었습니다. 그런데 그 즐거움이 그만 사라졌다는 것입니다.

전도학에서 이런 말을 합니다. 우리가 이렇게 교회를 많이 나옵니다마는, 여러분 스스로 물어보십시오. 일 년 동안 누구에게 예수 믿으라는 말 해보았습니까? 어쩌면 일 년에 한 번도 못했을 것입니다. 그럭저럭 수십 년이 지나갔습니다. 그런데 전도학에서 사회학적으로 잘 분석해보면 예수 믿은 지 1년 6개월이 채 못된 사람들, 그러니까 이제 막 예수 믿기 시작한 사람들이 전도를 제일 많이 합니다. 왜냐하면 바로 엊그제까지 술친구였던 사람이 오늘 예수를 믿고 자기 술친구에게 예수 믿으라고 하거든요. 처음 감격이 1년 6개월은 간다는 것입니다. 그 짧은 동안에 전도를 제일 많이 합니다. 순수한 마음이니까요. 그야말로 첫사랑이니까요. 이것이 구원의 즐거움입니다.

하지만 어찌 어찌 교회생활을 오래 하다보니 그럭저럭 타성이 들어서 이제는 내 주변사람들이 예수를 안믿어도 그저 그러려니 하고 맙니다. 안될 일이지요. 내 주변에 예수 안믿는 사람이 있는데 그에 대한 안타까운 마음이 없어서야 어디 되겠습니까. 하지만 그만 전도열이 다 시들고 말았습니다. 여기에 문제가 있습니다. 이제 기도해야 합니다. '구원의 즐거움, 맨 처음 예수 믿고 감격했던 그 즐거움을 하나님이여, 회복시켜주세요. 다시 원점으로 돌아가 불 일듯 일어나게 해주세요.' 모든것이 오직 하나님의 선물임을 다시 확인해야 되겠습니다. 내가 죄 사함 받은, 영원히 구원받을 수 없는 자가 구원받아 하나님의 자녀가 되었다고 하는 것을 다시한번 생각해야 되겠습니다. 그리고 오늘을 사는 생, 주의 거룩한 영광을 위해 사역자로 살아간다고 하는 정체성과 그 삶의 의미를 다시 재발견해야 되겠다는 것입니다.

노예한테는 기쁨이 없습니다. 어떤 형제가 있었습니다. 형은 돈이 많고 부자입니다. 반면 동생은 아주 가난하고 딸린 자식도 많습니다. 그런데 가만히 보니 행복한 쪽은 형이 아니라 동생입니다. 동생은 늘 가족들과 함께 행복한데, 형네 집에는 항상 문제가 많습니다. 그래 형이 너무 기가 막혀서 동생한테 물었습니다. "내가 보기에는 너 참 비참한데, 네 집에는 왜 그렇게 웃음소리가 그치지 않고, 너희들에게는 환한 기쁨이 있느냐? 그 비결이 뭐냐?" 동생이 대답합니다. "좋아하는 일을 하는 것이 아니고요, 하는 일을 좋아하는 것입니다." 좋아하는 일이 있어지리라고 기대하지 마세요. 지금 하고 있는 일을 즐기세요. 이것이 구원의 즐거움입니다.

성경에 보면 억지로 십자가를 진 사람이 있습니다. 구레네 사람 시몬입니다. 그는 십자가를 지시고 골고다로 가시는 예수님을 뒤따라가다가 강제로 그 십자가를 대신 지게 됩니다. 아무 뜻도 모르고 예수님의 십자가를 대신 지게 됩니다. 그래서 성경은 말씀합니다. '억지로 십자가를 졌다.' 베드로나 요한이나 야고보, 이 사람들은 다 도망갔고, 엉뚱한 구레네 사람 시몬이 십자가를 예수님 대신 졌다고 성경은 말씀합니다. 그런데 성경을 자세히 살펴보면 이 구레네 사람 시몬의 아들 둘이 선교사가 됩니다. 주를 위해 한평생을 바치는 삶을 삽니다. 그래서 전설에 의하면 구레네 사람 시몬은 일단은 억지로 십자가를 졌지만, 그러고 난 다음 그게 얼마나 영광된 일인가를 깨달았습니다. 그는 한평생 자기 어깨를 만져보며 하나님 앞에 감사기도를 드렸다고 합니다. "내가 어떻게 이 어깨로 예수님의 십자가를 질 수 있었단 말인가." 설사 억지로 시작을 했다 쳐도, 이제라도 그 의미를 바로알고 감사하면서 내게 주신 모든 고난을 감사하는 마음으로 받아들이고, 다시 자원하는 심령으로 살아가야 할 것입니다.

　1904년에 한국에 와서 선교를 하던 에비슨이라는 의사가 있었습니다. 그는 '아무래도 한국에 병원을 하나 세워야겠다' 하고 생각하여 미국에서 모금을 하고, 여러 잡지와 신문에 광고를 냈습니다. '한국에 병원을 세우려고 하는데 누가 도와주시면 감사하겠습니다. 많은 도움을 청합니다.' 그랬더니 세브란스라고 하는 사업가가 찾아와서 "모든 비용을 제가 대겠습니다. 아무 조건도 없습니다. 나중에 보고할 필요도 없고, 그대로 가지고 가서 병원을 세워주세요" 하는 것입니다. 그래 그의 이름을 따서 오늘날의 세브란스병원이 된 것입니다. 그는 너무나 감사해서 그에게 편지를 했습니다. 그런데 세브란스는 오히려 이렇게 답을 합니다. '도움받는 에비슨 박사보다 도와주는 제가 훨씬 더 행복합니다. 자원하는 마음으로 드렸으니 우리 다 같이 감사하십시다.' 이런 일이 바로 자원하는 행위가 되리라는 말입니다.

　사랑이 없으면 노예입니다. 어떤 수고를 했더라도 아무 의미도 없습니다. 봉사에 행복이 없다면 위선입니다. 기도해야겠습니다. '하나님이여, 자원하는 심령을 주세요.' 왜요? 그것은 은총이니까요. 하나님께서 주시는 큰 선물이니까요. 그 선물의 의미를 새롭게 깨달으면서 자발적으로, 자유하는 마음으로 역사할 때 거기에 기적이 있고, 창조적 능력이 있고, 지혜가 있는 것입니다. '하나님이여, 자원하는 심령을 주시옵소서.'　△

무익한 종의 정체의식

　사도들이 주께 여짜오되 우리에게 믿음을 더하소
서 하니 주께서 가라사대 너희에게 겨자씨 한 알만한
믿음이 있었더면 이 뽕나무더러 뿌리가 뽑혀 바다에
심기우라 하였을 것이요 그것이 너희에게 순종하였
으리라 너희 중에 뉘게 밭을 갈거나 양을 치거나 하
는 종이 있어 밭에서 돌아오면 저더러 곧 와 앉아서
먹으라 할 자가 있느냐 도리어 저더러 내 먹을 것을
예비하고 띠를 띠고 나의 먹고 마시는 동안에 수종
들고 너는 그 후에 먹고 마시라 하지 않겠느냐 명한
대로 하였다고 종에게 사례하겠느냐 이와 같이 너희
도 명령받은 것을 다 행한 후에 이르기를 우리는 무
익한 종이라 우리의 하여야 할 일을 한 것뿐이라 할
지니라
　　　　　　　　　　　(누가복음 17 : 5 - 10)

무익한 종의 정체의식

　'가장 위대한 사람은 천재다'라고 우리는 흔히 말합니다. 역시 천재성이라는 것은 참 중요합니다. 날 때부터 머리가 천재고, 생각하는 것이 천재고, 그래서 다른 사람이 미치지 못하는 그 어떤 선에 있는 그런 천재를 우리는 흠모하고 또 존경하기도 합니다. 그러나 '천재는 노력하는 사람을 이기지 못한다'는 말도 있습니다. 천재라도 노력하지 않으면 아무것도 아닙니다. 흔히들 말하는 천재라는 사람들이 별로 큰일을 한 게 없습니다. 오히려 성공은 꾸준한 노력, 아주 피나는 노력 끝에 이루어지는 것을 우리는 봅니다.

　어떤 유명한 음악가가 이런 말을 했습니다. "하루를 연습하지 않으면 자기가 알고, 이틀을 연습하지 않으면 평론가가 알고, 사흘을 연습하지 않으면 벌써 청중이 안다." 그래 제가 어느 음대 교수한테 물어보았습니다. "도대체 얼마나 연습을 하십니까?" 그는 이렇게 말합니다. "우리는 하루에 다섯 시간 연습을 합니다." 바이올린도 다섯 시간, 피아노도 다섯 시간씩 연습한다는 것입니다. 날마다 다섯 시간을 연습하지 않으면 벌써 그는 음악인이 아닌 것입니다. 노력이 얼마나 중요한가를 알 수 있습니다. 누구도 노력하는 사람을 이기지는 못합니다. 그런데 노력하는 사람보다 더 위대한 사람이 있습니다. 바로 즐기는 사람입니다. 음악! 음악을 즐기는 것입니다. 운동! 운동을 즐기는 것입니다. 이것을 가지고 밥 벌어 먹겠다, 일등을 하겠다, 혹은 상을 타겠다, 유명해지겠다고 하는 생각들이 그 속에 있어서는 안됩니다. 그 자체를 즐기는 것입니다.

　　제가 아는 목사님 가운데 화가인 분이 있습니다. 그래 평소에 그림을 많이 그리는데, 좌우간 자리에 앉기만 하면 뭘 그립니다. 어디 잠깐 휴양이라도 가게 되면 남들은 다 바다를 구경한다, 산을 구경한다 하는데, 이 분은 한쪽에서 하루 종일 그림을 그립니다. 그가 이렇게 말합니다. "쓸쓸해도 그리고, 답답해도 그리고, 즐거워도 그립니다. 그저 그림 자체가 좋습니다." 일을 즐기는 사람이 위대한 사람입니다. 한데 이보다 더 위대한 사람이 있습니다. 아무것도 바라지 않는 사람입니다. 마음껏 일하고, 마음껏 즐기고, 남들이 뭐라고 하든 그 모든 평판으로부터 자유로운 사람이 제일 위대한 사람입니다. 저는 그렇게 생각합니다.

　　유명한 심리학 교수인 폴 투르니에(Paul Tournier)의 저서에 「Are You Nobody(당신은 하찮은 존재인가)」라는 유명한 책이 있습니다. 많은 사람이 읽고 감명을 받은 책입니다. 그는 이 책에서 인간의 인격 성숙을 3단계로 말합니다. 첫째는 망설임의 단계입니다. 마치 어린 아이들처럼 망설이는 것입니다. 아주 어렸을 때 뭔가를 하나 손에 쥐고 뒤에 감춥니다. 나만 아는 거다, 이것입니다. 그때부터 자기 정체의식이 생깁니다. 나라는 존재, 나 혼자만의 비밀을 간직하게 됩니다. 자기자신이 다른 사람과 구별되는 존재임을 짜릿하게 느끼는 행복의 시간입니다. 그런 유치한 단계가 있습니다. 그러나 조금 크면서는 다릅니다. 행복이라는 것이 나 혼자만의 것이 아니라는 것, 내 위에 형이 있고 내 밑에 동생이 있고, 아버지가 있고 어머니가 있다는 것을 알게 되는 것입니다. 그 모든 사람들하고의 관계가 좋아져야 행복할 수 있다는 것, 혼자서는 행복할 수 없다는 것을 알기 시작하는 것입니다. 그래서 우정이 중요하고, 사랑이 중요하고, 인간상호관계가 아주 중요하다고 여깁니다.

본 교회 담임목사인 곽요셉 목사가 초등학교 다닐 때의 일입니다. 어느 날부터 세수를 안합니다. 두 아들이 다 세수를 안합니다. 그래 "왜 세수 안하냐?" 하고 물으니 "토요일에 아버지하고 목욕 갈 건데 뭘 그렇게 날마다 세수를 해요?" 합니다. 그래 엄마는 세수 좀 하라고 난리를 치는데 저는 그냥 내버려두라고 그랬습니다. 왜요? 저도 그 나이 때 그랬거든요. 그러니까 부전자전이니 어쩝니까. 내버려뒀습니다. 한데 그렇게 세수를 안하던 아이가 초등학교 3학년이 되니까 갑자기 세수를 열심히 하는 것입니다. 그래 왜 그러느냐고 물었더니 짝꿍이 여학생이라는 것입니다. 그 여자 짝꿍한테 잘 보이려고 열심히 세수를 했던 것입니다. 이것이 상호관계입니다. 행복은 혼자만의 것이 아닙니다. 다른 사람과의 관계 속에 행복이 있다는 것을 알아야 합니다. 이것을 알기 시작하는 단계가 있습니다.

그러나 이보다 한 단계 더 높아지면 드디어 초월적 존재를 인식하게 됩니다. 남이 뭐라고 하든 내 양심은 내가 알고 있지 않습니까. 하나님과 나와의 관계가 더욱더 크고 중요하게 느껴지기 시작하는 것입니다. 이것이 양심이요 이성이요 신앙입니다. 하나님 앞에서의 정직성입니다. 초월적 단계입니다. "하나님께서는 아신다." 하나님과의 인격적 관계를 맺으면서 자기의 자아정체의식을 가지게 되고, 하나님과의 만남 속에만 나의 행복이 있다는 것을 알기 시작하는 것입니다.

오늘성경은 아주 변론이 많고 비판도 많은 본문입니다. 어쩌면 성경의 모든 말씀 가운데서도 가장 문제가 많은 본문입니다. 왜요? 노예제도를 인정하고 있지 않습니까. 읽어보면 예수님께서 철저한 노예제도를 배경으로 말씀하십니다. 노예제도를 인정하시는 것같습니다. 그래서 인권운동가들이 가장 좋아하지 않는 본문입니다. 마음에 안든다는 것이지요.

여기서 좀 더 깊은 차원의 인격성장이 어떻게 이루어지는가를 한번 생각해봅시다. 먼저는 자유를 사랑하면서 이루어집니다. 내 자아의 정체를 찾기 위한 자유입니다. 그 자유 만큼 내 존재의 영역이 넓어지기에 되도록 내 마음대로 하고 싶은 것입니다. 어떤 의미에서 우리가 출세하고 돈벌고 하는 것도 자기 자유의 영역을 넓히는 것입니다. 여기서 자기의 성취감을 즐기는 것입니다. 이처럼 내 마음대로 하는 자유란 참 좋은 것입니다. 그러나 언젠가 생각하기 시작합니다. 한 단계 높아지면 자유에는 책임이 따릅니다. 내가 한 일은 작은 일이나 큰일이나 내가 책임을 져야 합니다. 이것이 문제입니다. 요새도 보면 젊은 사람들이 마음대로 저질러놓고 책임을 못지는 경우가 많습니다. 여기에 잘못이 있습니다. 그러나 내 모든 행동에는 책임이 있다는 것을 미리부터 생각해야 합니다. 이 책임에 충실해야 됩니다. 무겁습니다. 이것을 알기 시작하는 것입니다. 이것이 바로 어른이 되는 길 아니겠습니까.

그 다음에는 책임이 너무 무겁다 보니 자유를 반납하게 됩니다. '나는 자유하고 싶지 않아. 부모님 말씀대로 하는 것이 좋아. 누군가가 내게 말해주면, 제발 밀해주면 좋겠어. 그리고 나는 조용히 따라갔으면 좋겠어.' 이런 생각을 합니다. 전적으로 복종하고 순종하면서 얻어지는 기쁨을 생각하게 됩니다. 그러면 편안하니까요. 내 책임이 없습니다. 하라는 대로 했습니다. 할 일을 다 했습니다. 그런 단계가 옵니다.

조금 더 나아가면 모든 책임을 벗고 복종을 즐기는 단계가 옵니다. 가정에서도 부부간에 경제권을 놓고 대립합니다. 남편이 돈을 가지고 있으면서 아내에게 필요한 만큼씩 주는 집도 있고, 아내에게 돈을 다 맡기고 마음대로 하라는 집도 있습니다. 그런데 이 문제를 놓고 토론을 해보면 남편이 다 가지고 있고 조금씩 타서 쓰는 사람이 제일 행복하답니다. 비자금도 있습니다. 오히려 몽땅 맡겨놓고 당신이 알아서 살림하라고 하면 걱정입니다. 이렇게 되면 손수건 한 장이라도 내 마음대로 살 수가 없습니다. 살림 전체가 다 내 책임이니까요. 여러분은 어느 쪽입니까? 주인이 마음대로 하고 나는 그저 순종하고 편안하게 살았으면 좋겠습니다. 모든 책임을 주인에게, 나에게 복종을 구한 그분에게 다 돌려버리고, 나는 그저 자유했으면 좋겠습니다. 이것이 높은 수준의 인격이라는 것입니다. 법 안에서 자유한, 질서 안에서 자유한 사람입니다.

오늘본문을 자세히 보면 노예는 어디까지나 노예일 뿐입니다. 노예의 정체성이 여기에 있습니다. 노예는 헬라어로 '둘로스'입니다. 그러나 예수님께서는 요한복음 15장 13절에서 이렇게 말씀하십니다. "사람이 친구를 위하여 목숨을 버리면 이에서 더 큰 사랑이 없나니." 또 15장에서는 이렇게 말씀하십니다. "이제부터는 너희를 종이라 하지 아니하리니 종은 주인의 하는 것을 알지 못함이라 너희를 친구라 하였노니 내가 내 아버지께 들은 것을 다 너희에게 알게 하였음이니라." '내가 너희를 위하여 십자가를 지는 것은 노예를 위하여 십자가를 지는 것이 아니고 너희들의 격을 1 : 1로 친구의 위치에 높여놓고, 그 친구를 위해서 목숨을 버리노라. 이보다 더 큰 사랑이 없다.' 아주 신비로운 말씀입니다.

예수님께서 우리를 향해서 "너희는 나의 친구다" 하시는 말씀이 참 귀한 것은 맞습니다. 하지만 우리가 예수님을 보고 친구라고 하면 안됩니다. 찬송가 가운데 '죄 짐 맡은 우리 구주 어찌 좋은 친군지' 하는 가사가 있는데, 저 그거 좋아하지 않습니다. 아니, 누가 누구에게 감히 친구라고 하는 것입니까. 동창관계에서도 그렇습니다. 훌륭하게 잘된 사람이 그렇지 못한 자기 동창한테 "이 친구 참 어렵게 살고, 많은 일에 실패하고 살아서 여러 가지로 부족하지만, 이 사람 내 친구야, 내 동창이야" 하면 이것은 자기는 낮추고 친구는 높이는 일이 됩니다. 하지만 지지리 못살고 감옥에도 들락날락하는 처지의 사람이 훌륭하게 되어 있는 친구를 가리켜 "저 친구 내 동창이야" 하면 어떻게 되겠습니까? 이것은 아닙니다. 분명히 알아야 됩니다. 예수님께서 우리를 두고 "너희는 나의 친구다" 하시면 그것은 아주 귀하고 감동적인 말씀이지만, 우리가 예수님을 향해서 "당신 내 친구요" 하면 그것은 안되는 것입니다. 깊이 생각해야 합니다.

노예가 무엇입니까? 노예가 어떤 존재인지 살펴보면, 먼저 노예한테는 근본적으로 소유권이 없습니다. 그 생명조차도 주인의 것입니다. 노예가 가진 재능도 능력도 노동력도 다 주인의 것입니다. 노예는 전적으로 주인의 소유입니다. 또 노예는 부지런히 일을 해야 합니다. 일하기 위해서 존재하니까요. 일을 많이 하지만, 그 의지는 주인의 것입니다. 자기가 자기 마음대로 선택하며 일하는 것이 아닙니다. 뭐든지 주인이 하라는 대로 하는 것입니다. 거기에는 도덕성도 없습니다. 주인이 가라면 가고, 오라면 오고, 죽이라면 죽이는 것입니다. 그것이 노예입니다. 주인의 의지에 전적으로 순종하는 것이 노예입니다.

중요한 것은 노예에게는 보상이 없다는 것입니다. 수고했다고 칭찬할 것도 없고, 수고했다고 월급을 주는 것도 아니고 보너스를 주는 것도 아닙니다. 노예는 보상이 없습니다. 어쩌다 있을 수는 있겠지요. 그것은 주인의 마음입니다. 그러나 노예 입장에서는 없습니다. 그런고로 사례도 없고 인사도 없습니다. 물론 그러자니 피곤하지만, 원망해서도 안됩니다. 노예에게 원망은 있을 수 없습니다. 그래서 옛날 노예들은 말을 하게 되면 자연히 불평이 나오고 또 쑥덕거리게 되고 하기 때문에 아예 말을 못하게 했습니다.

이것은 제 경험입니다. 옛날에 저는 한동안 북한 땅에서 강제노동수용소에 들어가 있었습니다. 그래 한 7개월 동안 무척 고생을 했습니다. 강제노동수용소가 뭔지 경험을 해서 조금 압니다. 제일 어려운 것이 말을 못하는 것입니다. 사석에서든 공석에서든 일절 말을 못하게 합니다. 말을 하면 자연히 불평이 나오니까 아예 못하게 했습니다. 정말 하루종일 단 한마디도 못합니다. 말하고 싶은 것은 많습니다. "덥다. 춥다"라고 한마디 해야겠는데, 못합니다. 옛날 노예는 말을 전혀 못해서 말을 못배웠습니다. 그래 마지막에는 동물처럼 "음음음" 했답니다. 그럴 만도 합니다. 정말 몇 달 동안 말을 못하니까 사람이 미치겠더라고요. 그렇게 됩니다. 노예는 불평과 말이 있을 수 없습니다.

이제 일이 다 끝난 다음에는 어떻습니까. "저녁 먹어라" 합니다. 다 수고하고 나서 끝에 가서 저녁을 먹는데, 오늘본문에서 예수님 말씀하십니다. "무익한 종이라……(10절)" '나는 무익한 종입니다. 무능한 종입니다. 주인의 뜻에 합당하지 못한 종입니다. 나는 늘 무익한 종입니다' 하는 정체의식을 겸비한 마음을 가지게 돼 있습니다. 당연히 할 일을 했을 뿐입니다. 원래 동양에는 겸양의 미덕이 있지 않습니까.

　오래전 제가 33살 때의 일입니다. 한경직 목사님이 시무하던 서울 영락교회에서 제가 부흥회를 인도한 적이 있습니다. 그때 부흥회는 월요일 새벽부터 다음주 월요일 저녁까지 했습니다. 꼬박 만 1주일 동안 집회를 하는 것입니다. 참 힘든 집회입니다. 그 집회를 제가 인도한 것입니다. 하루는 피곤해 못견디겠는데 어느 가정에 점심 식사 초대를 받았습니다. 그래 한경직 목사님과 함께 가보니 외국사람도 몇 와 있더라고요. 자리에 앉았는데 식사가 잘 나왔습니다. 주인이 손님들 앞에서 한 마디 합니다. 그럴 때 우리가 흔히 하는 말입니다. "차린 것은 없습니다마는 많이 잡수세요." 그러자 한 목사님이 가만히 계시더니 대뜸 이렇게 말씀하시는 것입니다. "나 저거 통역 못해. 곽 목사 통역하라고." 저라고 무슨 뾰족한 수가 있겠습니까. 그래서 그냥 그대로 직역을 했지요. "We provide nothing, but eat much please." "차린 건 없다. 그러나 많이 먹어라" 한 것입니다. 그랬더니 한 목사님이 내 어깨를 두드리면서 "통역 잘했어" 하셨습니다. 가만히 생각해보십시오. 차린 게 없는데 먹긴 뭘 먹습니까. 그러나 우리나라 사람들의 겸양은 그게 아닙니다. 많이 차려놓고도 차린 게 없다고 말합니다. 이것이 동양의 미덕입니다. 논리적으로 따질 문제가 아닙니다. 서양사람들은 무슨 의미인지 모릅니다. 우리 것입니다. 정말로 중요합니다. '죽도록 수고했습니다. 그러나 나는 무익한 종입니다.' 참 아름다운 말입니다.

　마크 반 도렌이라는 철학자는 "어떻게 사는 것이 성공이냐?" 하는 질문에 이렇게 간단히 답했다고 합니다. "자기 자신의 문제다."

나 자신이 성공과 함께 어떤 사람이 됐느냐 하는 것이지요. '돈을 벌어서 돈에 미쳐버리면 그것은 아무것도 아니고, 출세했다고 해서 정신 못차리면 그것도 아무것도 아니다. 자신의 문제다. 소유야 있건 없건, 남이야 뭐라고 하든 말든 나 자신이 어떤 존재인지를 스스로 지켜가야 한다.' 참으로 중요한 말입니다.

일본 재계의 신화적 존재인 마쓰시타 전기의 마쓰시타 고노스케 회장의 유명한 일화가 있습니다. 그는 어린시절 너무 가난해서 초등학교 4학년까지밖에 학교를 다니지 못했습니다. 그래 그 어린 나이에 자전거포에서 일을 했는데, 어머니가 그리워서 많이 울었다고 합니다. 어렸을 때부터 그렇듯 남의 집에 가서 일을 하면서 살았던 그는 잘 먹지를 못해서 병약했습니다. 게다가 배우지를 못해서 늘 배움에 갈급했습니다. 그런 그가 1918년에 설립하여 경영주가 된 마쓰시타 전기는 그의 독특한 경영방법과 탁월한 통찰력으로 말미암아 전기 한 분야에서 무려 570개의 계열사와 15만 명의 사원을 거느린 큰 회사로 성장했습니다. 그의 경영철학은 단 한 마디로 간단히 요약할 수 있습니다. 바로 '덕분에'입니다. 가난하기 때문에가 아니고 가난 덕분에 열심히 일하고, 못배웠기 때문에가 아니라 못배운 덕분에 일생 동안 배우는 것입니다.

우리 교회에 이 집사님이라고 있습니다. 그분이 일본에 가서 경영학에 대해서 한 차례 강연을 했는데, 마쓰시타 회장이 그 앞에 와서 앉았더랍니다. 그래가지고 세 시간 동안 강의를 유심히 들으면서 열심히 필기를 하더랍니다. 그분이 감동이 되어 마지막에 "선생님, 제가 무슨 쓸 만한 말도 한 게 없는데 이렇게 열심히 들으십니까?" 했더니 회장이 "저는 원래 못배워서 일생동안 배웁니다" 하더랍니다. 그 말에 깊은 감동을 받았다는 것입니다. 못배운 덕분에 일생 공부하고, 병든 덕분에 건강에 조심하고 열심히 운동하는 것입니다. 그러니까 못배웠기 때문에가 아니라 못배운 덕분에, 병들었기 때문이 아니라 병든 덕분에 절제의 사람이 되는 것입니다. '때문에'가 아니라 항상 '덕분에'입니다. 이것이 마쓰시타의 회장이 된 비결입니다.

사람은 둔갑을 하면 안됩니다. 자주 둔갑하면 못씁니다. 잠언에 보면 이런 말씀이 있지요. '종을 사랑하면 종이 아들인 체하느니라.' 사랑받는 종이지 아들은 아닙니다. 이것을 잊지 말아야 합니다. 우리가 은혜로 구원받았으면 구원받은 죄인이지 의인이 아닙니다. 분명히 알아야 합니다.

나는 여전히 무익한 종이라는 것을 잊지 말아야 합니다. 세상이 아무리 바뀌든, 돈이야 있든 없든, 성공을 하든 못하든 하나님 앞에서 내 존재는 분명해야 합니다. 항상 나는 무익한 종입니다. 그런고로 감사합니다. 모든 여건에, 범사에 감사할 뿐입니다. 바울은 말씀합니다. '나의 나 된 것은 온전히 하나님의 은혜입니다.' △

자기 상을 받으리라

형제들아 내가 신령한 자들을 대함과 같이 너희에게 말할 수 없어서 육신에 속한 자 곧 그리스도 안에서 어린아이들을 대함과 같이 하노라 내가 너희를 젖으로 먹이고 밥으로 아니 하였노니 이는 너희가 감당치 못하였음이거니와 지금도 못 하리라 너희가 아직도 육신에 속한 자로다 너희 가운데 시기 와 분쟁이 있으니 어찌 육신에 속하여 사람을 따라 행함이 아니리요 어떤이는 말하되 나는 바울에게라 하고 다른 이는 나는 아볼로에게라 하니 너희가 사람이 아니리요 그런즉 아 볼로는 무엇이며 바울은 무엇이뇨 저희는 주께서 각각 주신 대로 너희로 하여금 믿게 한 사역자들이니라 나는 심었고 아 볼로는 물을 주었으되 오직 하나님은 자라나게 하셨나니 …… 각각 공력이 나타날 터인데 그 날이 공력을 밝히리니 이는 불로 나타내고 그 불이 각 사람의 공력이 어떠한 것을 시험할 것임이니라 만일 누구든지 그 위에 세운 공력이 그대 로 있으면 상을 받고 누구든지 공력이 불타면 해를 받으리니 그러나 자기는 구원을 얻되 불 가운데서 얻은 것 같으리라 너희가 하나님의 성전인 것과 하나님의 성령이 너희 안에 거 하시는 것을 알지 못하느뇨 누구든지 하나님의 성전을 더럽 히면 하나님이 그 사람을 멸하시리라 하나님의 성전은 거룩 하니 너희도 그러하니라 아무도 자기를 속이지 말라 너희 중 에 누구든지 이 세상에서 지혜 있는 줄로 생각하거든 미련한 자가 되어라 그리하여야 지혜로운 자가 되리라 이 세상 지혜 는 하나님께 미련한 것이니 기록된바 지혜 있는 자들로 하여 금 자기 궤휼에 빠지게 하시는 이라 하였고

(고린도전서 3 : 1 - 19)

자기 상을 받으리라

훌륭한 검객이 되고 싶은 한 청년이 굳은 결심을 하고 깊은 산속에 계시는 스승을 찾아가 "스승님, 제가 훌륭한 검객이 되기 위해서는 얼마나 수련을 받으면 좋겠습니까?" 하고 물었습니다. 스승은 대답했습니다. "최소한 10년은 걸릴 걸세." 청년이 다시 물었습니다. "만약 갑절로 열심히 노력한다면 몇 년 걸리겠습니까? 시간을 조금 단축할 수 있겠습니까?" 스승은 답했습니다. "그러면 20년은 걸리지." 청년이 또 물었습니다. "그렇다면 만약 자지도 않고 밤낮으로 열심히 수련을 쌓는다면 얼마나 걸리겠습니까?" 스승은 이렇게 답했습니다. "그렇다면 절대로 일류검객이 될 수 없지." 여러분, 무엇을 생각합니까? 일류검객이 되는 조건에 대한 스승의 가르침입니다. 그 스승은 다음과 같은 유명한 대답을 했다고 합니다. "한쪽 눈은 언제나 자기자신을 보아야 하네. 끊임없이 자기를 반성할 줄 알아야 하네. 그런데 일류검객이라는 단어에 시선을 고정시키고 집착해버리면 자기자신을 잃어버리게 되지. 그러면 아무 일도 할 수 없어."

가만히 보면 출세지향적인 사람은 출세 하나만 바라봅니다. 요새도 출마하는 사람들 보면 이것은 못고치는 병입니다. 마약보다도 더 무서운 것입니다. '꼭 당선돼야겠다' 하는 생각에 집착합니다. 꼴불견입니다. 왜 이래야 되는 것입니까? 공부, 좋은 것입니다. 그러나 공부에 집착하면 사람 못쓰게 됩니다. 저는 그런 사람 하나 보았습니다. 박사학위를 세 개나 가지고 있습니다. 그런데 이제 독일로 간다고 합니다. 제가 함께 모여 앉은 자리에서 "독일은 여건이 어려운데 왜 가십니까?" 하고 물으니 "박사 하기 위해서요" 합니다. "박사학위가 세 개나 있는데 뭘 또 합니까?" 하고 묻자 "박사 해야지요" 합니다. 정말 그런 사람 있더라고요. 그분이 나간 다음에 모두가 다 한마디씩 하기를 "저 사람 정신병자다" 그랬습니다. 어떤 경우에도 자기를 잃어버리면 안되고, 자기 페이스를 잃어버려도 안됩니다. 자기존재를 잊어버려서는 안된다는 말입니다.

오늘본문에 보면 '육신에 속한 자'라는 말씀이 있고, 또 '사람을 따라 행하는 사람'이라고 사도 바울이 말씀하고 있는데, 다시 말하면 이는 '유치한 사람'입니다. 예수는 믿는데 신앙구도가 유치합니다. 자기밖에 모릅니다. 자기소원을 이루고 '하나님께서 내 편에 계시다' 하는 것만 생각합니다. 자기집착에 빠진 미숙한 교인입니다. 그런고로 신앙은 성숙해서 넓고 크게, 큰 그림, 큰 틀을 볼 줄 알아야 한다는 말입니다. 그 근본(Originality)이 무엇인지도 알아야 하고, 그 마지막이 어떻게 될 것인지도 내다볼 줄 알아야 됩니다. 오메가 포인트를 알아야 됩니다. 그 결국이 무엇인가를 생각해야지요. 또한 나 자신을 아는가하면, 전체를 볼 줄도 알아야 됩니다. 전체를 보고, 그 안에서 나를 보아야 되고, 이제 마지막 최종목표를 바라보며 그리로 가는 과정(process), 그 길을 바라볼 줄 알아야 한다는 말씀입니다.

여러분, 건강을 위해서 많이들 애쓸 것입니다. 요새 최대의 관심사가 건강입니다. 그러나 한 가지 잊지 마십시다. 누구나 죽어야 된다는 것입니다. 아무리 애쓰고 뭐라고 해도 결국은 갑니다. 그러면 어찌해야겠습니까? 언제 가면 좋겠습니까? 어떤 모양으로 가면 좋겠습니까? 그것쯤은 생각하고 삽시다. 무조건 위생이다, 건강이다 하는데, 제발 그만하세요. 그것처럼 맹랑한 일이 없습니다. 어차피 가야 합니다. 언젠가는 가야 합니다. 그럼 어떤 모양으로 가야 할 것입니까? 또 그때에 내가 하나님 앞에 어떤 모습으로 설 것입니까? 하프 타임, 후반기 인생을 어떻게 사느냐가 내 인생에 결정적으로 중요하다는 것을 알아야 합니다.

오늘본문에서 사도 바울은 아주 간결하고 확실하게 우리에게 말씀해줍니다. "주께서 각각 주신 대로……(5절)" 나를 생각하기 전에 하나님을 생각하고, 하나님께로부터 받은 바대로 사는 것이다─이것을 우리가 알아야 됩니다. 요새 와서 많은 사람들이 건강을 위해서 애쓰지마는, 어떤 책을 보니까 이렇게 나와 있더라고요. 건강의 85%는 DNA라는 것입니다. 타고나는 것입니다. 내가 노력한다고 되는 것이 아닙니다. 85%는 이어받은 것입니다. 그래서 내과의사는 환자가 오면 어디 아프냐를 묻기 전에 이렇게 먼저 물어본답니다. "부모님이 어떻게 돌아가셨습니까?" 그래서 환자가 "부모님께서는 지금 90세가 넘으셨는데, 아직 살아 계십니다" 하면 내과의사는 이렇게 말한답니다. "그냥 가세요. 그 나이까지는 살 테니까." 알겠습니까? "서른 살에 암으로 돌아가셨는데요" 하면 "당신은 일 년에 두 번씩 체크해야 됩니다" 한답니다. 이것은 내과의사의 말입니다. 제 말이 아닙니다. 이것이 가장 권위 있는 얘기입니다. DNA입니다. 그래서 의사는 이렇게 말합니다. "사람은 타고난 운명 만큼 산다." 건강한지 건강하지 못한지, 비실비실하는지 비실비실하지 않는지는 사람마다 차이가 있지만, 기본적으로 수명은 타고난 대로 사는 것입니다. 이것이 사실입니다. 주어진 대로, 각각 주신 대로, 생명도, 건강도, 능력도, 지능도, 특별히 관계도 마찬가지입니다. 이 관계라고 하는 것은 존재 이전의 것입니다. 부모와 나와의 관계는 내 뜻과는 무관하게 그런 관계 속에 태어난 것 아닙니까. 주어진 능력을 통합해서 한마디로 말하면 은사인 동시에 한계입니다. 이 한계(limitation)를 아는 것이 중요합니다. 그러나 사람들은 한계를 생각하지 않고, 그 끝을 생각하지 않고, 그 최종종말을 생각하지 않고 막연하게 '무슨 좋은 일이 있지 않을까?' 하고 생각합니다. 그만하세요. 성숙한 인간은 마지막을 생각하고, 오늘을 생각합니다.

두 번째로 사도 바울은 다양한 은사에 대해서 말씀합니다. 우리가 농사를 짓는다면 씨를 심는 사람이 있고, 물을 주는 사람이 있고, 열매를 거두는 사람이 있습니다. 기능이 다르다는 말입니다. 사람의 얼굴이 각기 다 다르듯 취미도 다르고, 성향도 다르고, 능력도 다릅니다. 전부 다릅니다. 다 나와 같다고 생각하면 안됩니다. 제가 그렇게 오래 산 것도 아닌데, 요새 와서 가만히 보면 못마땅한 것들이 많습니다. 드라마에서도 봅니다. 남자들이 부엌에 들어가서 일을 잘합니다. 설거지는 물론이거니와 장을 보러 다니는 모습도 종종 봅니다. 어제는 제가 승강기를 탔는데, 한 남편이 시장바구니 큰 것을 들고 있더라고요. 한데 그 부인은 옆에서 자기 얼굴만 보고 있습니다. 미안하지만 저는 그렇게 못삽니다. 세상이 많이 달라진 것입니다. 한데 그러고도 남자는 좋아하고 있더라고요. 그래 제가 "시장 많이 봤군요" 했더니 "예, 오늘따라 많이 봤습니다" 하면서 계속 바구니를 들고 다닙니다. 그래서 제가 속으로 '그야말로 꼴불견이구만' 했습니다. 옛날 어른들이 그 꼴을 봤다면 아마 경을 칠 노릇이라며 펄쩍 뛰었을 것입니다. 그러나 어찌하겠습니까. 그는 그대로 행복한데요. 그렇게 태어났습니다. 그런 줄 알고 삽시다. 그러려니 하고 사는 것입니다. 그 사람은 그렇고, 나는 이렇고…… 안그렇습니까. 어떻게 다 같기를 바라겠습니까.

요새는 특별히 시아버지, 시어머니들은 조심해야 됩니다. 며느리 때문에 고부간의 갈등이니 뭐니 하고 말들이 많습니다마는, 그냥 기권하십시오. 잘못하다가는 쫓겨나니까요. 태중에 아이를 가진 며느리가 시어머니한테 그러더랍니다. "어머니, 잔소리 그만하세요. 이 집 주인은 나입니다. 둘 중 하나가 나가야 한다면 어머니가 나가야 합니다. 입 다물고 계시면 잘 모시겠어요." 누울 자리 보고 누우세요. 괜히 쓸데없이 말하다가 쫓겨나지 말고요. 또 눈물 흘릴 것도 없습니다. 다 생각을 잘못한 것이지요. 생각을 확 바꿔버리면 별것도 아닌데요. 입만 다물면 편안한데요. 우리 한국사람들은 그래도 입만 다물면 내쫓지는 않습니다. 그러니까 제대로 생각하십시오. 기능이 다른 것입니다. 문화가 다릅니다. 우리는 아들이 모시는 줄 알고 있지만, 스페인이나 이탈리아에서는 전부 딸이 부모를 모십니다. 저도 딸하고 삽니다. 아들네 집에 가야 된다는 생각 버리세요. 별것 아닙니다. 자기 집착에 빠져가지고 그만 다 잃어버리는데, 그럴 필요가 없습니다. 다양한 것입니다. 이렇게도 살 수 있고, 저렇게도 사는 것입니다.

좀 우스운 얘기입니다마는, 실화입니다. 옛날에 제가 인천에서 목회할 때 장로님의 아들이 연애를 하다가 그만 결혼도 하기 전에 아이가 생겼습니다. 장로님이 저한테 결혼주례를 부탁해야겠는데 어려워서 뜸을 들입니다. 하긴 얼마나 얘기 꺼내기가 힘들겠습니까. "어떡할까요? 어떡할까요?" 합니다. 그래 제가 그랬습니다. "결혼해야지요. 결혼식 해야지요." 그래서 교회에서 결혼식을 해주었습니다. 그 장로님이 저한테 정말 고맙다고 인사를 했습니다. 그러고 나서 일곱 달 만에 아이가 나왔습니다. 장로님이 또 이것을 알리기가 미안해서 "죄송합니다. 죄송합니다. 그놈이 그만……" 이랬습니다. 몇십 년 전 일입니다. 요새는 다릅니다. 얼마 전에 제가 결혼주례를 했는데, 신랑이 좀 나이가 많습니다. 사십이 넘었으니까요. 제가 결혼식이 끝나고 나서 그 신랑 어깨를 두드리면서 그랬습니다. "많이 늦었다. 허니문 베이비라도 좋으니까 좀 빨리 낳아라. 알았냐?" 그리고 신혼여행 떠나보내려는데, 신랑이 제 귀에다 대고 하는 말이 이렇습니다. "걱정하지 마세요. 벌써 하나 들어섰어요." 이런 시대입니다. 지금은 조금도 부끄러워하지 않습니다. 더러는 자랑하기까지 합니다. 자랑스럽게 생각합니다. 여기 연세 많은 분들 다 빨리 회개하세요. 생각을 바꾸세요. 옛날 자기들이 살았던 식으로 사는 것만 잘사는 것인 양 생각하지 마세요. 이 사람들은 이 사람들대로 잘사는 것입니다. 그러니까 어떡하면 좋겠습니까? 다양성(diversity)이라는 것을 우리는 인정해야 됩니다. 모두가 다 다르게 살아가고 있습니다. 다 필요합니다. 키 큰 사람도 필요하고, 키 작은 사람도 필요합니다. 멍청한 사람도 필요하고, 머리 좋은 사람도 필요합니다. 다 머리 좋으면 세상 망합니다. 여러 모양의 사람들이 기능대로 다 필요하다는 말입니다.

깜짝 놀랄 만한 말씀이 성경 여러 곳에 있습니다. 특별히 대표적인 말씀이 잠언 16장 4절입니다. "악인도 악한 날에 적당하게 하셨느니라." 우리 마음에는 세상에 악한 사람은 없어야 되겠는데, 성경은 그렇게 말씀하지 않습니다. 왜요? 지난 시간에 말씀드린 것처럼 우리도 다 지나고 보면 악한 날, 악한 사람 때문에 잘못되는 것이 아닙니다. 악한 날, 악한 사람 덕분에 잘되는 것입니다. 다 그런 경험 하고 있지 않습니까. 그런고로 악인도 악한 날에 적당하게 하셨느니라― 곧 필요하다는 말입니다. 이 모든 일이 다 필요하다― 사도 바울은 고린도전서 12장에서 이것을 '지체론(肢體論)'으로 설명하고 있습니다. '사람에게 눈이 있고, 코가 있고, 귀가 있고, 손이 있고, 발이 있다. 그러면 다 눈이 되겠느냐? 다 입이 되겠느냐? 다 손이 되겠느냐? 입은 입대로 필요하고 눈은 눈대로 필요하다.' 여러분, 나는 누구입니까? 나는 눈입니까? 나는 발입니까? 나는 손입니까? 바로 이런 기능적 차원에서 자기존재를 알아야 되겠습니다. 놓일 자리에 놓여야 됩니다. 그러면 행복한 것입니다. 그런데 정체를 잃어버리면 안됩니다. 자기기능을 소중하게 여기는 동시에, 다른 사람이 가진 기능을 더더욱 소중하게 여길 줄 아는 성숙한 인격을 갖추어야 한다는 말씀입니다.

가장 중요한 교훈은 이것입니다. '오직 하나님께서만 자라게 하신다. 우리는 아무것도 아니다. 심는 자도, 물주는 자도, 거두는 자도, 김을 매는 자도, 아무것도 아니다. 하나님만이 위대하시다.' 왜요? 하나님께서 종자를 주셨고, 생명을 주셨고, 자라게 하시니까요. 자라게 하는 자만이 위대하다― 이것을 잊어서는 안됩니다. 우리가 이 모양 저 모양으로 수고를 할 것입니다. 그러나 그 수고는 아무것도 아닙니다. '하나님께서 가능하게 하셨다. 하나님께서 성취하셨다.' 바로 이것을 알아야 합니다. 하나님의 큰 뜻을 알고, 그 목적을 알고, 그 섭리를 알아야 합니다. 그래서 농부는 겸손합니다. 아무리 수고하고 애를 써도 풍년은 하늘에 속한 것입니다. 때에 맞추어 비가 와야 되고, 햇빛이 나야 됩니다. 내 수고는 그에 견주면 아무것도 아닙니다. 이것을 꼭 잊지 말아야 됩니다. 우리의 수고는 있습니다. 하지만 아무것도 아닙니다. 정말 그렇습니다. 아이들 낳아서 키우면서 보면 신기하지 않습니까. 나는 우유 먹인 것밖에 없는데, 무럭무럭 자라나는 것을 보면 참 신기합니다. 정말 사람은 아무것도 아닙니다. 그러니 왜 그것을 인정하지 않느냐는 말입니다. 그래서 농부는 겸손합니다.

찰스 린드버그(Charles Augustus Lindbergh)는 역사적으로 유명한 미국의 비행사입니다. 1927년에 미국의 롱아일랜드에서 파리까지, 그 먼 거리를 처음으로 비행한 사람입니다. 그렇게 인류최초로 비행기를 타고 대서양을 횡단하고 나니까 아주 유명해졌습니다. 많은 사람들이 그를 보려고 하고, 그를 칭송하고, 그에게 찬사를 보냅니다. 그 모습을 지켜보던 한 담배회사 사장이 '저 사람을 데려다가 광고모델로 쓰면 좋겠다' 하고 생각했습니다. 그래 린드버그한테 담배 피우는 모습을 사진으로 찍게 해달라고 부탁합니다. 그러자 린드버그는 단호히 말합니다. "안됩니다. 저는 예수믿는 사람이고, 담배를 안 피웁니다." 그러자 사장은 그렇다면 그냥 담배를 손가락 사이에 끼워 넣고 사진만 찍게 해달라고, 그러면 5만 불을 주겠노라고 제안합니다. 하지만 린드버그는 사양합니다. "아닙니다. 담배도 안피우면서 손가락 사이에 끼워 넣을 것은 또 뭐 있습니까. 저는 5만 불 바라지 않습니다." 그렇게 사양했다는 소문이 퍼지니까 사람들이 '그 참 훌륭한 사람이구나' 합니다. 덕분에 10만 불이 모금되었습니다. 그래 린드버그가 그 돈을 비행기 연구하는 데 썼다고 하는 이야기가 있습니다.

그저 조금 손해를 보는 듯해도 바르고 진실하게 살면 그 결과는 하나님께서 주장하십니다. 결과에 너무 연연하지 마세요. 이 결과지향적 경영방법, 결과지향적 인생관이 세계를 흔들어놓고 있습니다. 결과보다 중요한 것은 목적입니다. 과정이 중요한 것입니다. 결과만 생각하는 사람들이 바로 공산당입니다. 공산주의이론에 이런 유명한 말이 있습니다. '결과가 방법을 정당화한다(The end justifies the means).' 결과만 좋으면 방법은 다 정당화되는 것이라는 무서운 생각입니다. 공산주의는 망했지만, 아직도 많은 사람들 머릿속에 이 공산주의사상은 그대로 있습니다. 결과지향적 철학입니다. 결과만 좋으면 그만이다─ 요새도 보니까 참 안타깝더라고요. 가짜 졸업장으로 출세를 했다고 합니다. '저 사람 일생동안 저거 회개하려면 힘들 텐데, 어떡하려고 저랬나?' 하는 생각이 듭니다. 결과지향적 철학이 자기를 죽인다는 것을 왜 모르는지……

은사를 분별할 줄 알아야 됩니다. 은사를 식별하는 지혜가 있어야 됩니다. 먼저는 깊은 묵상 속에 제일 좋게 보이는 것, 이 이상 더 바랄 것이 없는 것, 이것만 되면 아무것도 소원이 없다고 하는 것이 있습니까? 그만큼 높이 보이는 것이 있습니까? 하나님께서 나를 그리로 부르시는 것입니다. 둘째는 그것이 쉬워야 됩니다. 하나님께서 내게 은사를 주셨다면 그 일을 하는 것은 쉽습니다. 절대 어려울 수가 없습니다. 그러니까 어려운 일을 하려는 것은 잘못된 생각입니다. 그래서 유명한 말이 있습니다. '닫힌 문 열려고 하지 말고, 열린 문으로 들어가 할 수 있는 것을 극대화하라. 이것이 신앙이다.' 또한 즐거워야 됩니다. 그 일을 하는 것이 마냥 즐겁습니다. 그러면 하나님께서 나를 거기로 부르십니다.

토마스 에디슨(Tomas Edison)이라고 하는 유명한 발명가는 어려서부터 바보취급을 받았습니다. 엉뚱한 소리를 많이 했기 때문입니다. 그러나 그는 100여 종이 넘는 발명을 하여 역사적인 발명왕이 됩니다. 그가 남긴 명언이 있습니다. '나는 단 하루도 이른바 노동이라는 것을 한 적이 없다. 무슨 일을 해도 재미있어서 참을 수가 없었다.' 무슨 일을 해도 재미있어서— 저는 곧잘 이렇게 말합니다. "아이가 공부하기를 싫어하거든 하라고 하지 마세요." 그러면 둘 다 죽는 것입니다. 이중으로 죽이는 것입니다. 재미있어야지요. 공부도 재미있어야 되고, 운동도 재미있어야 됩니다. 사업도 재미가 있어야 됩니다. 왜요? 하나님께서 나를 그리로 부르신 일이라면, 그 일은 미칠 정도로 재미있을 것입니다.

오늘본문은 말씀합니다. "자기의 상을 받으리라(8절)." 결과를 묻지 않습니다. 심는 자는 잘 심었으면 그것으로 된 것입니다. 물을 주는 자는 물을 주었으면 그것으로 된 것입니다. 거두는 자는 거두었으면 그것으로 된 것입니다. "각각 자기의 일하는 대로 자기의 상을 받으리라(8절)." △

채무자 인생

첫째는 내가 예수 그리스도로 말미암아 너희 모든 사람을 인하여 내 하나님께 감사함은 너희 믿음이 온 세상에 전파됨이로다 내가 그의 아들의 복음 안에서 내 심령으로 섬기는 하나님이 나의 증인이 되시거니와 항상 내 기도에 쉬지 않고 너희를 말하며 어떠하든지 이제 하나님의 뜻 안에서 너희에게로 나아갈 좋은 길 얻기를 구하노라 내가 너희 보기를 심히 원하는 것은 무슨 신령한 은사를 너희에게 나눠 주어 너희를 견고케 하려 함이니 이는 곧 내가 너희 가운데서 너희와 나의 믿음을 인하여 피차 안위함을 얻으려 함이라 형제들아 내가 여러 번 너희에게 가고자 한 것을 너희가 모르기를 원치 아니하노니 이는 너희 중에서도 다른 이방인 중에서와 같이 열매를 맺게 하려 함이로되 지금까지 길이 막혔도다 헬라인이나 야만이나 지혜있는 자나 어리석은 자에게 다 내가 빚진 자라 그러므로 나는 할 수 있는 대로 로마에 있는 너희에게도 복음 전하기를 원하노라 내가 복음을 부끄러워 하지 아니하노니 이 복음은 모든 믿는 자에게 구원을 주시는 하나님의 능력이 됨이라 첫째는 유대인에게요 또한 헬라인에게로다 복음에는 하나님의 의가 나타나서 믿음으로 믿음에 이르게 하나니 기록된 바 오직 의인은 믿음으로 말미암아 살리라 함과 같으니라

(로마서 1 : 8 - 17)

채무자 인생

저는 1960년부터 14년 동안 인천제일교회에서 목회한 경력이 있습니다. 그 시절 인천에서 가장 큰 공장이 '한국유리'라는 유리공장이었습니다. 그 당시에는 한국에서 유일하게 유리를 만드는 공장이었습니다. 그 한국유리의 회장인 최태섭 장로님이라는 분을 자주만날 기회가 있었고, 그의 신덕을 늘 높이보고 존경했습니다. 아주인자하고 겸손한 분이었습니다. 군 선교를 하는 위원회에서 군인교회를 짓기만 하면 어디에 짓든지 거기에 쓰이는 유리는 한국유리에서 제공을 했습니다. 얼마를 쓰든지 유리는 무제한 공급이었습니다. 그런 참 귀한 기회가 있었습니다. 언제 만나보아도 은혜가 되고 반갑고, 또 많은 것을 그분한테서 배울 수 있었습니다. 그렇듯 인격이높은 분이었습니다.

그 최태섭 장로님이 늘 들려주던 귀한 간증을 다시한번 말씀드리고 싶습니다. 그는 젊었을 때 사업을 하려고 은행에서 대출을 받았습니다. 그런데 6·25전쟁이 터졌습니다. 그는 1·4후퇴 때 은행에 가서 대출받은 돈을 갚겠다고 말했습니다. 그러자 창구에 앉아있는 직원이 이렇게 말했습니다. "이 난리 통에 어떻게 될지도 모르는데, 그거 갚을 필요 없습니다. 어서 피란이나 가세요." 그러나 그는꼭 갚아야 되겠다고 생각했습니다. 왜요? 다시는 못돌아올지도 모르니까요! 내가 빚진 돈은 꼭 갚아야 한다— 그래 그 난리 통에 수속을 밟아서 빚진 돈을 다 갚았습니다. 그리고 피란길에 올랐습니다. 얼마 뒤 그는 제주도에 가서 살면서 군인들에게 생선을 납품하는 조그마한 사업을 시작하려고 했습니다. 그래 또 돈이 필요해서 은행을 찾아가 말했습니다. "내가 군납품 사업을 하려고 하는데, 담보는 없습니다. 그러나 제가 꼭 갚을 것입니다. 대출을 해주셨으면 고맙겠습니다." 그런데 은행에서는 아무 담보도 없이 2억이라는 큰 돈을 선뜻 대출해주었습니다. 그는 깜짝놀랐습니다. 그래 감사하다고 인사하고, 사정을 알아보니 그 당시 은행장으로 있는 분이 1·4후퇴 때 은행창구에 앉아 있던 바로 그 직원이었습니다. 그 직원이 이 장로님이 피란길을 가면서 빚을 갚는 것을 보고 잘 기억해두었던 것입니다. 그래 '최태섭, 이 사람이면 된다' 하고 생각했고, 담보 없이 2억을 대출해주었던 것입니다. 그는 그 대출금을 가지고 사업을 해서 크게 성공했다는 이야기입니다. 본인에게 직접 듣기도 했지만, 여러 책에 이 이야기가 그대로 실려 있습니다. 무엇을 생각하게 됩니까?

미국에도 이 비슷한 이야기가 있습니다. 바턴이라는 거부의 이야기입니다. 어느날 한 청년이 그를 찾아와 말합니다. "선생님, 저는 꿈과 용기와 젊음이 있습니다. 그러나 담보는 없습니다. 저를 믿고 2천 불만 꿔주시기를 바랍니다." 모두가 다 정신 나갔다고 했습니다. 그러나 이 바턴은 그 청년의 눈동자를 보고, 그 얼굴을 보고 믿음이 가서 아무 담보 없이 2천 불을 꿔주었습니다. 청년의 이름은 스트로사였습니다. 청년은 가서 그 돈으로 사업을 하여 많은 돈을 벌었고, 그러자마자 2천 불을 갚았습니다. 빌린 돈도 다 갚고 일은 끝났습니다. 그 뒤로 10년이 흘렀는데, 그에게 돈을 꿔주었던 바턴은 어쩌다 그만 사업이 실패해서 완전히 파산이 되었습니다. 그 소문을 듣고 스트로사가 그를 찾아왔습니다. 그리고 물어보았습니다. "도대체 얼마의 빚을 지셨습니까?" 바턴은 말했습니다. "7만5천 불입니다."

"그렇습니까? 제가 갚아드리겠습니다." 스트로사는 7만5천 불을 대신 갚아주었고, 바턴은 사업을 다시 일으켰습니다. 그는 놀랐습니다. "당신은 내게 2천 불을 벌써 다 갚았는데, 왜 내게 이렇게 하십니까?" 이제 잘 들으셔야 됩니다. "분명히 내가 빌린 돈은 갚았습니다. 그러나 베풀어주신 은덕은 평생 갚을 수가 없습니다. 아무것도 없는 저를 믿고 2천 불을 꿔주신 그때의 그 감격과 은덕은 한평생 갚을 수 없는 빚입니다. 그러니 이것은 아무것도 아닙니다." 이렇게 해서 두 사람이 다 사업에 크게 성공한 이야기가 실화로 남아 있습니다. 은덕은 갚을 수 있는 것입니까? 빚은 갚을 수 있으나, 은덕은 갚지 못하는 것입니다. 이걸 모르면 사람이 아닙니다. 돈으로 계산되는 문제가 아닙니다. 그 은덕과 사랑에 대한 빚은 영원히 갚지 못하고, 어쩌면 빚진 자로서 그대로 죽어갈 것이 아니겠습니까.

인생에는 세 종류가 있습니다. 첫째는 '유아독존' 형입니다. 교만한 사람입니다. '나 홀로' 형입니다. 받은 것도 없고 줄 것도 없다 ― 극단적으로 이기적입니다. 나는 누구한테 신세진 일 없고, 남에게 신세를 입힐 필요도 없는 사람이다― 이렇듯 교만한 사람입니다. 둘째는 '채권자' 형입니다. 받을 것만 있다고 생각합니다. 이래서 받아야겠고, 저래서 받아야겠다― 못받는다고 원망이요 불평입니다. 이렇듯 내가 한 수고에 견주어 받은 것이 너무 적다고 생각하며 사는 불평분자가 있습니다. 셋째는 '채무자' 형입니다. 한평생 갚아도 갚을 수가 없더라― 내 한평생 갚아도 만에 하나도 갚을 수 없는, 그런 많은 은혜를 입고, 그런 은덕 속에 빚진 자로 한평생을 사는 것입니다. 갚을 길이 있다면 오직 감사하는 마음, 오직 하나님을 찬양하는 마음뿐이라고 하는 그런 사람이 있습니다. 노예와 빚진 자는 같은 것이 아닙니다. 노예는 자아를 상실했기에 자유의지가 없고 자유의식이 없습니다. 빚진 자는 받은 것을 아는 자유인입니다. 노예는 생각의 자유가 없기에 받은 것도 줄 것도 없습니다. 그러나 빚진 사람은 받은 것이 있고 빚진 바가 있다고 하는 자유의식을 가지고 삽니다. 은혜는 은혜입니다. 은혜를 은혜로 아는 자만이 은혜 안에 살 수 있습니다. 은혜는 축복입니다. 동시에 빚입니다. 평생 갚아야 할 빚입니다. 아니, 어쩌면 갚을 수 없는 빚입니다. 깊은 감사, 그리고 깊은 은혜에 대한 의무감을 가지고 삽니다. 그래서 성경이 말씀하는 대로 사랑의 노예입니다. 그러나 사랑의 노예는 행복합니다. 기쁨과 감사가 넘칩니다. 빚진 자의 마음속에는 신비로운 자유의식이 있습니다. 그러나 갚을 수 있다는 생각을 한다면 그때부터 나는 율법주의자가 됩니다. 갚을 수 없는 빚입니다. 그저 감사하면서 스스로 빚진 자의 마음으로 살아갈 뿐입니다.

사도 바울은 '복음에 빚진 자'라는 말씀을 합니다. 그는 무자격한 가운데서 은혜를 받았습니다. 그가 예수믿는 사람을 잡아 죽이려고 다메섹까지 쫓아가던 도상에서 예수님께서 길을 막으시고 그를 부르셨습니다. "사울아, 어찌하여 나를 핍박하느냐." 거기서 그는 예수의 포로가 되고, 일생 갚을 수 없는 빚진 자가 되고 맙니다. 그래서 로마서 5장은 말씀합니다. '내가 하나님과 원수 되었을 때 주께서 나를 위해 죽으시고 내가 아무것도 모르고 있을 때 아시는 주께서 나를 인도하셨고 내가 연약하고 유치할 때에도 주께서는 나를 사랑하셨다.' 많은 빚을 진 것을 그렇듯 자세하게 설명하고 있습니다. 물론 그는 그리스도께 빚을 졌습니다. 갚을 수 없는 빚을 졌습니다. 문제는 이제 누구에게 갚느냐는 것입니다. 어떻게 갚느냐도 너

무나 중요합니다. 누구에게 갚아야 하겠습니까? 사도 바울은 하나
님의 은혜, 그리스도의 은혜를 많이 받았습니다. 또 성도들의 은혜
를 받았습니다. 알게 모르게 빌립보 교인들, 데살로니가 교인들, 고
린도 교인들을 비롯하여 많은 교인들의 신앙과 그들 신앙의 성장을
보면서 그것을 다 은혜라고 생각했습니다. 그런고로 이것도 빚입니
다. 그럼 누구에게 갚아야 할 것입니까?

제가 아는 분의 얘기입니다. 아들이 가출을 했습니다. 고등학교
3학년인데 결혼을 하겠다고 대듭니다. 어떻게 하면 좋겠습니까? 학
교는 때려치웠지요. 세상에 이런 골머리 아픈 아들이 있습니까. 어
머니는 펄펄 뜁니다. 내게 찾아와서 "목사님 저 아들놈을 어떡하면
좋겠습니까? 이걸 아들이라고 할 수도 없고, 원수입니다, 원수……"
이렇게 제게까지 와서 호소를 합니다. 놀라운 것은 그 장로님은 편
안하다는 것입니다. 단 한 번도 어두운 그림자가 없고, 원망하지도
않습니다. 불평하지도 않습니다. 아들이 돌아오면 수고했다고 맞
이합니다. 그저 그렇게만 합니다. 그 부인되는 권사님은 이래서 더
못살겠다는 것입니다. 자기 혼자서만 펄펄뛰고, 애 아버지는 태평
하니, 이럴 수가 있느냐는 것이지요. 자기는 철야기도까지 하고 난
리를 치는데, 가만히 보니까 장로님은 기도도 안하는 것같으니, 세
상에 이럴 수가 있느냐고 저한테 호소를 합니다. 그래 하도 답답해
서 제가 그 장로님을 한 번 만났지요. "어떻게 그럴 수 있습니까?
이건 정말 참을 수 없는 어려운 고통인데, 어찌 이렇게 평안하십니
까?" 그랬더니 장로님이 이렇게 말씀하더라고요. "제가 꼭 그랬거든
요. 그런데 우리 아버지는 훌륭했습니다. 단 한 번도 실망하지 않으
시고, 얼굴 빛 하나 달라지지 않으시고 '나는 너를 믿는다. 나는 너

를 믿는다' 하셨습니다. 저는 아버지께 진 그 빚을 다소라도 갚는다는 마음으로 제 아들을 보니까, 애는요, 저보다는 훨씬 낫습니다. 저는 그때 정말 못됐었거든요." 그 얘기 다는 안하겠습니다. 얼마나 못됐는지, 그게 어느 정도인지 하나만 말씀드리겠습니다. 그 장로님 말씀입니다. "제가 너무 못되게 놀다가 몸이 다 고장이 나서 애가 생기질 않아요. 결혼은 했는데 애를 못만들어요. 그 정도였습니다. 그러나 하나님께서 은총을 주셔서 결혼 십 년만에 회생이 돼서 아들을 낳았습니다. 그놈이 저놈이에요. 그러니 제가 저 놈을 미워할 수 있습니까." 이렇게 눈물을 흘리면서 말씀하시는데, 감동받았습니다. 그렇지 않습니까. 장로님이 말씀합니다. "내가 이렇게 하나님 앞에 은혜를 많이 받았는데, 내 자식이 조금 속을 썩인들 어찌 제가 섭섭한 마음이라도 가질 수 있겠습니까. 그건 죄지요. 죄짓는 것입니다." 결국은 그 아들이 잘 자라서 뒤에 아버지를 이어서 장로가 되었습니다.

여러분, 꼭 잊지 마십시오. 빚을 누구에게 갚을 것입니까? 부모에게 졌다고 부모에게 갚습니까? 갑에게 졌다고 갑에게 갚습니까? 친구에게 졌다고 친구에게 갚습니까? 얄팍한 소리 하지 마세요. 그것이 아닙니다. 하나님께 은혜를 입었으면 성도에게 갚는 것입니다. 예수님 말씀하신대로, 사도 바울이 말씀한 대로입니다. 그리스도께서 위하여 죽으신 형제를 식물로 망하게 하지 마라— 그리스도께서 사랑하시는 자, 그리스도께서 위하여 죽으신 자에게 빚을 갚는 것입니다. 그리스도께서 사랑하신 자를 내가 사랑하는 것입니다. 이것을 꼭 기억해야 합니다. 빚을 누구에게 갚겠습니까? 한평생 갚아도 다 갚을 수 없는 빚을 그렇게 갚아가며 남은 생을 사는 것입니다.

필 맥그로의 「리얼 라이프」라고 하는 베스트셀러가 근자에 나왔습니다. 이 책은 질문합니다. '사람들의 잘못된 생각은 어디서 오는가?' 그 첫째 답은 '사회적 단절 스트레스'입니다. 자기는 아무하고도 관계가 없는 사람인 양, 사회로부터 단절된 독립적인 존재인 양 착각하고 있다는 것입니다. 이 생각이 사람을 병들게 합니다. 그 둘째 답은 '성과에 대한 스트레스'입니다. 일의 결과를 너무 걱정하지 마십시오. 어차피 우리는 잠깐 왔다 가는 세상입니다. 여기까지만 우리가 합니다. 그 다음은 하나님께 맡기세요. 자식에 대한 것이건, 사회에 대한 것이건, 나라에 대한 것이건, 내가 할 수 있는 것은 여기까지입니다. 그 셋째 답은 '비관주의적 스트레스'입니다. 내가 하는 일이 헛된 일일 것이라고 생각합니다. 헛되고 안되고를 묻지 마세요. 내가 할 사랑의 의무를 다할 뿐입니다. 그 다음에 어떻게 되는가를 묻지 마세요. 이것이 빚진 자의 마음입니다. 예수님 말씀하십니다. "거저 받았으니 거저 주라." 참 귀한 말씀 아닙니까. 다 거저 받았습니다. 그러니 거저 줘야지요. 아주 중요한 것입니다.

제가 1963년에 프린스턴에 가서 공부를 했습니다. 할 수 있어서 한 공부가 아닙니다. 가만히 생각해보아도 전부가 기적이요 은혜였습니다. 공부할 수 있다는 것이 정말 고맙더라고요. 누구인지도 알 수 없는 사람이 제게 장학금을 주어서 공부를 했습니다. 그래 돌아오자마자 제가 학교에다 장학금을 주기로 했습니다. 한 사람 몫입니다. 5만 불을 주면 그 이자로 한 학생이 공부를 하는데, 그 학교에 있는 분들이 장사를 잘해가지고 요새는 두 사람에게 장학금을 줍니다. 벌써 오랜 얘기 아닙니까. 1960년대니까요. 계속 제 이름으로 두 사람이 장학금을 받는데, 이 사람들이 제게 편지를 합니다. 성적표와 함께 꼭 한 학기마다 제게 편지가 옵니다. 고맙다고, 고맙다고…… 그러나 저는 단 한 번도 회답을 하지 않았습니다. '잊어버려. 당신이 누군지 내 알 바가 아니야. 나한테 장학금을 준 사람을 나도 모르고 있어. 그러니 내가 오늘 장학금을 준 그 사람 이름을 내가 알아야 할 이유가 없지.' 거저 받았으니 거저 주라― 못받은 한(恨)에 살지 마십시오. 원망과 불평은 그만하십시오. 사랑의 빚진 자로 알게 모르게 받은 많은 은혜를 생각하며, 그저 감사한 마음으로 생각하십시오. '어떻게 하면 보답할까? 어떻게 하면 만의 하나라도 빚을 갚을까?' 그런 은혜의 빚 진 자로 사는 것이 그리스도인의 모습입니다. △

광야 40년의 이유

내가 오늘날 명하는 모든 명령을 너희는 지켜 행하
라 그리하면 너희가 살고 번성하고 여호와께서 너희
의 열조에게 맹세하신 땅에 들어가서 그것을 얻으리
라 네 하나님 여호와께서 이 사십 년 동안에 너로 광
야의 길을 걷게 하신 것을 기억하라 이는 너를 낮추
시며 너를 시험하사 네 마음이 어떠한지 그 명령을
지키는지 아니 지키는지 알려 하심이라 너를 낮추시
며 너로 주리게 하시며 또 너도 알지 못하며 네 열조
도 알지 못하던 만나를 네게 먹이신 것은 사람이 떡
으로만 사는 것이 아니요 여호와의 입에서 나오는 모
든 말씀으로 사는 줄을 너로 알게 하려 하심이니라
이 사십 년 동안에 네 의복이 해어지지 아니하였고
네 발이 부릍지 아니하였느니라 너는 사람이 그 아들
을 징계함 같이 네 하나님 여호와께서 너를 징계하시
는 줄 마음에 생각하고 네 하나님 여호와의 명령을
지켜 그 도를 행하며 그를 경외할지니라

(신명기 8 : 1 - 6)

광야 40년의 이유

어느날 어린이 놀이공원에 어머니가 자기 아이를 데리고 들어가게 되었습니다. 네 살 이하는 입장이 공짜입니다. 네 살이 넘으면 입장료를 내야 되는데, 이 어머니가 자기 여섯 살 난 아이를 데리고 들어가면서 표를 사지 않았습니다. 검표하는 분이 아무리 봐도 아이가 네 살이 넘은 것같아서 "애 몇 살이에요?" 하고 물었습니다. 그러니까 어머니가 "네 살이에요" 그랬습니다. 그때 아이가 하는 말입니다. "엄마, 나 여섯 살인데." 그래서 그 엄마가 큰 망신을 당했다고 합니다. 자격 없는 어머니입니다. 이렇게 해서 그 아이의 장래가 어떻게 되겠습니까? 작은 일이 아닙니다. 아주 큰일입니다.

우리가 존경하는 인도의 지도자 마하트마 간디는 늘 역설합니다. '삶의 모습 가운데 가장 중요한 것은 진실이다. 진실이 번영보다, 자유보다, 잘사는 것보다, 건강보다 더 중요하다. 어떤 상황에서도 진실된 삶을 선택하는 것이 기본적 요소다.' 이렇게 그는 한평생 외쳤습니다. 간디는 또 말합니다. '진실은 문제를 단순하게 만든다.' 정직한 말은 단순합니다. 거짓말은 설명이 많습니다. 진실하면 간단한 것을, 거짓말을 하다 보니 복잡해지는 것입니다. 우리나라에서 정치한다는 분들 보면 곧잘 청문회를 여는데, 저는 그거 해가지고 뭐가 밝혀지는 것 한 번도 못봤습니다. 그저 쓸데없는 일을 해가지고 국민들로부터 신뢰를 잃어버립니다. 왜 이렇게 정신들을 못차립니까? 정치, 중요한 것 아닙니다. 정치, 능력, 중요한 것이 아닙니다. 먼저 정직해야 합니다. 왜 이렇게 거짓말투성입니까. 아주 실망입니다. 어린애들이 들을까봐 걱정이고, 외국사람들이 볼까봐 더더욱 걱정입니다. 이것을 알아야 합니다. 외국에서는 거짓말 한마디가 폭로됨으로 대통령직을 내놓았습니다. 그런데 우리는 도대체가 진실함이 실종되어서 갈 곳이 없습니다.

간디는 또 말합니다. '진실한 사람은 스트레스를 받지 않는다.' 우리가 스트레스, 스트레스 하지만 정직하게 사는 사람은 스트레스가 없습니다. 이것을 잊지 말아야 합니다. 사실 알고 보면 심리학적으로 스트레스의 근본은 전부 위선에 있습니다. 정직하게 살면 담대합니다. 용기가 있습니다. 거칠 것이 없습니다. 진실한 생각이 사람을 만듭니다. 건강하게도 만들고, 명랑하게도 만들고, 여유 있는 사람도 만들고, 지도력도 만듭니다. 또한 당당하게 책임을 집니다. 진실에 운명을 겁니다. 그런고로 책임지는 일을 두려워하지 않습니다.

간디는 이런 재미있는 말도 했습니다. '진실한 사람은 속지 않는다.' 아주 오묘한 말입니다. 우리가 속았을 때 억울하고 분하다고 하지만, 대체로 남을 잘 속이는 사람이 또 스스로 잘 속습니다. 진실한 사람은 속지 않습니다. 간디가 가장 중요하게 하는 말은 이것입니다. '진실한 사람은 자유롭다. 하늘을 보나, 땅을 보나, 사람을 보나, 무엇을 보나 자유롭다. 그의 정신은 항상 건강하고 자유롭다.' 참 자유는 어디에 있습니까? 진실이 기초라는 것을 잊지 말아야 합니다. 이 진실 하나를 깨닫고 공부해나가는 데 일생이 걸립니다.

미국의 유명한 여성 앵커 바버라 월터스는 '인터뷰의 여왕'이라는 칭호를 얻은 사람입니다. 그가 「내 인생의 오디션」이라고 하는 아주 재미있는 책을 써서 세상을 놀라게 했습니다. 이 책에 그가 클린턴 대통령을 인터뷰한 이야기가 나옵니다. 클린턴 대통령이 심장

수술을 받았습니다. 심장혈관 네 개에 손을 대는 어려운 수술을 받았답니다. 그래 회복한 다음 찾아가 인터뷰를 했을 때 클린턴 대통령이 이런 말을 했다는 것입니다. 잊지 말 것입니다. 건강할 때 당연히 알아야 할 것이지만 실은 몰랐던 것을 그렇듯 중병을 앓고 나서야 비로소 알았다는 이야기입니다. "내가 살아 있는 모든 날들에 대하여 깊이 감사합니다. 감사 못하고 산 것을 후회합니다. 죽을 뻔하고 살아보니 산다는 자체가 너무나 감사한 일들이요, 또 나를 괴롭히던 모든 일들이 하나도 대수롭지 않다는 것을 깨달았습니다. 여러분, 아무리 이것이 중요하고 저것이 중요하다고 해도 다 별것 아닙니다. 내게 다시 주어진 기회에 감사합니다. 이같은 기회가 다른 사람에게도 주어지기를 바랍니다." 진실은 많은 시련 속에서 깨달아가는 것임을 배워야 합니다. 믿음이란 하나님 앞에서의 진실이요 정직함입니다. 매우 귀한 진리입니다.

하나님께서 이스라엘 백성을 애굽에서 구속하시고 홍해를 건너게 하실 때까지의 계기는 아무리 생각해도 백 프로, 이백 프로 오직 은혜뿐입니다. 이스라엘은 한 일이 아무것도 없습니다. 그저 하나님께서 큰 은혜를 베푸시어 이스라엘 백성을 홍해 건너 광야로 내놓으신 것입니다. 큰 기적이요 구원입니다. 한마디로 출애굽은 하나님께서 주신 백 프로 은총입니다.

그런데 문제가 있습니다. 가나안 땅에 들어가는 게 목적인데, 가나안에 들어가는 것은 율법적입니다. 오늘본문도 말씀합니다. '율법을 지켜라. 그리하면 들어가리라.' 40년 동안의 그 생활은 무엇을 의미하는 것입니까? 출애굽은 은혜였는데, 가나안에 들어가는 것은 율법입니다. 다시 말하면 많은 시련을 통해서 들어갈 만한 사람으로 만드시는 것입니다. 출애굽이라고 하는 역사적 사건 자체는 중요하지 않습니다. 문제는 출애굽 된 사람입니다. 가나안 땅에 들어가는 사건은 중요하지 않습니다. 들어갈 만한 사람을 만들어야 됩니다. 사람이 되고야 가나안을 소유할 수 있었기 때문입니다.

그런데 우리 마음을 참 아프게 하는 것은 40년이라는 것입니다. 40년이라는 긴긴 시간을 보내고서야 비로소 가나안에 들어갈 수 있었습니다. 오늘도 우리는 많은 사람들을 만나봅니다. 참 그런 생각 많이 합니다. 어떤 분은 팔십이 넘어서야 겨우 사람같은 말 한마디 합니다. 그러니까 정말 어렵습니다. 사람 하나 바로 되고, 생각 바로 되고, 성품이 바로 되는 것 참 어렵습니다.

언젠가 팔십이 넘은 어느 목사님을 만난 일이 있습니다. 옛날에 우리 교단에 통합측과 합동측이라는 것이 있었거든요. 그래서 분열합니다. 이 일 때문에 아주 시끄러웠습니다. 그분이 저를 만나더니 이런 말을 합니다. "곽 목사!" "예." "나는 이제 합동, 통합 없다. 이제 이 나이 되고 가만히 생각해보니 다 부질없는 짓이었다." 그래 제가 한 마디 했습니다. "도대체 사람은 몇 살에 철이 나는 것입니까?"

사람은 한평생을 통해 계속 성숙해가고 성장해갑니다. 이스라엘 백성은 조급했습니다. 빨리 약속의 땅에 들어가고 싶었습니다. 성경의 역사를 자세히 보면 참 가슴아픈 장면이 나옵니다. 이스라엘 백성이 애굽에서 나와 가나안까지 들어가는 데 열나흘이면 됩니다. 아무리 소걸음을 해도 열나흘이면 충분히 들어갑니다. 가데스바네아까지 왔습니다. 이제 요단강 가에 왔습니다. 하나님께서 보내주셨으니까 하나님 말씀대로 그냥 들어가면 되는 것입니다. 그런데 쓸데없는 짓을 합니다. 정탐꾼을 보냅니다. 자기들이 언제 정탐을 해가며 거기까지 왔습니까. 이 문제를 두고 하나님께서 크게 책망하십니다. 불신앙적인 행위니까요. 그래 정탐꾼의 보고가 들어왔는데, 여호수아와 갈렙은 "들어가자. 하나님께서 주신 땅이다. 젖과 꿀이 흐르는 땅이다" 하고 말하는데, 나머지 사람들은 "어림도 없다. 그들 앞에 우리는 메뚜기 같더라. 못들어간다. 어림도 없다" 합니다. 불신앙적인 보고입니다. 이 백성들이 여호수아와 갈렙의 말은 무시하고 그 나머지 사람들의 말을 듣고는 "이거 잘못 왔다. 못들어간다. 우리가 여기서 죽을 것이냐? 여기서 죽기 위해서 우리를 여기까지 데려왔느냐?" 하며 하나님을 원망하고, 모세를 죽이겠다고 하며 난동을 부립니다. 그때 하나님께서 말씀하십니다. 신명기 1장 40절입니다. "너희는 회정(回程)하여 홍해 길로 하여 광야로 들어갈지니라……" 다 왔는데, 요단강만 건너가면 가나안 땅인데 "안되겠다. 되돌아가라. 광야 길로 다시 들어가라" 하십니다. 그리고 40년이 지나갑니다. 이것이 자유의 길입니다.

8·15 해방, 굉장한 것이었습니다. 제가 14살 때입니다. 한 달 동안 내내 날마다 교회에서 예배를 드렸습니다. 교회에서 땡강 땡강 치던 종까지도 녹여서 군함을 만든다고 다 징발해갔는데, 다행히 그 종이 바닷가에 그냥 놓여 있었습니다. 그것을 해방된 다음에 도로 찾아왔습니다. 그 종을 다시 매달아놓고 날마다 쳤습니다. 한 번 치기 시작하면 한 시간을 계속 칩니다. 땡강 땡강 땡강…… 제가 종 치는 데 선수였습니다. 좋아서 열심히 했습니다. 해방되고 한 달 동안 기쁨의 축제가 벌어졌습니다. 그렇게 좋아했습니다. 하지만 그 자유를 지키지 못했습니다. 방종했고, 타락했고, 폭력이 난무했습니다. 무질서는 말도 못합니다. 엄청난 결과가 있었습니다. 6·25전쟁을 맞

이하게 됩니다.

지정학적으로 이제 요단강만 건너가면 바로 가나안 땅인데, 왜 못들어간다는 말입니까? 들어갈 자격이 없기 때문입니다. 자유는 얻었지만 자유인이 아니었습니다. 지정학적으로 자유가 오는 것이 아니고, 정치적으로 자유가 오는 것이 아닙니다. 엄격히 말하면 경제적으로 오는 것도 아니고, 지식으로 오는 것도 아닙니다. 참 자유는 영적인 것입니다. 그런데 이스라엘은 자격 미달입니다.

오늘본문 2절은 말씀합니다. "네 하나님 여호와께서 이 사십 년 동안에 너로 광야의 길을 걷게 하신 것을 기억하라 이는 너를 낮추시며 너를 시험하사 네 마음이 어떠한지 그 명령을 지키는지 아니 지키는지 알려 하심이라." 이 얼마나 귀중한 말씀입니까. 자격 미달입니다. 그래서 40년 동안 광야에 머무릅니다. 여기에 목적이 있고, 의미가 있고, 하나님의 사람이 되게 하시는, 다시 말하면 자유인이 되게 하시는 하나님의 훈련과정이 있었습니다. 하나님께서 만드신 교과과정이 있었습니다. 하나님의 커리큘럼이 있었습니다. 그런데 너무 깁니다. 무려 40년입니다. 그러고야 가나안 땅에 들어갈 수 있었습니다.

오늘 간단한 말씀 속에 우리는 귀중한 교훈을 배웁니다. 먼저 '낮추시며' 그랬습니다. 하나님께서 제일 귀중하게 여기시는 것은 겸손입니다. 기독교인 최고의 덕은 겸손입니다. 교만하면 안됩니다. 더구나 신앙을 빙자해서 교만하면 안됩니다. 하나님의 영광을 위한다고 하면서 교만하면 안됩니다. 겸손입니다. 40년 광야생활의 목적이 겸손에 있었다는 것입니다.

믿음도 두 가지가 있습니다. 자세히 분석해보면 교만한 믿음이 있고, 겸손한 믿음이 있습니다. 교만한 믿음이란 무조건 믿으면 된다는 것입니다. 믿사오니 주신다, 이것입니다. 걱정하지 말라는 것입니다. 믿으면 병 낫고, 믿으면 장사도 잘되고, 믿으면 합격하고…… '믿습니다. 아멘. 주실 줄로 믿습니다. 아멘' 합니다.

요새 여러 교회 다니면서 보면 "주여!" 삼창하는 것 마음에 안듭니다. 보신 분들 계시겠지만, 많이 그렇게들 합니다. "다들 손을 올리고 주여 삼창합시다!" 하고는 "주여! 주여! 주여!" 이렇게 세 번 외치고 나서 기도합니다. 그리고 마지막까지 "믿습니다. 주여 믿습니다" 그러는데, 가만히 생각하면 아닙니다. 자기 마음대로입니다. 도대체 하나님의 뜻은 생각지도 않고, 자기 욕망을 이렇게 신앙화 해가지고 이것을 달라고 조릅니다. 그래서 제가 생각해보았습니다. '하나님께서도 참 힘드시겠다. 저걸 다 들어주시려면……' 소원이 전부 세속적인 것들입니다. 불신앙적인 욕망입니다. 이것을 놓고 "주여! 주여!" 부르짖습니다. 자기중심적입니다. 자기고집으로 하나님의 뜻을 꺾겠다는 것입니다. "반드시 주시리라 믿습니다."

그러나 겸손한 믿음은 무엇입니까? 내 고집을 버리고 하나님의 뜻을 수용합니다. 하나님의 말씀에 의뢰합니다. 이것이 하나님 중심적 신앙이요, 겸손한 믿음입니다. 그런고로 교만한 믿음은 "주실 줄로 믿습니다. 아멘" 합니다. 교만한 믿음입니다. 겸손한 믿음은 "받은 줄로 믿습니다. 아멘" 하는 것입니다. 이것이 겸손한 믿음입니다. '병들어도 여기에 축복이 있고, 실패해도 여기에 하나님의 사랑이 있고, 우리가 많은 어려움을 겪어도 여기에 하나님의 세밀하신 섭리와 지혜가 있다. 이것이 하나님의 능력에 최대의 계시로 나타나서 내가 하나님의 큰 사랑을 받고 있다.' 다시 말하면 기도의 응답 속에 내가 있다는 말입니다.

받은 줄로 믿는 믿음, 하나님의 뜻을 앞세웁니다. 아는 것은 아는 대로 감사하고, 모르는 것은 믿고 감사하고, 또 기다리면서 감사하고, 그 약속을 믿으면서 겸손합니다. '십 년도 좋고, 이십 년도 좋고, 사십 년도 좋아요. 하나님께서 원하시는 날에 가나안에 갈 것입니다. 주여, 주의 선하신 뜻대로 이루소서.' 겸손한 믿음입니다. 현실 속에 있는 하나님의 뜻, 하나님의 사랑, 하나님의 능력, 하나님의 지혜를 믿는 것입니다. 그들로 40년 광야에 살게 하신 목적이 바로 이런 믿음입니다. 그들을 낮추시며 겸손하게 만드셨습니다.

이런 귀중한 말씀이 있습니다. '사람이 떡으로만 사는 것이 아니요, 하나님의 말씀으로 사는 것을 알게 하기 위하여……' 아주 귀중한 말씀입니다. 예수님께서 마태복음 4장에서 광야의 시험을 받으실 때 이 말씀을 인용하십니다. '사람이 떡으로만 사는 것이 아니요.' 예수님께서 말씀하셨습니다. 그때가 언제입니까? 40일 금식하신 다음입니다. 성경은 이렇게 말씀합니다. 몹시 주리신지라— 40일 금식하시고, 많이 배고프고 주리신 바로 그 순간에 예수님 말씀하십니다. 아직도 예수님께서는 말씀하십니다. "사람은 떡으로 사는 것이 아니요." 이 얼마나 귀중한 말씀입니까.

우리는 절박하면 무슨 일을 해도 상관없다고 생각합니다. 가난하고 어려우면 도둑질해도 괜찮고, 내가 억울함을 당했으면 남을 좀 해쳐도 괜찮다고 생각합니다. 아닙니다. 오늘 40일을 금식한 바로 그 절박한 시간에 예수님께서는 말씀하십니다. '사람이 떡으로만 사는 것이 아니요, 하나님의 말씀으로 산다.' 이것을 가르쳐주시기 위해서 40년을 광야에서 보내게 하십니다. 오늘도 보면 많은 문제가 꼭 경제문제같이 보이지요? 아닙니다. 경제문제는 도덕적 문제요, 도덕적 문제는 종교적인 문제입니다. 신앙이 문제더라고요. 많은 것이 기술이요, 자본이요, 경험이지만 역시 모든 문제의 깊은 곳에는 하나님의 말씀의 문제가 있는 것입니다.

오늘본문 16절은 말씀합니다. "네 열조도 알지 못하던 만나를 광야에서 네게 먹이셨나니 이는 다 너를 낮추시며 너를 시험하사 마침내 네게 복을 주려 하심이었느니라." 왜 만나를 주십니까? 그것도 한꺼번에 주시지 않고 날마다 주십니까? 감질나게요. 그렇게 하나님을 의지하도록, 하나님만 의지하고 살도록 인도하고자 하시는 것입니다. 빵 문제에 착안하고 빵이 전부라고 생각한 것은 공산주의 철학입니다. 기독교는 아닙니다. 빵 문제같이 보이지만, 빵 문제가 아니라 말씀의 문제라는 것입니다.

우리나라에 8·15 해방, 정말 큰 은총이었습니다. 저는 지금도 기억합니다. 제 할아버지가 장로님이셨는데, 목사님이 그 뜨거운 여름날 저희 집에 오셔서 "해방됐습니다!" 그러고는 저희 할아버지와 서로 끌어안고 엉엉 우셨습니다. 제가 그 장면을 다 보았습니다. 그때 저는 너무 어려서 왜 우시는지 잘 몰랐습니다마는, 그것이 해방이었더라고요. 그러나 이 감격이 사라지고, 오늘까지도 온전한 자유를 얻지 못하고 있습니다. 때마다 말씀드립니다마는, 미국의 워싱턴 D.C.에 있는 6·25 기념관에 갈 때마다 저는 꼭 이 문장을 확인합니다. 'Freedom is not free(자유는 공짜가 아니다).' 참 귀한 말씀입니다. 이것이 6·25 기념관에 있는 비석입니다. 자유는 거저 주어진 것이 아닙니다. 지금 우리가 누리는 자유에 3백만이 죽었습니다. 미국 군인만도 5만 명이나 죽었습니다. 많은 사람의 희생이 있어서 오늘 우리가 이 자유를 누리고 있는 것입니다. 이것을 잊어서는 안됩니다.

자유에는 정치적 물리적 경제적 조건이 많이 있지마는, 가장 중요한 것은 자유인의 문제입니다. 자유인, 자유의 사람— 그 사람은 겸손하고, 그 사람은 진실하고, 그 사람은 믿음의 사람이어야 합니다. 자유인이 있고야 자유가 있는 것입니다. 오늘 우리는 다시한번 이 날을 당해서 하나님께서 우리에게 주시는 자유를 온전한 자유인으로 맞이하는 특권을 누릴 수 있게 되기를 바랍니다.   △

일체의 비결을 배웠노라

　　내가 주 안에서 크게 기뻐함은 너희가 나를 생각하
던 것이 이제 다시 싹이 남이니 너희가 또한 이를 위
하여 생각은 하였으나 기회가 없었느니라 내가 궁핍
하므로 말하는 것이 아니라 어떠한 형편에든지 내가
자족하기를 배웠노니 내가 비천에 처할 줄도 알고 풍
부에 처할 줄도 알아 모든 일에 배부르며 배고픔과
풍부와 궁핍에도 일체의 비결을 배웠노라 내게 능력
주시는 자 안에서 내가 모든 것을 할 수 있느니라
　　　　　　　　　　　　　(빌립보서 4 : 10 - 13)

일체의 비결을 배웠노라

대략 한 1년 전에 미국의 유명한 잡지 「뉴스위크」에서 조용하지만 충격적인 사건을 읽을 수 있었습니다. 아주 평범한 이야기처럼 들릴지 모르지만, 제 생각에는 아주 크고 충격적인 사건이었습니다. 저술가이자 학자요 교수인 스티븐 코비는 「성공한 사람들의 일곱 가지 습관(The 7 Habits of Highly Effective People)」이라는 베스트셀러를 써서 세계적으로 널리 알려졌습니다. 100개국의 말로 번역이 되었습니다. 그 뒤로 17년 동안이나 계속 베스트셀러에 올라 있고, 지금까지 무려 3,500만부가 팔려나갔습니다. 하도 유명해져서 「8번째 습관」이라는 책도 썼습니다. 아무튼 그래서 돈을 많이 벌었습니다. 그러다보니 그만 어느 사업가의 유혹에 빠져서 그가 사업에 손을 댑니다. 이렇게 하면 성공한다며 성공하는 사람들의 습관에 대한 책을 써서 성공한 사람이 정작 자신이 벌인 사업에서는 2년 만에 실패해서 망해버렸습니다. 더 재미있는 사실은 그가 자기 책에 써놓은 성공의 비결대로 하지 않았다는 것입니다. 책에서는 이렇게 해야 성공한다고 해놓고는 정작 자기 사업을 할 때는 그대로 하지 않아서 망했다는 것, 이것이 결론입니다. 저는 이 책을 보면서 너무나 크게 충격을 받아서 '세상에 이럴 수가 있나? 도대체 지식이라는 게 뭔가?' 하는 회의를 느꼈습니다. 남을 가르치기는 했는데 자기를 가르치지는 못했고, 남에게는 이렇게 하면 성공한다고 해놓고는 자기는 그대로 하지 않았습니다. 실제로 그가 말한 대로 해서 성공한 사람도 많습니다. 그래서 유명해진 것인데, 정작 자기는 그대로 하지 않아서 실패했다는 것입니다. 지식에는 세 가지가 있습니다. 하나는 머리로 아는 지식이고, 또 하나는 가슴으로 아는 지식이며, 마지막은 몸으로 아는 지식입니다. 역시 머리로 아는 지식은 머리뿐이지, 직접 체험을 통해서 몸으로 아는 지식은 아니었기에 그렇듯 웃음거리가 되고 말았습니다. 지금도 그 책을 가지고 있는데, 옛날에는 책도 많이 보고 인용도 했지만, 이제는 그 책 표지만 봐도 웃음이 나옵니다. 성공하는 사람들의 7가지 습관, 글쎄요.

유명한 심리학자 에리히 프롬은 삶의 양식을 두 가지로 말합니다. 하나는 소유양식입니다. 어려운 말 같지만, 그저 쉬운 말입니다. 사람들이 성공한다, 또는 무엇을 한다고 할 때 그 기준은 소유에 있다는 것입니다. 그러니까 돈을 벌어야 되고, 공부를 많이 해야 되고, 권세를 얻어야 되고, 명예도 얻어야 됩니다. 전부 다 소유의 문제로 보는 것입니다. 그리고 그 소유한 만큼 자기 존재가치가 커지는 줄로 생각해서 돈을 많이 가지게 되면 자기도 그만큼 잘난 줄로 착각을 합니다. 그러나 돈만 가진 것이지 사람이 달라진 것은 아닙니다. 그는 시원치 않은 사람입니다. 소유양식에 얽매인 사람은 오직 소유에만 기준을 두어 자기도 평가하고 남도 평가합니다. 그런 사람들이 있습니다.

다음은 존재양식입니다. 얼마나 가졌느냐가 아니라, 어떤 목적으로 사느냐가 중요합니다. 삶의 질을 말하고, 의미를 말합니다. 사명을 말합니다. 자기 존재가 어디까지 왔느냐를 따집니다. 다시 말하면 존재의 크기, 그 성숙도를 말하는 것입니다. 얼마나 벌었느냐가 아닙니다. 얼마나 성공했느냐가 아닙니다. 내가 어떤 사람이 되어가느냐, 내가 얼마만큼 성숙했느냐가 중요합니다. 존재를 기준으로 자기를 평가하는 것입니다.

오늘본문 13절 매우 중요한 말씀입니다. "내게 능력 주시는 자 안에서 내가 모든 것을 할 수 있느니라." 글쎄요. 누가 나에게 "목사님이 제일 좋아하는 성경구절 하나 말씀해주세요" 하면 저는 언제나 이 본문을 말합니다. 제가 고향을 떠날 때도 어머니께서 성경책을 하나 주시고 이 구절을 제게 외워주었습니다. 그런고로 제게는 소중한 말씀입니다. 내게 능력 주시는 자 안에서 내가 모든 것을 할 수 있느니라— 옛날 번역에는 '내게 능력 주시는 자 안에서 능치 못할 일이 없느니라'로 되어 있습니다. 오늘본문의 가장 핵심이 되는 말씀은 '판타 익스 쿠우오(모든것을 할 수 있다)'입니다. '앤 토 앤두나문 티메(내게 능력 주시는 자 안에서)', 아주 중요한 말씀입니다. 내게 능력 주시는 자 안에서 모든것을 할 수 있다— 할 수 있다고 하는 문제에 너무 깊이 마음 쓰지 맙시다. 하나님의 일이니까 물론 할 수 있지요. 모든것을 할 수 있지요. 단, 여기서 깊이 생각할 초점은 이것입니다. 내게 능력 주시는 자 안에서— 중요한 것은 능력을 주시는데, 그 주시는 방법이 문제라는 것입니다. 내가 어떤 사람으로, 어떤 능력의 사람으로 키워지느냐? 이것을 생각해야 됩니다. 내게 능력을 주시는 과정이 중요합니다.

이제 사도 바울은 말씀합니다. '이렇게 성숙한 다음에는 내게 능력 주시는 자 안에서 그가 능력을 얻은 다음에 어떻게 되었느냐? 먼저 자족하기를 배웠다.' 자족한다는 것은 어떤 일에도 만족하다는 뜻입니다. 불만은 없습니다. '이런 일에도 만족하고 저런 일에도 만족하는, 아주 초월적인 성숙한 인간이 되었다. 자족하기를 배웠다.' 또한 '일체의 비결을 배웠노라' 합니다. 이럴 때도 살 수 있고, 저럴 때도 감사할 수 있습니다. 범사에 감사하고, 범사에 넉넉합니다. 그런 사람으로, 그렇게 능력의 사람으로 키워졌다는 말씀입니다. 그 능력이 주어진다— 아주 신비로운 말씀 아닙니까. 그래서 자족하고, 그래서 일체의 비결을 가진 성숙한 그리스도인으로 살아가게 되었다는 것입니다. 이 얼마나 귀중한 말씀입니까.

여러분은 어디까지 왔습니까? 그 능력을 내가 받는다— 신비로운 말씀입니다. 먼저는 우리가 잘 아는 바대로 말씀 안에서 능력을 받습니다. 말씀을 깨닫고, 말씀에 감격하고, 하나님 말씀을 들으면서 감동하고, 그리고 결심하고, 말씀에 심취하고, 하나님의 말씀을 통해서 내가 능력을 받는 것은 사실입니다. 그래서 모든 근심도 이길 수 있고, 모든 미움도 이길 수 있고, 모든 억울함도 다 극복할 수 있고, 하나님의 말씀 안에서 지혜로운 자가 되고, 능력의 사람이 된다는 말입니다. 그러나 또 하나는 '성령으로 말미암아'입니다. 이것은 그리스도의 영이 우리를 감동시키심으로 말미암아 비로소 능력의 사람이 되고, 범사에 감사할 수 있는 사람이 되고, 범사에 기뻐할 수 있는 사람이 되는 것입니다. 그러나 이 모든 과정이 어디서 이루어지느냐를 한 번 더 깊이 생각하면 실제상황 속에서 이루어진다는 것이지요.

여러분, 지금 다 자전거 탑니까? 대개 보니까 부잣집 아이들은 자전거를 못탑니다. 왜냐하면 넘어질까봐 가르치지를 않았기 때문입니다. 무릎 깨질까봐 딱 붙들고만 있고 놓지를 못하는 것입니다. 자전거 타는 사람들은 다 한두 번은 넘어지고 깨지고 부러집니다. 그러고야 자전거를 배웠습니다. 자전거를 어디 머리로 배웁니까. 이렇게 하면 되고, 저렇게 하면 된다고 몇 십 년을 해보십시오. 안됩니다. 직접 자전거를 타야 합니다. 말 타는 사람들도 그렇습니다. 머리로 배울 수 있습니까. 말을 직접 타야지요. 그래서 몇 번 떨어져야 말을 탈 수 있습니다. 우리가 자동차를 운전합니다. 처음 할 때 얼마나 사고를 많이 만납니까? 어떤 육십 넘은 교수님이 아무래도 운전을 배워야 되겠다고 하기에 제가 그랬습니다. "차를 사되 5년 된 걸 사시고, 1년 동안은 수리를 하지 마세요. 그냥 내버려뒀다가 1년 뒤에 그냥 치워버리세요. 그리고 새 차를 사세요." 사고 안내고 운전 배운 사람 있습니까. 머리로 배우는 것입니까? 감정으로 배울 수 있는 것입니까? 차에 올라타서 큰 모험을 해야 되는 것입니다. 몸으로 배우는 것이지, 머리 굴려서 되는 게 아니거든요. 여기에 문제가 있습니다. 요새 젊은이들에게 문제가 있습니다. 비판하자면, 컴퓨터로 자동차 운전을 배웁니까? 그러니까 사고가 나는 것입니다. 뭐든지 머리로만 해결하려고 합니다. 그렇지 않습니다. 몸으로 배워야 합니다. 내게 능력 주신다— 실제상황 속에서 이루어지는 것입니다. 이걸 잊지 말아야 합니다.

이스라엘 사람들의 유명한 격언이 있습니다. 지혜자의 격언입니다. '최고의 부자가 누구냐? 자기가 가지고 있는 것을 최고의 것으로 알고 있는 사람, 만족하는 사람이다. 최고의 지혜자가 누구냐? 모든것에서 배우는 사람이다.' 이런 일을 당해도 배우고, 저런 일을 당해도 배웁니다. 성공해도 배우고, 실패해도 배웁니다. 모든 일을 배움의 과정으로 생각하는 사람이 지혜로운 사람입니다. '그러면 가장 강한 사람은 누구냐? 자기 마음을 다스리는 사람이다.' 그렇습니다. 욕심 부리지 말아야지요. 아니, 화를 내지 말아야지요. 이것이 제일 강한 사람이다— 참 중요한 얘기입니다.

일체의 비결, 이것이 무엇입니까? 비천에 처할 줄도 알고, 풍부에 처할 줄도 알고, 배부름과 배고픔에 일체의 비결을 배웠노라— 그렇습니다. 사람이 배고파봐야 되겠더라고요. 배부르기만 하고 살아서는 안되겠더라고요. 배고파봐야지요. 여러분, 얼마나 배고파봤습니까? 제 경험이기에 자주 하는 이야기입니다. 제가 피란 나와서 처음 피란민생활을 할 때 며칠 굶었습니다. 하루는 길을 지나가는데 고구마 굽는 냄새가 그렇게 향기로울 수가 없습니다. 하지만 제가 가진 게 뭐 있어야지요. 그때는 돈도 통하지 않을 때입니다. 그때 저한테는 시계가 하나 있었는데, 참 귀한 것이었습니다. 왜 귀하다고 하느냐 하면, 그게 온 동네에 하나밖에 없는 시계였거든요. 그 당시에는 그랬습니다. 제가 그 시계를 풀어서 주었더니 고구마 네 개를 주더라고요. 군소리 할 것 있습니까. 그 따끈따끈한 걸 받아 손에 들고 서서는 하나님 앞에 감사기도를 하는데 눈물이 뚝뚝 떨어지더라고요. 그때 먹은 고구마가 얼마나 기막히게 맛이 있던지, 배고파 본 사람은 압니다. 그래서 하는 얘기입니다. 눈물 젖은 빵을 먹어보지 못한 사람은 인생을 모른다— 배고픈 사정을 머리로 압니까. 배고파봐야 알지요. 거기서 배우는 것입니다. 이 정도 되면 그 다음에는 적어도 밥투정은 안합니다. 어떤 일을 당해도 감사합니다. 짜면 물 좀 타서 먹으면 되고, 싱거우면 소금 좀 쳐서 먹으면 되는 것입니다. 밥투정이 얼마나 많은지 모릅니다.

정말 가난에 처할 줄도 알고, 풍부함에 처할 줄도 알아야 되겠더라고요. 너무 가난하게만 살면 사람이 못쓰게 되더라고요. 넉넉한 생활도 할 줄 알아야 되겠더라고요. 요새말로 문화인이 되어서 풍부에 처할 줄도 알아야 교만하지를 않지요. 이 풍부에 처할 줄을 모르는 사람은 물질과 함께 돌아버립니다. 못쓰게 돼버립니다. 그저 있으나 없으나 넉넉하게 자기 마음을 다스릴 줄 알고, 배고픔과 배부름에 일체의 비결을 배웠노라— 사도 바울은 감옥에 들어가서 고생도 해봤고, 풍랑을 만나보기도 했고, 매도 맞아봤고, 몇 번 죽을 뻔도 해봤습니다. 다 겪으면서 이제 점점 성숙한 그리스도의 사람이 되어가는 것입니다. 그리고 마침내 일체의 비결을 배웠다고 고백하게 됩니다. 아마도 그가 배운 일체의 비결 가운데 가장 클라이맥스에 해당하는 것은 고린도후서 12장에 있는 '육체의 가시'가 아닌가 싶습니다. 육체의 가시, 사단의 사자— 여러분 몸에 무슨 치명적인 약점이 있습니까? 부족한 점이 있습니까? 참 어려운 문제입니다. 사도 바울 몸의 가시가 무엇인지는 아무도 모릅니다마는, 저 나름대로 개인적으로 연구한 결과는 간질병이었다고 생각합니다. 갈라디아서 4장에 보면 사도 바울이 갈라디아교회에 가서 설교하는 장면이 나오는데, 이렇게 시나리오를 상상해볼 수 있습니다. 아마도 설교하다가 쓰러진 것같습니다. 설교하다말고 간질병 발작을 일으켰으니 얼마나 교인들이 놀랐겠습니까. 그러나 사도 바울은 편지에 이렇게 쓰고 있습니다. '너의 믿음을 시험할 만한 것이 내 육체에 있으되 나를 없수이 여기지 아니하고 그리스도와 같이 영접했느니라. 너희는 할 수만 있었으면 자기 눈이라도 빼어 주었으리라.' 감사해하고 있습니다. 저는 그렇게 생각합니다. 갈라디아교회에 가서 설교하다말고 간질병 발작을 일으켜 쓰러졌다고 생각해보십시오. 설교 도중에 갑자기 거품을 물고 쓰러진 것입니다. 얼마나 많은 사람들이 놀라고, 그 믿음에 시험이 되었겠습니까. 그러나 갈라디아교회는 이를 잘 극복하고, 사도 바울을 주의 종으로 영접합니다. 너무나 감사한 일입니다. 이런 아픔을 가지고 사는 것입니다. 그는 이 때문에 하나님 앞에 세 번이나 특별히 기도했다고 합니다. 바울은 고백합니다. "이 때문에 나는 겸손하고, 이 때문에 나는 주님만 의지하고, 이 때문에 나는 강한 사람이 되었다. 모든 시련을 통해서, 이런 질병을 통해서, 이 모든 사건들을 통해서 나는 일체의 비결을 배웠노라." 아주 귀한 간증입니다.

실제상황 속에서 배우고 단련해서 겸손합니다. 오직 하나님만 의지합니다. 능력의 사람이 됩니다. 지도력을 발휘하게 됩니다. 겸손과 지혜와 순전함과 강인함과 지도력이 바로 여기에서 오는 것입니다. 책상머리에 앉아가지고 배운 것이 아닙니다. 어느날 문득 영감을 받아서 된 것이 아닙니다. 그 많은 생애에 그 모든 사건들 속에서 일체의 비결을 몸으로 배웠습니다. 체험을 통해서 배우고 얻었습니다. 그래서 말씀합니다. "내게 능력을 주시고, 가능하게 하신 여러 시험을 통해서 내게 능력 주시는 자 안에서 이제 나는 모든것을 할 수 있느니라." 능력의 사람은 사명을 아는 사람입니다. 목적의식이 분명한 사람입니다. 아니, 전적으로 신앙적으로 살고, 결과에 매이지 않습니다. 여기까지만 내가 할 일이요, 그 다음은 하나님께 맡깁니다. 또한 하나님께서 하시는 역사에 대해서 감사함으로 사명을 감당하는 것을 즐깁니다. 하루하루 사는 것이 즐겁습니다. 그리고 최종승리를 믿습니다. 그가 강한 사람입니다.

토마스 에디슨이라고 하면 우리가 너무나 잘 아는 발명왕으로, 아주 세계적인 인물입니다. 그가 67세 때 한평생 연구해놓은 실적이 있고, 자료가 있고, 기록이 있는 연구실이 화재로 전부 불타버렸습니다. 한평생 모아놓은 자료들, 그 많은 기록들, 그 많은 실험도구들이 다 타버렸습니다. 그는 그때 이렇게 말합니다. "재앙이 반드시 나쁜 것은 아니구먼! 내 실수를 한꺼번에 다 가져가버렸으니 말이야. 그 동안에 실수하고 실패했던 것, 여기에 있던 그 많은 재료들을 싹 치워버렸으니 얼마나 하나님께 감사한지. 모든 미련을 버리고 다시 시작하게 해주신 하나님, 감사합니다." 그래서 토마스 에디슨이 된 것입니다.

　　로마서 8장은 말씀합니다. 합동하여 선을 이루리라— 합동하여 나를 능하게 하시는 분, 일체의 비결을 배우게 하시는 분, 내게 자족하기를 가르쳐주시는 분께 감사합시다. 내게 능력을 주시는 자 안에서 감사합시다. 그분은 오늘도 내게 능력 주시기 위하여 여러 모로 나를 일깨워주고, 가르치고 계십니다. 실제상황 속에서, 모든 경험 속에서, 그리고 말씀으로 성령으로 일깨워주십니다. "내게 능력 주시는 자 안에서 내가 모든 것을 할 수 있느니라(13절)." △

여호와를 시험하지 말라

이스라엘 자손의 온 회중이 여호와의 명령대로 신 광야에서 떠나 그 노정대로 행하여 르비딤에 장막을 쳤으나 백성이 마실 물이 없는지라 백성이 모세와 다투어 가로되 우리에게 물을 주어 마시게 하라 모세가 그들에게 이르러 너희가 어찌하여 나와 다투느냐 너희가 어찌하여 여호와를 시험하느냐 거기서 백성이 물에 갈하매 그들이 모세를 대하여 원망하여 가로되 당신이 어찌하여 우리를 애굽에서 인도하여 내어서 우리와 우리 자녀와 우리 생축으로 목말라 죽게 하느냐 모세가 여호와께 부르짖어 가로되 내가 이 백성에게 어떻게 하리이까 그들이 얼마 아니면 내게 돌질 하겠나이다 여호와께서 모세에게 이르시되 백성 앞을 지나가서 이스라엘 장로들을 데리고 하수를 치던 네 지팡이를 손에 잡고 가라 내가 거기서 호렙산 반석 위에 너를 대하여 서리니 너는 반석을 치라 그것에서 물이 나리니 백성이 마시리라 모세가 이스라엘 장로들의 목전에서 그대로 행하니라 그가 그곳 이름을 맛사라 또는 므리바라 불렀으니 이는 이스라엘 자손이 다투었음이요 또는 그들이 여호와를 시험하여 이르기를 여호와께서 우리 중에 계신가 아닌가 하였음이더라

(출애굽기 17 : 1 - 7)

여호와를 시험하지 말라

　러시아의 문호 톨스토이의 작품 가운데 「집 지은 사람의 잘못일
까?」라는 제목의 단편소설이 한 편 있습니다. 생각하면 생각할수록
우스꽝스럽지만, 또 그 뜻은 생각할수록 오묘하고 깊은 교훈을 주는
소설입니다. 자신이 직접 경험한 이야기입니다. 톨스토이가 어렸을
때, 그의 집에 매우 귀하고 좋은 도자기들이 많이 있었다고 합니다.
그 가운데는 진귀한 골동품도 있었습니다. 아버지는 그것들을 매우
아껴서, 늘 닦고 어루만지며 소중히 여기고, 그것들을 보면서 기뻐
했습니다. 하루는 톨스토이의 여동생이 그 도자기들 가운데서도 가
장 예쁜 것을 달라고 아버지에게 졸랐습니다. 아버지가 선뜻 대답
할 리가 없지요. 그래 그 여동생은 그저 아버지를 만날 때마다 조릅
니다. "아버지, 왜 내 소원을 안들어주세요? 저거 너무 예쁜데, 저것
나 주세요. 아버지는 그런 것 많으니까 저것 하나만 나 주세요." 그
렇게 아양을 떨며, 만날 때마다 졸라댑니다. 그러다 결국 크리스마
스 때가 되었습니다. 이제 여동생은 크리스마스 선물로 그 도자기를
달라고 졸라댑니다. 그렇게 하도 끈질기게 졸라대니 아버지가 그만
두 손 들었습니다. "그래, 네가 그렇게 좋아하니 그것을 가져라." 그
리고 그 예쁜 도자기를 내어주어서 받았습니다. 여동생은 그것을 가
지고 오빠에게 가서 자랑하고 싶었습니다. 자랑만 하나요? 약을 올
려야지요. 아버지가 나를 이렇게 사랑한다는 것을 과시하고 싶은 것
입니다. 그래 그걸 들고 오빠 방으로 뛰어 들어가다가 문턱에 걸려
그만 넘어졌습니다. 순간 손에 들고 있던 도자기가 떨어지면서 산산

조각이 났습니다. 여동생이 뭐라고 했겠습니까? 소리내어 울며 하는 말이 이랬답니다. "우리집을 왜 이렇게 지었나?" 제 잘못은 생각하지 않고, 제 실수는 탓하지 않고 그 집을 지은 건축가를 원망하는 것입니다. 바로 그 경험을 살려서 소설로 쓴 작품이 「집 지은 사람의 잘못일까?」입니다. 여러분은 이것이 남의 이야기 같습니까? 거울을 보듯이 생각해보세요. 전부 자기가 잘못해놓고 "집을 왜 이 모양으로 지었냐? 세상이 왜 이러냐? 왜 이 모양이냐?" 하고 원망하고 불평하는 것입니다. 얼마나 뜻 깊고 의미심장한 이야기입니까.

세계 최고의 컨설팅회사인 맥킨지에서 오래전에 발표한 논문에 이런 말이 나옵니다. '이제 세상은 총성 없는 전쟁에 돌입했다.' 전쟁입니다. 총소리는 안들립니다. 그 다음 말이 중요합니다. '만사는 인사다. 인사는 만사다.' 사람의 문제입니다. 사람을 어떻게 쓰느냐의 문제입니다. 우리도 국회 인사청문회 보면서 한숨 많이 쉬었습니다. '이렇게 사람이 없나?' 인사가 만사요, 만사가 인사입니다. 사람을 만나야 되겠는데, 쓸 만한 사람이 없다는 말입니다. 이리 봐도 저리 봐도 없습니다. 사람을 얻기 위한 총성 없는 전쟁입니다. 많은 기업가들이 제일 싫어하는 사람, 대표적으로 싫어하는 사람, 이런 사람은 안됩니다. 이런 사람을 그 자리에 세워놓으면 다 망합니다. 가장 합당치 않은 대표적인 인재상을 위의 논문에서는 이렇게 말하고 있습니다. 첫째가 독불장군 형입니다. 혼자서 모든것을 합니다. 확실히 잘하는 것은 맞습니다. 한데 혼자만 잘났습니다. 저만 잘났습니다. 남을 신뢰하지 못합니다. 철저하게 자기중심적이고, 남의 희생을 밟고 올라섭니다. 오늘 이 세상에 불필요한 사람입니다. 능력은 있고, 뭔가 하는 것같기는 한데, 많은 사람을 죽입니다. 많은 사람을 짓밟고 올라가는 이런 독불장군형 인재는 바람직하지 못합니다. 둘째는 시류역행 형입니다. 옛날 방식을 고수합니다. 저는 식당에 음식을 먹으러 다닐 때 '40년 전통'이라고 되어 있는 집에는 안갑니다. 40년 전 사람이나 먹는 것을 지금 내가 왜 먹나 싶어서요. 40년 전통, 50년 전통, 그거 별로 바람직하지 않습니다. 일본에 가면 40년 전통, 그런 것이 좀 있기는 합니다마는, 그 사람들은 '신 발매'라고 해야 좀 팔립니다. '이건 새로운 거다.' 그래야 인기가 있습니다. '이건 오랜 전통이다.' 그것은 아닙니다. 확실히 우리 의식 자체가 개척정신이 좀 필요합니다. 새로운 경험, 새로운 도전이 필요합니다. 자꾸 옛것으로 돌아가는 사람은 앞으로 나아가려는 사람 발목을 잡습니다. 그래서 아무 일도 되지가 않습니다. 셋째는 메뚜기 형입니다. 역경을 극복하는 능력이 없습니다. 조금만 어려우면 이리 뛰고 저리 뜁니다. 꼭 메뚜기처럼 뛰어다닙니다. 요새도 보면 그런 사람 많습니다. 이리 갔다 저리 갔다 합니다. 이것은 아닙니다. 또한 불평불만 형입니다. 모든 책임을 남에게만 물립니다. 그러고는 내 잘못이라는 생각은 안합니다. 그저 남을 탓하고 세상을 탓합니다. 이런 사람은 결코 오늘 이 세대를 바로 이끌어갈 수 없다는 것입니다.

오늘본문에서 우리는 하나님께서 인도해내신 이스라엘 백성이 하나님을 원망하는 것을 볼 수 있습니다. 깊은 동정을 가지고 이 본문을 한번 읽어봅시다. 출애굽기, 민수기에 보면 계속 같은 말이 많이 나옵니다. 같은 맥락의 말씀이 많습니다. 왜 그랬을까요? 이스라엘 편을 생각해서 동정하며 그렇게 한번 이해해보면 원망의 이유가 있습니다. 옛날이나 오늘이나 원망하는 사람 생각하면 이유가 있습니다. 원망의 이유가 있다는 것이 중요합니다. 왜 그렇습니까? 오늘성경말씀을 자세히 읽어보면 '여호와의 명대로'라고 되어 있습니다. 여호와께서 정해주신 노정대로 왔습니다. 쉽게 오늘 우리가 쓰는 말로 하면 성경말씀대로 살았던 것입니다. 하나님 말씀대로 살았습니다. 성경이 말씀하는 대로 살아왔는데 막혔습니다. 여기에 문제가 있는 것입니다. 하나님 말씀대로 했으면 되어야 할 것 아닙니까. 하나님 말씀대로 살았으면 만사형통해야 옳지 않으냐, 이것입니다. 하나님께서 인도하신대로, 그 명대로, 그 노정대로 왔는데 물이 없습니다. 여기서 원망을 하게 됩니다. 그러니까 하나님께서 책임지셔야지요? 오늘 물이 없습니다. 왜 물 없는 곳으로 하나님께서 오라고 하셨느냐, 이것이지요. 왜 이쪽으로 인도했느냐? 하나님을 원망하는 것, 당연하지 않습니까. 사람이 물이 있어야 될 줄 잘 아시는 하나님께서 왜 물 없는 이곳으로 우리를 인도하셨느냐? 이것이 원망입니다.

둘째는 모세에 대한 원망입니다. 대책 없이 왜 우리를 이 물 없는 사막으로 인도했느냐? 왜 광야 길로 인도했느냐? 하나님께 고해서 미리미리 준비하든지, 무슨 방책을 세워놓았어야 하지 않느냐? 이렇게 물 없는 이곳으로 인도하면 6십만 군중이 어떻게 살아남을 것이냐? 그래서 모세를 원망하게 됩니다. 심지어 원망이라는 것은 이렇게 에스컬레이팅, 소급해서 올라갑니다. 애당초 애굽에서 우리를 왜 인도해냈느냐? 그 동안 홍해를 건너는 감격과 광야에서 지낸 그 모든 생활, 하늘에서 만나가 내린 그 모든 축복을 다 잊어버리고, 다 부인하고, 애당초 왜 애굽에서 우리를 인도해냈느냐고 원망을 하게 되더라고요. 여기에 문제가 있습니다. 이 문제를 성경은 이렇게 해석합니다. '여호와를 시험하는 것이다.' 이 사건은 여호와를 시험한 것이니, 이는 신앙문제라는 것입니다. 여호와 하나님을 시험한 사건이요, 시험한 죄가 된다는 것입니다. 하나님을 믿고 출애굽했습니다. 하나님을 믿고 홍해를 건넜습니다. 기적 속에 여기까지 왔습니다. 그는 지금 이 시간 여기에서 어떻게 해야 되겠습니까? 또 하나님을 믿어야 될 것 아니겠습니까. 그런데 그 믿음이 없는 것입니다. 옛날의 일은 그렇게 믿음으로 산 것같은데, 오늘 현재 나타나는 하나님의 능력, 하나님의 사랑, 하나님의 지혜와 그 섭리에 대해서 믿음이 없는 것입니다. 그런고로 하나님을 시험한 것이 되는 것이지요. 아주 중요한 얘기입니다.

출애굽기 14장 13절을 보면 이스라엘 백성이 홍해 앞에 섰을 때 그들은 절박합니다. 뒤에는 애굽 군대가 쫓아오고, 앞에는 홍해가 있습니다. 이제 순간의 문제입니다. 어떻게 해야겠습니까? 바로 왕이 분노해서 애굽 군대를 이끌고 이스라엘 백성을 진멸하려고 쫓아오고 있습니다. 그들은 독 안에 든 쥐입니다. 이대로는 다 죽은 목숨입니다. 그런데 지난 날 열 가지 재앙을 내려서 이스라엘을 구원하신 하나님, 애굽을 굴복시키신 하나님, 오늘 여기까지 인도해주신 그 하나님께서 이상하게도 그들을 홍해의 광야 길로 인도하셨거든요. 이 길은 지정학적으로 말하면 북쪽으로 올라갔다가 동쪽으로 가야 되는 길입니다. 한데 서쪽으로 계속 가면 바로 홍해를 만나게 됩니다. 어떻게 이리로 인도를 했느냐는 것입니다. 왜 이리로 인도했나? 뒤에는 애굽 군대가 있고, 앞에는 홍해가 있는, 그야말로 독 안에 든 쥐 신세입니다. 꼼짝 못합니다. 원망할 만합니다. 그러니까 왜 우리를 인도했느냐고 원망을 했지요. 바로 그때 주신 하나님의 말씀이 '두려워 말고 가만히 서서 여호와께서 오늘 너희를 위하여 행하시는 구원을 보라'입니다. 이것을 보여주고 싶으셔서, 이 굉장한 사건을 보여주고 싶으셔서 이스라엘 백성을 그리로 인도하셨다는 것입니다. '가만히 서서 조용하게 하나님께서 하시는 일을 보라.' 모세는 이렇게 외치고 하나님께서 명하신대로 홍해를 칩니다. 그리고 홍해가 갈라집니다. 그 놀라운 장관을 보면서 이스라엘 백성은 홍해를 건너오게 됩니다. 그 굉장한 사건이 바로 며칠 전에 있었습니다. 그런데 오늘 이 시간에 물이 없다고 해서 하나님을 원망해서야 되겠습니까. 하나님께서는 창조주이십니다. 사람이 물을 마셔야 산다는 것, 모르지 않으십니다. 다 아십니다. 능력도 있으시고, 지혜도 있으시고, 사랑도 있으시고, 경륜도 있으십니다. 잠깐씩 목이 마르기도 하고, 좀 눈에 거슬리는 것이 있다 하더라도 좀 조용히 기다리면 안될까요? 우리 자식으로 말하자면 '부모님께서 다 알아서 하시겠지' 하고 기다리면 안되겠습니까? 이것이 절대 필요한 것 아니겠습니까?

미국의 초대 대통령 워싱턴의 유명한 일화가 있습니다. 그가 어렸을 때 아버지가 그를 데리고 시장에 갔습니다. 마차를 타고 가야 하는 먼 곳입니다. 아버지는 거기서 일을 보고 올 동안 아들더러 어느 집 추녀 밑에 서 있으라고 했습니다. "여기 서 있거라. 내가 저기 가서 물건 좀 사가지고 올 테니까. 여기 그대로 서 있거라. 움직이지 말고." "알았습니다." 워싱턴은 아버지가 시키는 대로 그 자리에 서 있었습니다. 그런데 아버지가 물건을 사는 동안 그만 아들을 깜박 잊어버렸습니다. 그리고 그대로 집에 와버렸습니다. 아들을 데려오지 않았다는 사실을 그제야 알아차리고 아버지는 황급히 다시 시장으로 갑니다. "어디 갔나? 아이고, 어디 갔나?" 마음이 급합니다. 그런데 깜깜한 밤이 되었는데도 아들은 아버지가 가만히 서 있으라

고 한 곳에 서 있었습니다. 지나가던 사람들이 묻습니다. "왜 거기
서 있니?" "우리 아버지 기다려요." "아버지는 그냥 가신 것같다. 아
무도 없는데? 우리 집에 가서 좀 쉬자." "안돼요. 아버지 오실 거예
요." 그러면서 새벽까지 그 자리에 그대로 서 있었던 것입니다. 아버
지가 그 아들을 다시 만나 얼마나 반갑고 고맙고 귀했겠습니까. "여
기 서 있어" 하면 그대로 서 있으면 됩니다. 뭘 그리 복잡하게 생각
합니까? 워싱턴은 아버지가 자기를 찾으러 꼭 오시리라고 믿었습니
다. 하나님을 시험하지 말라─ 생각해보십시오. 조금만 더 기다리면
되는데, 조금만 더 생각을 넓히면 되는데, 우리가 조급해서 그만 원
망하기도 하고, 메뚜기처럼 뛰기도 하고, 불평도 합니다. 마지막에
생각해보면 다 불신앙 때문입니다. 조금만 더 믿음이 있으면 되는
것입니다. 여러분, 그런 생각 없습니까? '조금만 더 믿음이 있었으
면……'

　제가 언젠가 결혼식 주례를 했을 때 들은 이야기입니다. 신랑의
어머니가 예전에 아이들 셋을 데리고 살았습니다. 아버지는 혼자 서
울에서 취직하여 하숙생활을 하고 있었고요. 지방에 부모님이 계시
니까, 부인은 부모님 모시고 살라고 거기에 가 있게 하고 자기만 서
울에 와 있었던 것입니다. 그러다가 어찌어찌 해서 하숙집 여자하고
그만 눈이 맞아서 덜컥 아이가 생겼습니다. 이 사실을 부인이 알고
나니 어떻겠습니까. 얼마나 원망스럽겠습니까. 어찌 이럴 수가 있
나 싶어서 이혼 아닌 이혼으로 별거생활을 했습니다. 30년 동안 두
번 다시 남편 얼굴을 보지 않고 살았던 것입니다. 그러다가 아들의
결혼식 날이 되었습니다. 엄연히 아버지가 있습니다. 그 아버지, 아
들 결혼식장에 나와야겠습니까, 말아야겠습니까? 많이 생각하다가

남들 보기도 그렇고 해서 아버지를 모시기로 했습니다. 제가 결혼식 주례를 하면서 그 두 사람 처음 보았습니다. 두 사람이 나란히 앉았는데 서로가 외면한 채 먼 산만 보더라고요. 어쨌거나 결혼식은 그렇게 잘 끝났습니다. 그 다음 얘기를 들어볼까요. "내가 조금만 더 참았으면 되는 걸, 아무것도 아닌 자존심 하나 때문에 30년 역사가 이렇게 망가졌다." 그렇지 않습니까. 조금만 더 참았으면 온 역사가 달라지는데, 그까짓 몇 푼의 자존심 때문에…… 여러분, 사람도 시험하지 말고, 여호와도 시험하지 마십시오. 깊이 생각해야 합니다. 사랑하는 것도 좋지만, 사랑받는 일도 중요하지 않습니까. 남을 믿는 일도 중요하지만, 남이 나를 믿어 준다는 것, 얼마나 중요합니까. 사랑하고 의심받는다는 것, 참 힘든 일입니다. 참 괴로운 일입니다.

마태복음 4장 6절에 귀한 말씀이 있습니다. 예수님께서 40일 금식기도 하시고 산에 올라가셨습니다. 그때 마귀가 와서 예수님을 시험합니다. 첫 번째 시험이 돌로 떡을 만들어 먹으라는 것이었습니다. 그때 예수님께서는 이렇게 대답하셨습니다. "사람이 떡으로만 사는 것이 아니요, 여호와의 말씀으로 산다." 마귀가 졌습니다. 두 번째 시험은 예수님을 성전 꼭대기에 올려 세워놓고 많은 사람들이 보는 데서 뛰어내리라는 것이었습니다. 첫 번째 시험을 예수님께서 성경을 인용하셔서 이기셨기 때문에 마귀는 두 번째 시험에서는 자기 스스로 먼저 성경을 인용합니다. 성경에 말씀하기를 천사가 와서 발이 돌에 부딪히지 않게 붙들어주신다고 했으니, 그런고로 이 말씀을 믿고 뛰어내리라는 것이었습니다. 그러나 예수님께서는 뛰어내리지 않으셨습니다. 아주 미묘하고 오묘한 말씀입니다. 뛰어내리라 할 때 뛰어내려야 믿음이 있는 것입니까, 뛰어내리지 않는 것이 믿음이 있는 것입니까? 사단이 뛰어내리라고 할 때 뛰어내리셨다면 많은 사람들이 그 모습을 쳐다보고 "굉장하다. 메시야가 오셨다" 했을 테고, 뭔가 역사가 이루어졌을는지도 모르겠습니다. 그러나 예수님께서는 "주 너의 하나님을 시험하지 말라" 하시고 뛰어내리지 않으셨습니다. 왜요? 뛰어내리라면 뛰어내리시지 왜 뛰어내리지 못하십니까? 그러나 어떤 것이 믿음입니까? 이것을 성경은 이렇게 말씀합니다. "주 너의 하나님을 시험하지 말라." 아주 오묘한 말씀입니다. 내가 일부러 뛰어내리면서 "하나님, 저와 함께 계셔야 됩니다" 하면 그것은 하나님을 시험하는 것입니다. 누가 밀쳐서 뛰어내렸다면 그것은 하나님의 능력에 의존하는 것입니다. 이야기가 다릅니다.

예수님의 동생 야고보가 마지막에 순교할 때 그렇게 죽었습니다. 성전 꼭대기에 세워놓고 많은 사람 앞에서 밀쳐서 떨어져 죽었습니다. 이것이 순교의 장면입니다. 누가 밀쳐서 떨어졌다면 그것은 순교요, 하나님의 은총입니다. 그러나 내가 일부러 뛰어내린다면 그것은 하나님을 시험하는 것입니다. 우리가 고난당할 때를 기억하십시오. 먼저는 우리가 최선을 다할 것입니다. 그리고 나서 당하는 것, 이것은 하나님께서 내게 주신 시련이요 축복의 방법입니다. 하나님의 은사라고 받아들여야 됩니다. 그러나 내가 일부러 해야 될 일을 하지 않고, 판단해야 될 일을 판단하지 않고 잘못된 길로 가는 것은 여호와를 시험하는 일이 됩니다.

하나님께서 우리에게 이성을 주셨습니다. 이성도 하나님께서 우리에게 주신 자연계시적 요소가 있습니다. 높은 곳에서 뛰어내리면 죽습니다. 죽는다는 것은 우리 생각이지만, 동시에 하나님께서 이미 주신 지혜입니다. 그럼 뛰어내리지 말아야지요. 여기서 다른 사람들 앞에 굉장하게 나타나고 싶어서 쇼를 하겠다고 한다면, 그것은 여호와를 시험하는 것입니다. 같은 사건 속에 중요한 의미가 있습니다. 깊이 생각해야 합니다. 하나님의 뜻을 먼저 앞세우고, 하나님의 지혜를 믿고, 하나님의 사랑을 추호도 의심하지 않을 때 중요한 것은 바로 이 시간, 'here and now'입니다. 칼 바르트가 많이 사용하는 말입니다. here and now, 바로 지금 이 시간 내게 주시는 말씀을, 내게 주시는 은사를 조용히 기다려야 됩니다. 그 기다림이 믿음입니다. 이해가 되면 이해가 되는대로 감사하고, 이해가 안되면 믿고 기다리는 것입니다. 하나님의 특별조치가 있을 것입니다.

그래서 예수님께서는 말씀하십니다. "받은 줄로 믿어라." 가장 클라이맥스의 사건이 있습니다. 예수님께서 십자가에 돌아가실 때 앞에 있는 많은 사람들이 예수님을 비난하면서 "뛰어내려라. 뛰어내리면 우리가 믿겠노라" 했습니다. 똑같은 장면입니다. "뛰어내려라! 뛰어내려라!" 그러나 예수님께서는 뛰어내리지 않으셨습니다. 능력이 없는 것처럼, 마치 바보라도 되는 것처럼, 무능한 사람처럼 뛰어내리지 않으셨습니다. 그것이 믿음입니다. 그리고 십자가를 지셨습니다.

여러분, 도망가려고 하지도 말고, 뛰어내리려고 하지도 말고, 그저 조용히 기다리십시오. 하나님께서 설정하신 모든 방법을 받아들이십시오. 겟세마네동산에서의 기도에 응답이 있습니다. '내 뜻대로 마옵시고, 아버지의 뜻대로, 아버지의 방법대로, 아버지의 시간대로, 아버지가 원하시는 대로, 그대로 내가 따르겠습니다.' 이것이 바로 믿음이고, 기적을 낳는 하나님의 사람의 모습입니다. △

하나님의 기다림의 비밀

  예수께서 그들 앞에 또 비유를 베풀어 가라사대 천
국은 좋은 씨를 제 밭에 뿌린 사람과 같으니 사람들
이 잘 때에 그 원수가 와서 곡식 가운데 가라지를 덧
뿌리고 갔더니 싹이 나고 결실할 때에 가라지도 보이
거늘 집 주인의 종들이 와서 말하되 주여 밭에 좋은
씨를 심지 아니하였나이까 그러면 가라지가 어디서
생겼나이까 주인이 가로되 원수가 이렇게 하였구나
종들이 말하되 그러면 우리가 가서 이것을 뽑기를 원
하시나이까 주인이 가로되 가만 두어라 가라지를 뽑
다가 곡식까지 뽑을까 염려하노라 둘 다 추수 때까지
함께 자라게 두어라 추수 때에 내가 추숫군들에게 말
하기를 가라지는 먼저 거두어 불사르게 단으로 묶고
곡식은 모아 내 곳간에 넣으라 하리라
(마태복음 13 : 24 - 30)

하나님의 기다림의 비밀

유명한 루소의 명언이 있습니다. '신은 선을 사랑하게 하기 위하여 양심을 주었고, 선을 알게 하기 위하여 이성을 주었고, 선을 선택하게 하기 위하여 자유를 주었다.' 두고두고 생각할 만한 깊이 있는 철학입니다. 양심과 이성 그리고 자유, 그것은 매우 귀중합니다. 우리는 계속적으로 생각하고, 또 계속적으로 사랑하고, 계속적으로 선한 판단을 하며 살아가야 됩니다. 넓게 생각도 해야겠지마는, 깊이 생각해야 됩니다. 현재를 생각하면서도 멀리 내다볼 줄 알아야 됩니다. 내가 세상을 떠난 다음까지도, 내 다음 세대까지도 생각하며 살아가야 합니다.

저는 요새 결혼주례를 무척 많이 합니다. 원로목사가 되다보니 결혼주례가 본업이 된 것같습니다. 한데 주례 때 제가 신랑신부에게 꼭 부탁하는 것이 하나 있습니다. 두 사람만 생각하고 살지 말라는 것입니다. 우리 두 사람 행복하게 살면 그것이 부모님께 효도하는 길도 되고, 모든 사람을 기쁘게 하는, 요샛말로 하면 큰 사회사업이 됩니다. 그런가하면 우리 두 사람이 행복하게 살면 앞으로 태어나게 될 자녀들에게 행복과 사랑을 물려 줄 수도 있습니다. 그러나 이 생각을 못하고 삐꺽해서 잘못되면, 자손만대에 그야말로 아무리 후회하고 뉘우쳐도 돌이킬 길 없는 불행에 빠질 수도 있습니다. 내가 지금 생각하는 이 생각, 이것이 여기서 끝나는 것이 아닙니다. 이것이 내일이고, 또한 미래고, 이것이 영원까지 가는 것입니다. 한 가지 생각 속에 깊은 의미가 있음을 항상 생각해야 됩니다.

어느 아주 큰 목장에 많은 양떼들이 있었습니다. 시설도 좋아 목축업이 잘되는 목장이었습니다. 문제는 인근 산에서 여우와 늑대들이 종종 내려와 양을 물어가는 일이 생긴다는 것입니다. 어떤 때는 물어가기도 하고, 어떤 때는 잡아먹은 흔적으로 피가 여기저기 흘러서 보기에도 좋지 않습니다. 목장 주인은 이것을 볼 때마다 늘 마음이 아픕니다. 그래 오래도록 고심하다가 사냥꾼들을 불러 산에 있는 늑대와 여우를 몽땅 죽여 달라고 했습니다. 사냥꾼들은 주인의 말대로 해주었습니다. 목장에 인접한 산의 모든 여우와 늑대를 흔적도 없이 모두 죽여버린 것입니다. 주인은 '아, 이제 됐다' 하고 안심합니다. 한데 웬걸요. 그해 겨울에 그 많은 양들이 다 얼어 죽었습니다. 놀랍게도 까닭은 이렇습니다. 늑대와 여우가 산에서 내려와 목장의 양들을 잡아먹겠다고 쫓아다녀야 이 양들이 이리 뛰고 저리 뛰면서 건강해지는데, 여우와 늑대가 없으니까 가만히 앉아서 졸다가 얼어 죽었다는 것입니다.

오늘본문은 간단한 비유의 말씀입니다. 예수님께서 친히 하신 말씀입니다. 겉으로는 그저 평범한 이야기처럼 보이지만, 그 안에는 우주적인 진리가 담겨 있습니다. 오래전 이야기입니다마는, 연세대학교에 제가 특강을 한 번 하러 갔는데, 사무실에 앉아 있는 교수님들이 이런 이야기를 나누고 있었습니다. 그때가 마침 자유당 말기였습니다. 자유당 정부가 무너진 다음에 그 모든 부정한 사실들이 다 드러났지요. 우리가 다 알고 있지 않습니까. 그렇게 부정이 드러난 사람들 가운데는 예수믿는 사람도 많았습니다. 바로 그들을 두고 교수들이 불평을 하는 것입니다. "그런 못된 놈을 왜 하나님께서 내버려두셨나? 좀 제 때 제 때 벼락을 치셨으면 좋을 건데. 그런 못된 것들이 정부에 깊이 들어가 있으니 이 나라가 제대로 됐겠느냐고? 하나님께서는 도대체 뭘 하고 계셨느냐고?" 이렇게 원망을 했습니다. 그런데 마침 그 자리에는 목사님이면서 교수인 분이 계셨는데 아주 지혜롭다 싶었습니다. 그분이 불평하는 교수들더러 너무 그러지들 말라고 하더니 딱 한마디를 합니다. "나 교수님들한테 묻겠는데, 저 부정부패에 관련된 못된 놈들 가운데 당신 아들이 있다면 어떻게 할 거요? 그래도 지금처럼 벼락을 왜 안치셨느냐고 따질 수 있겠소?" 그랬더니 교수들이 "그거야 좀 생각이 다르지" 합니다. "그러니까 당신들 보기에는 저 사람들이 나빠도 하나님 보시기에는 그것도 하나님의 아들이었소. 그런 줄 아시오." 이렇게 해서 좌중이 그만 조용하게 되는 장면을 제가 본 적이 있습니다.

오늘본문을 보면 밭에 좋은 종자를 뿌린 이야기가 나옵니다. 종자가 잘 자라나는 줄 알았는데, 얼마 뒤에 보니 가라지가 났습니다. "이거 웬 가라지냐?" 하지만 주인은 알고 있었습니다. 원수들이 농사를 망치려고 가라지 종자를 뿌려놓았던 것입니다. 종이 말합니다. "당장 가서 가라지들을 뽑아버릴까요." 하지만 주인은 이런 말을 합니다. "그냥 두어라. 추수 때까지 그냥 두어라." 여기에 우주적 진리가 들어 있습니다. 좋은 종자와 가라지가 함께 있다는 것입니다. 좋은 종자가 누려야 할 혜택을 가라지가 누리고 있고, 좋은 종자가 먹어야 할 영양분을 가라지가 먹어버린다는 깃입니다. 그렇게 함께 자란다는 것이지요. 결국 선하고 좋은 종자들이 고통을 당하게 되고, 손해를 보게 된다는 것입니다. 오늘본문의 주인은 "이 악한 것들을 다 당장 뽑아버릴까요?" 하고 말하는 종들에게 이렇게 말합니다. "그대로 두어라." 여기에 하나님의 신비가 있고, 지혜가 있고, 하나님의 오묘한 경륜이 있다는 것을 알아야 합니다. 바로 주인의 이 관심사에 본문의 중요한 메시지와 핵심이 놓여 있습니다. 이 주인의 관심사에 집중해서 오늘본문을 들여다봅시다. 주인의 궁극적 관심은, 혹은 실제적 판단의 기준은 좋은 종자입니다. 어디까지나 좋은 종자를 심었고, 좋은 열매를 맺기를 바라고 있습니다. 풍성한 열매를 기다리고 있습니다. 문제는 많은 사람들이 가라지에 관심을 둔다는 것입니다. 주인은 좋은 종자에 관심을 두었습니다. 여기에 차이가 있습니다. 저는 가끔 이런 생각을 합니다. 악한 형편, 악한 사람, 악한 상황…… 이런 것들에 관심을 두면 이것들만 제하면 된다고 생각하게 됩니다.

칼 마르크스가 생각한 것이 바로 이것입니다. 이것을 잘못 생각해서 공산당을 만든 것입니다. '부자들이 마음에 안들어. 이 부자들이 착취하고 폭행하고 탈취하고, 참 못됐어. 이놈의 부자들을 없애버려야겠다.' 그래서 볼셰비키혁명이 일어난 것입니다. 혁명을 일으켜서 부자들을 다 싹 쓸어버렸습니다. 어느 정도까지 그랬는지 아십니까? 무덤까지 다 파버렸습니다. '이 못된 것들을 싹 없애야 하겠다.' 그리고 없앴습니다. 그런데 구소련은 망했습니다. 부자를 없애고 보니 가난한 사람이 먼저 죽습니다. 이것을 몰랐더라고요. 부자가 있고야 사는 건데, 부자를 제거했더니 노동자 농민이 다 죽어버려서 지금도 러시아는 거지나라입니다. 그 공산당 몇 년 하고나서 지금까지 회복을 못하여 저토록 애쓰고 있지 않습니까. 우리 생각에 좋지 않은 것, 그것 싹 **빼**버렸으면 하는 것이 있습니다. 여러분 직장에서도 가정에서도 그럴 때가 있을 것입니다. '요놈 죽어버렸으면 좋겠다.' 우리 할머니가 그 소리를 잘 하셨는데, 좋은 얘기가 아닙니다.

옛날 우리 고향에 있던 산은 깊었습니다. 그 속에 호랑이가 있다고도 하고, 곰이 있다고도 했습니다. 실제로 곰은 좀 있는 것같았습니다. 늑대나 멧돼지 같은 것들은 얼마든지 볼 수 있었고요. 그런데 어른들이 조용하게 말합니다. 나쁜 사람이 동네에 하나 있다고요. 그놈이 깡패가 돼가지고 온 동네를 휘젓고 돌아다니니 시끄럽거든요. 그러면 할머니가 뭐라는지 아십니까? "뒷산의 호랑이는 뭘 먹고 사나?" 아주 조용하게 심판을 하는 것입니다. '호랑이가 내려와 그런 놈 좀 잡아먹으면 얼마나 좋을까. 싹 걷어 가면 얼마나 우리동네가 좋을까' 하고 생각하는 것입니다. 정말 그럴까요? 깊이 생각해야 됩니다. 혁명은 좋았습니다. 그런데 혁명하고 났더니 인간성이 변했습니다. 다 못된 인간이 되고 말았습니다. 일하기 싫어하는 사람, 남의 것을 뺏는 사람들이 되고 말았습니다.

한 목사님이라고 제가 존경하던 목사님이 계십니다. 그 목사님 언젠가 그러더라고요. 우리나라에서 예전의 어떤 사건들로 피해를 본 사람들한테 보상을 해주는 일이 있지 않습니까. 언젠가 그런 보상을 많이 받은 한 도시에 갔더니 거기 계시는 그 목사님이 저보고 이렇게 말합니다. "우리 도시가 보상을 많이 받았거든. 이러저러한 이유로 인해서. 그런데 놀라운 것은 이 도시가 다른 도시에 비해서 창녀와 술집이 4배나 더 많아. 내가 시청에 가서 이것을 역설했지. 보상이 이 도시를 망친 것을 아느냐?" 보상 공짜로 받으니 얼마나 좋습니까. 공돈이 생겼으니 말입니다. 그저 공짜 좋아하면 일찍 죽습니다. 그런 줄 아십시오. 그건 안됩니다. 절대 받지 마십시오. 받을 것이 아닙니다. 보상, 죽은 사람의 보상을 왜 산 사람이 받습니

까. 그 돈 가지고 잘 사는 줄 아십니까. 아닙니다. 망조가 듭니다. 잊
지 말아야 합니다. 깊이 생각할 문제입니다.

한데도 관심의 초점을 자꾸 부정에 둡니다. 어떻게든 부정을 바
로잡아야겠다고 생각합니다. 해보십시오. 아무리 애써도 안됩니다.
죽을 때까지 애써도 안됩니다. 우리가 자식을 키울 때도 자식의 잘
못된 점이 있으면 그것을 자꾸 지적합니다. 뭘 해라, 뭘 해라, 하고
죽을 때까지 지적해보십시오. 됩니까? 양화가 악화를 구축(驅逐)해
야 됩니다. 그저 아무리 못돼도, 못된 것 다 아니까 지적은 그만두
고, 오히려 잘하는 일에 관심을 기울여 "잘한다. 너 이것 참 잘한다.
잘한다" 하고 자꾸 칭찬하면 어느 사이에 그 잘못 하는 게 다 없어집
니다. 이것이 바른 길이지, 잘못하는 것을 그냥 쑤셔댄다고 되는 것
이 아닙니다. 어느 부인이 그럽디다. 남편이 밤낮 술 먹고 들어오는
게 마음에 안들어서 30년 동안을 술 먹고 들어온다고 욕을 해댔는
데, 아직도 술 먹는답니다. 안되는 것입니다.

오늘본문의 중요한 것은 관심입니다. 주인은 좋은 곡식에 관심
을 두었습니다. 주인은 다 알고 있었습니다. 그래서 "가라지를 뽑지
마라. 만약 뽑다가 알곡을 다칠까 염려하노라" 하며 오히려 그 알곡
에 관심을 두었습니다. 여기에 농촌 출신들이 많지 않습니다마는,
어른들 농사해본 분들은 다 압니다. 논 맬 때 보면 가라지가 있거든
요. 돌피가 있는데, 이걸 딱 보면 조금 더 높습니다. 색이 좀 다르고,
조금 더 큽니다. 그래 이것이 돌피인 줄 알고 쑥 뽑아봅니다. 그런데
아닙니다. 돌피는 뽑으면 뿌리가 하얗습니다. 벼는 뿌리가 노랗습니
다. 분명히 돌피라고 생각해서 뽑았는데, 아닌 것입니다. 아차하면
그런 실수를 합니다. 정말입니다. 이 주인은 가라지를 뽑다가 알곡

128

이 다칠까 염려했습니다. 또한 "함께 두어라" 합니다. 참겠다는 것입니다. 여기에 하나님의 인내가 있고, 또 인내의 신비가 있습니다. "함께 자라도록 두어라." 아주 오묘한 말씀입니다. "함께 두어라. 특별히 추수 때까지 두어라." 그러고 나서 오늘본문을 자세히 보면 실제적입니다. 먼저 가라지를 뽑아서 불사르고— 이렇게 나옵니다. 그렇습니다. 그도 그럴 것이 잘 살펴보면 가라지가 먼저 자랍니다. 더잘 자라고, 더 충실하게 자랍니다. 먼저 열매를 맺습니다. 그리고 가라지가 고개를 들고 나옵니다. 그럼 쏙 뽑아버리는 것이지요.

여러분은 논에 가서 돌피 뽑아보았습니까? 반드시 돌피가 먼저나옵니다. 그래서 가서 다 뽑습니다. 우리 학교 다닐 때 돌피 뽑으러많이 다녔습니다. 뽑을 수 있습니다. 왜요? 그놈이 먼저 자라니까요. 언제나 충실하게 자라고, 더 먼저 자라고, 더 먼저 결실합니다. 이것이 무엇입니까? 악인의 형통입니다. 그래서 성경은 말씀합니다. "악인의 형통을 부러워하지 마라." 얼마나 귀중한 말씀입니까. "함께 자라고 추수 때까지 두어라. 그리고 마지막에 이것들이 먼저자라서 고개를 들면 그때 가서 뽑아서 이것을 불사라버릴 것이다." 여기서 깊이 생각해야 합니다. 성 아우구스티누스는 이렇게 말합니다. '악인은 선인에게 인내와 온유를 가르치고, 선인은 악인에게 회개를 가르친다.' 그렇습니다. 악한 사람 원망하지 마십시오. 그로 인해서 내가 인내를 배웁니다.

저는 오랫동안 목회하면서 많은 경우를 보았습니다. 참 마음에안드는 교인이 있습니다. 아주 속을 썩입니다. 그러나 가만히 두고기다려봅니다. 그렇게 몇 년을 기다리고 보니 그분이 내게 큰 은인이더라고요. 그분이 아니면 내가 안됩니다. 그분이 아니면 내가 있

을 수 없다는 것을 뒤늦게 알게 됩니다. 악인의 형통을 부러워하지
말고, 원망하지 말고, 불편해하지 마십시오. 하나님께서 그렇다면
그런 줄 아십시오. 이걸 뽑아버리자, 이걸 고쳐버리자, 이러면 되겠
다, 저러면 되겠다…… 그만두십시오. 다 있어야 할 것이기에 있는
것입니다. 있어야 좋기 때문에 있는 것입니다. 여기서 믿음을 가져
야 합니다. 하나님께서는 선한 씨를, 좋은 종자를 사랑하십니다. 절
대 손해 입히지 않으십니다. 악인과 함께 두십니다마는, 그도 하나
님의 사랑입니다. 악인이 함께 있다는 것도 사랑이라고 받아들여야
됩니다. 역시 하나님의 넓은 사랑이요, 깊은 사랑입니다.

　구약성경을 자세히 읽고 생각해보십시오. 요셉이 애굽에 가서
30이라는 젊은 나이에 천하를 호령하는 총리가 되었습니다. 그렇게
되기까지 누가 공로자입니까? 형들이 동생을 팔아먹었습니다. 못된
놈들이지마는, 가만히 뒤늦게 생각해보니 공로자입니다. 형들이 아
니면 요셉이 애굽까지 갔겠습니까. 생각해보십시오. 희한한 얘기 아
닙니까. 또 모세가 이스라엘 백성을 인도하는데, 그 60만 대중을 인
도하자니 얼마나 힘들겠습니까. 요샛말로 카리스마적 지도력이 필
요한데, 그게 거저 됩니까. 면류관 쓴다고 됩니까. 지팡이 들었다고
됩니까. 이적을 나타낸다고 됩니까. 결국은 바로 왕 때문입니다. 바
로 왕이 어지간히 괴롭혔지마는, 그 바로 왕으로 인해서 모세가 모
세가 됩니다. 그리고 이스라엘을 인도하게 됩니다. 어디 이것뿐이
겠습니까. 여러분 개인의 생을 놓고 보더라도 괴롭히는 사람 많습니
다. 그런 사람 없으면 좋겠다 싶지요. 그냥 두고 견디십시오. 먼 훗
날 그 사람 덕에 오늘 내가 있다고 할 때까 있을 것입니다. "당신 때
문에 내가 잘못된 게 아니고, 당신 덕에 오늘의 내가 있소" 할 때가

올 것입니다. 그런고로 기다려야 하겠습니다. 선악은 함께 존재합니다. 국가적으로나 세계적으로나 민족적으로나 개인적으로 선과 악은 함께 있습니다. 아주 못마땅합니다. 그러나 이 속에 하나님의 지혜가 있고, 하나님의 사랑이 있음을 알고 믿고 기다립시다. 기다리되 온유한 마음으로 기다립시다. 합동하여 선을 이루시는 하나님의 지혜를 믿고 기다립시다. 하나님께서는 끝까지 좋은 곡식을 사랑하십니다. 끝까지 하나님의 자녀를 사랑하십니다. 하나님의 자녀를 바르게 양육하십니다. 그 큰 프로그램 속에서 하나님의 은혜에 깊이 감사하는 그날을 생각하며 오늘을 잘 참고 견뎌나갈 수 있기를 바랍니다.

우스운 얘기입니다마는, 제가 신학대학에 다닐 때 한 반에 곽 씨가 셋이나 있었습니다. 그래서 곽 씨 세 사람이 늘 친하게 지냈는데, 그 가운데 한 사람이 30세까지 소위 세상적으로 살았습니다. 그러다가 예수를 믿는데, 부인 때문에 믿었습니다. 부인이 먼저 예수를 믿고 기도했습니다. 철야기도를 하고, 권면을 하면서 애써서 남편이 예수 믿게 되었습니다. 남편이 예수 믿을 뿐만 아니라, 열심을 내가지고 목사가 되겠다고 신학교에 공부하러 온 것입니다. 그랬더니 이제는 또 부인이 교회를 안나갑니다. 그 곽전도사 하는 말이 재미있습니다. "제 아내는 밤 예수는 안믿어요. 낮에만 나가고 밤에는 안나간다, 이거예요. 그리고 전에 제가 집에 들어가서 아내를 패고 술주정했을 때는 열심히 믿고 찬송 부르더니, 지금은 찬송소리가 들리지 않아요." 생리가 다 다르지만, 가끔 그런 사람들이 좀 있습니다. 좀 핍박이 있어야 제대로 된다니까요. 내버려 두면 졸다가 그만 쓰러집니다. 그저 하나님께서 잘 알아서 하시는 거니까, 그렇거니하고 받아들이십시오. 악인의 형통을 부러워하지 말고, 가라지가 있다고 원망하지 말고, 이 모든것이 다 내게 필요한 것이라고 말입니다. △

한 군인의 경건

가이사랴에 고넬료라 하는 사람이 있으니 이다리야대라 하는 군대의 백부장이라 그가 경건하여 온 집으로 더불어 하나님을 경외하며 백성을 많이 구제하고 하나님께 항상 기도하더니 하루는 제 구시쯤 되어 환상 중에 밝히 보매 하나님의 사자가 들어와 가로되 고넬료야 하니 고넬료가 주목하여 보고 두려워 가로되 주여 무슨 일이니이까 천사가 가로되 네 기도와 구제가 하나님 앞에 상달하여 기억하신 바가 되었으니 네가 지금 사람들을 욥바에 보내어 베드로라 하는 시몬을 청하라 저는 피장 시몬의 집에 우거하니 그 집은 해변에 있느니라 하더라 마침 말하던 천사가 떠나매 고넬료가 집안 하인 둘과 종졸 가운데 경건한 사람 하나를 불러 이 일을 다 고하고 욥바로 보내니라

(사도행전 10 : 1 - 8)

한 군인의 경건

초대교회 때 아버지의 유산으로 큰 부자가 된 안토니라고 하는 이집트 사람이 살았습니다. 그는 당대에 유명한 부자였습니다. 그리고 젊은 사람이었습니다. 그가 예수를 믿고 성경을 읽는 중에 큰 충격을 받게 됩니다. 성경을 읽다 보니까, 여러분 다 보신 바대로 '젊은 율법사가 예수님께 나왔다' 하는 기록이 있지요. 그가 와서 예수님께 물어봅니다. "무엇을 하면 영생을 얻겠습니까?" 그러자 예수님께서는 "율법을 지켜라" 하십니다. "율법은 어렸을 때부터 다 지켰습니다." 하니 예수님께서는 "아, 그래?" 하고 귀하게 보시고, 또 다음 말씀을 하십니다. "오히려 한 가지 부족한 것이 있는데, 네 있는 것을 다 팔아 가난한 자에게 주고 나를 따르라." 이 말씀을 듣고 이 젊은 율법사는 큰 근심에 빠집니다. 성경을 보면 세 공관복음서가 다 이 사실을 기록합니다. 그만큼 중요한 사건이니까요. 그 뒷말을 이렇게 맺고 있습니다. "심히 근심하며 돌아가니라." 네 있는 것을 다 팔아 가난한 자에게 주고 나를 따르면 영생을 얻겠다고 했는데, 영생을 얻겠다고 예수님 앞에 왔다가 여기에 그만 걸렸습니다. 다 팔아서 나눠주라는 말씀대로 할 수 없었습니다. 그래서 근심하며 돌아갔다는 것입니다. 그 젊은 이집트 사람은 이 본문을 읽고 또 읽는 중에 생각했습니다. '이 청년은 근심하며 돌아갔지만, 나는 주님의 말씀대로 할 것이다.' 그는 마침내 결심을 하고 있는 재산을 다 팔아서 얼마간은 자기 누이동생에게 주고, 나머지는 다 가난한 사람들을 구제하는 데 쓰고 아주 홀가분하게 광야로 나갑니다. 사막으로 나가서 굴속에서 삼 년 동안을 오로지 기도와 묵상과 수도를 하며 지냈다는 것입니다. 그런데 어느날 꿈에 천사가 나타났습니다. "안토니야!" "예, 여기 있습니다." "그대의 경건은 훌륭하지마는, 저 알렉산드리아에 사는 구두수선공만 못하다." 천사가 딱 이 한마디를 남기고 사라집니다. 깜짝 놀라 그는 잠에서 깨어 바로 알렉산드리아로 갔습니다. 사방을 돌아다니며 봤더니 정말 길거리에 앉아서 구두를 수선하고 있는 노인이 있는 것입니다. 아주 얼굴이 환한 은혜로운 얼굴입니다. 그 노인은 그날도 자리에 앉아서 흥얼흥얼 찬송을 부르면서 구두를 수선하고 있었습니다. 그는 그 앞에 무릎을 꿇고 물었습니다. "어르신은 어떻게 해서 그토록 하나님께서 인정하시는 그런 경건에 도달할 수 있었습니까?" 하고 겸손하게 묻습니다. 그 노인은 빙그레 웃으면서 말합니다. "아무것도 아닙니다. 저는 이렇다하게 수도생활을 한 것도 없고, 그렇게 묵상한 것도 없습니다. 다만 그저 구두수선을 할 뿐입니다. 기도하는 마음으로 '이 구두주인의 발이 편했으면 좋겠다. 주인의 발을 편하게 해주고 싶다' 하는 마음으로, 또 '이 구두를 신은 사람이 선한 길을 갔으면 좋겠다. 그리해주십시오' 하고 기도하는 마음으로, 그리고 이 구두 수선하러 온 이 사람에게 하나님의 은총이 함께하기를 기도하는 마음으로 날마다 구두수선을 하고 있을 뿐입니다." 이야기를 들은 그는 깜짝 놀랐습니다. 이 중요한 사건에서 여러분은 무엇을 생각합니까? 입산수도한다고 해서 그게 참 경건은 아닙니다. 이 이야기는 '참 경건이란 실생활 속에서, 하루하루를 사는 구체적인 생활 속에서 기도하는 마음으로, 축복하는 마음으로, 섬기는 마음으로 사는 것, 이것이 최고의 경건이다' 하는 것을 우리에게 말해주고 있습니다.

요한 웨슬리는 아침마다 거울을 보면서 이렇게 스스로 질문했다고 합니다. '너는 항상 기도하고 있는가? 순간마다 하나님 앞에서 즐거워하고 있는가? 모든 일에 감사하고 있는가? 너는 욕심을 내는 일이 없는가? 너는 무엇을 두려워하는 일이 없는가? 하나님의 사랑을 지속적으로 느끼고 있는가? 너의 언행이 정말 하나님을 기쁘시게 하고 있는가?' 거울을 보며 자기가 자기에게 이렇게 물으면서 하루 일을 시작했다고 합니다. 오늘본문에는 고넬료라고 하는 로마 군인 백부장이 나옵니다. 그는 경건한 사람이었다고 합니다. 유대사람의 신앙구도를 보면 하나님께 대한 고백은 딱 한마디입니다. "거룩하신 하나님!" 이 속에 모든 신학적 의미가 다 들어 있습니다. 하나님께서는 거룩하신 하나님이십니다. 그럼 하나님을 믿는 사람의 생활양식은 무엇입니까? 그것은 바로 경건입니다. 경건이란 하나님을 두려워하는 마음이요, 하나님 있는 마음이요, 하나님과의 관계에서 문제를 생각하는 마음입니다. 경건입니다.

오늘본문의 사람은 로마의 군인입니다. 참 특별한 사람입니다. 로마의 군인으로 이 점령지에 와서 지금 백부장으로 근무하고 있는데, 로마의 군인이 내 나라에 와서 자기의 문화를 버리고, 자기의 신분도 버리고, 유대사람들의 신앙을 받아들입니다. 그리고 개종을 해서 경건한 로마사람이 됩니다. 아주 특별한 의미가 있습니다. 그의 경건에 특징이 있습니다. 오늘본문을 자세히 보면 분명하게 나타납니다. "항상 기도하더니(2절)." 3절에는 '제 구시쯤 되어'라는 말씀이 나옵니다. 유대사람들은 제 삼시, 제 육시, 제 구시에 세 번 기도합니다. 우리 생각 같아서는 밤중에 하는 기도가 좋은 기도일 것같지만, 유대사람들은 그렇지 않았습니다. 요새도 철야기도 하는 분들이 많습니다. 저는 그분들에게 이렇게 말합니다. "낮에도 기도하고 밤에도 기도하려거든 기도하지만, 밤에 기도하고 낮에 자려거든 그렇게 하지 마라." 왜요? 가장 맑은 정신은 낮에 있으니까요! 그래서 유대사람들의 경건의 사표가 뭐냐 하면 삼시, 육시, 구시입니다. 우리 말로 바꾸면, 우리 시간으로 대략 잡아서 아홉 시, 열두 시, 세 시입니다. 낮에 세 번 기도합니다. 그래서 하루에 세 번 기도하는데, 오늘 본문에 '구시'라는 말이 나옵니다. 그가 유대사람들의 규례를 따라서 꼭 세 번 기도했습니다. 어떤 일을 하다가도 딱 멈추고 기도합니다. 이렇게 경건한 생활을 하고 있었습니다.

또 2절은 말씀합니다. "백성을 많이 구제하고……(2절)" 야고보서 1장 27절은 참 경건에 대하여 이렇게 말씀합니다. "고아와 과부를 그 환난중에 돌아보고 또 자기를 지켜 세속에 물들지 아니하는 이것이니라." 실생활 속에서 이렇게 행동하는 것이 진정한 경건이라는 것입니다. 하나님 앞에 경건한 사람입니다. 그래서 사람을 향한 생활 속에 또 경건이 있습니다. 그래서 구제를 했다는 말입니다. 하나님께서 사랑하신 자를 사랑하고, 하나님께서 용서하신 자를 용서하는 것입니다. 그래서 믿음과 행위가 일치한 경건의 사람이었다, 이것입니다. 아주 귀한 말씀입니다.

특별히 오늘본문에 우리의 마음을 뜨겁게 하는 부분이 하나 있습니다. "온 집으로 더불어……(2절)" 그가 베드로를 초청해서 맞이할 때도 '온 집안과 더불어' 그랬습니다. 자기가 가지고 있는 리더십으로 온 집안과 더불어 그렇게 했다, 이것입니다. 온 집안과 더불어 그렇게 경건한 생활을 했다는 것이지요. 그런데 더더욱 중요한 의미가 있습니다. 그것은 기도와 구제가 하나님께 상달되었다는 것입

니다. 기도했으면 응답을 받아야지요. 기도는 열심히 했는데 응답
은 못받았다면 어떻게 되겠습니까? 가끔 그런 질문 하는 분들이 있
습니다. "나 예수를 수십 년 믿었지만 어째서 그런지 하나님께서는
내 기도를 하나도 들어주시지 않는 것 같아요." 그렇게 답답하게 여
기는 사람이 있습니다. 그러면 제가 예수님께서 하신 성경말씀을 외
워드립니다. "예수님께서 말씀하시기를 '기도한 다음에는 받은 줄
로 믿어라' 그러셨는데, 그러면 안되겠습니까? '내가 기도하고 나서
사는 것, 가다가 넘어지든 일어나든, 잘되든 안되든, 이게 다 응답
이다. 이게 내게 주신 기도의 응답이다' 그렇게 받아들일 수 없습니
까?" 내 마음대로 돼야 한다고 생각하고 착각하지 마십시오. 내 마
음대로 됩니다. 안되는 것 아닙니다. 그러나 시간과 방법이 다릅니
다. 조금 더 후에, 조금 더 다른 경우에, 또 조금 다른 상황에 가서
응답된 것을 느낍니다. 내가 그때 기도했는데, 여기서 응답되는 것
입니다.

　저는 개인적으로 그런 경험을 많이 가지고 있습니다. 감히 기도
까지는 못하고, 어떤 것을 보면서 '아, 좋다. 저런 것 한번 가져봤으
면 좋겠다' 하는 것입니다. 그러나 저도 하나님 앞에 체면이 있어서
그것을 달라고는 못합니다. 그것까지 달라고 할 것도 못됩니다. 그
래서 마음으로는 '좋다' 생각을 했습니다. 그런데 그때는 물론 없었
지만, 몇 년 후에 그 물건이 내게 옵니다. 그럴 때 생각합니다. '하
나님께서는 참 눈치도 빠르시다.' 그래 생각을 합니다. 그거 내가 좋
아하는 줄 어떻게 알고 주실까? 아마 이렇게 말하면 여러분이 '그게
도대체 무슨 일이었기에 그랬나?' 하고 궁금히 여길까봐 아예 말씀
을 드립니다. 제가 군대에 있을 때 통신을 했기 때문에 라디오 같은

걸 만들기도 하고, 조립하는 걸 좀 합니다. 그래서 전축이나 라디오나 이런 음향기기에 대해서 좀 흥미가 있습니다. 미국에 가서 공부할 때 가끔 그저 구경하러 다니면서 백화점에 다녀보니까 아주 비싼 것도 아니고, 적당한 사이즈의 전축이 있는데, 마음에 들더라고요. 해서 그 품목을 다 써놨습니다. '언젠가 돈이 생기면 이것을 살 것이다.' 그렇게 딱 써놨는데, 이 사실을 알고 마침 결혼을 하게 된 제 친구가 오더니 "나 결혼하려는데, 내 아내 될 사람이 음악대학을 나왔거든. 난 음악을 모르지만 그래도 전축 하나는 준비해가지고 결혼해야 될 것 같네. 그러니 나한테 하나 추천해주게" 합니다. 그래 제가 같이 가서 골라줬습니다. 그러자 또 한 사람도 제게 그런 얘기를 합니다. 그래 그 사람한테도 추천해주었습니다. 그런데 정작 저는 못 샀습니다. 돈이 없어서 못사기도 했지만, 마지막에 돈이 좀 생겼는데도 '책을 살까? 전축을 살까?' 하다가 책을 사고 말았거든요. 그때는 섭섭한 마음으로 돌아왔습니다. 그런데 한국에 와서 한 일 년 지내고 나는데, 어떤 가게에 갔더니 그것보다 훨씬 좋은 것이 있더라고요. 그걸 그때 가서 샀습니다. 그래서 제가 생각했습니다. '그때 그렇게 사고 싶었지만 못 샀는데, 오늘 이것이 내게 돌아오는구나.' 그런 생각을 했습니다. 우리가 기도하는데, 응답되어야 기도지, 응답 못받는 기도가 어떻게 기도이겠습니까. 그래서 우리 신앙의 사람들의 간증은 그렇습니다. 내가 구한 것보다 훨씬 더 크게 주시는 하나님이십니다. 분에 넘치게 주십니다. 다윗이 이렇게 고백하지 않습니까. "나의 잔이 넘치나이다." 그것이 경건입니다.

바로 지난 주간에 부산에 가서 집회를 인도하는데, 제가 가르친 제자가 "목사님! 제가 설교하는 데 늘 불만이 많습니다. 잘해야겠는

데, 하고 나면 '실수했구나. 내가 설교하고도 내가 부족하고, 그러니
교회가 은혜를 받겠나? 내가 설교를 좀 더 잘해야겠다' 그런 간절한
마음이 있어서 늘 불만이 있습니다." 자신의 설교에 대해서 스스로
불만스러워한다는 것입니다. 그래 "언제 여기서 벗어날 수 있겠습니
까?" 합니다. 그래 제가 그랬습니다. "중생해야겠구먼. 생각을 바꾸
라고." "목사님은 어떻습니까?" "난 그 생각 안해. 언제나 설교한 다
음에는 내가 준비한 것보다 훨씬 잘했다고 생각하지." 저는 그렇습
니다. 많이 준비 못하거든요. 제가 그저 한 시간 정도 준비하는데,
제가 준비했던 것보다 설교하고 나서 생각해보면 훨씬 잘했다고 생
각합니다. 언제나 그렇습니다. 그래서 내가 나를 칭찬합니다. 후회
하는 일 없습니다. 왜요? '성령 안에서 주께서 나를 이렇게 감동하시
어 큰 은혜를 끼쳐주셨다. 감사하다' 하고 생각하기 때문입니다. 우
리 기도의 응답이란 내가 구한대로만 되는 것이 아닙니다. 내가 구
한 것보다 더 크게, 더 넓게, 더 아름답게 — 이것을 간증하며 삽니
다. 오늘 이 고넬료는 기도의 응답을 들은 사람입니다.

또 그런가하면 오늘본문 4절은 이렇게 말씀합니다. "구제가 하
나님 앞에 상달하여……" 귀한 말씀입니다. 내가 구제한다고 하면
서 때로는 불평하는 사람도 많습니다. 구제는 하나님 앞에 하는 것
이지, 사람 앞에 하는 것이 아닙니다. 사람에게 칭찬을 들었으면 소
용없습니다. 아니, 잘못하면 비난도 듣습니다. 구제하고 "아닙니다.
하나님께서 기억하시는 바 되었습니다. 내 구제를 하나님께서 보셨
습니다. 하나님께서 받으셨습니다." 이 얼마나 귀한 얘기입니까. 마
르틴 루터의 기록에 이런 말이 있습니다. '회심이라는 게 있는데, 하
나는 머리의 회심, 하나는 가슴의 회심, 하나는 돈주머니의 회심.'

140

그렇습니다. 이 돈주머니가 열려야 진정한 경건입니다. 그런데 이 사람은 하나님 앞에 기도해서 응답받고 구제해서 하나님께 상달되었다는 것입니다. 얼마나 굉장합니까. 더욱더 깊은 경건이 있습니다.

오늘본문인 사도행전 10장 33절, 25절에는 참 놀라운 경건이 있습니다. 그가 하나님의 말씀에 따라서 "욥바에 있는 베드로를 청하라" 그랬습니다. 고넬료가 베드로를 초청했습니다. 그래서 베드로가 고넬료의 집에 왔습니다. 로마 백부장의 집입니다. 베드로는 갈릴리 어부입니다. 신분으로는 상대가 안됩니다. 로마 군인은 으리으리한 군복을 입은 사람이고, 베드로는 초라한 옷을 입은 갈릴리 어부입니다. 이 어부가 들어오는데, 여기에 경건이 있습니다. 고넬료가 그 앞에 나가서 온 집안과 더불어, 온 집과 함께 꿇어 엎드렸습니다. 절을 얼마나 간절하고 경건하게 했던지, 그 우쭐하기 좋아하는 베드로가 가서 고넬료를 일으키면서 "나도 사람이오. 이러지 마세요" 합니다. 저는 이 장면이 너무나 아름답습니다. 고넬료는 지금 베드로를 본 것이 아닙니다. 베드로를 보내신 하나님을 본 것입니다. 그 뒤에 있는 그리스도를 본 것입니다. 그런고로 고넬료가 그 앞에 가서 엎드렸습니다. 이것이 경건입니다. 사람 앞에 엎드렸으나 그는 하나님 앞에 경배하고 있었던 것입니다. 얼마나 간절했던지, 베드로가 벌벌 떨면서 "나도 사람이오. 이러지 마세요" 합니다. 이 얼마나 큰 경건입니까. 33절은 고넬료가 온 집안과 더불어 베드로 앞에 모여 앉아서 하는 말입니다. "내가 곧 당신에게 사람을 보내었더니 오셨으니 잘하였나이다 이제 우리는 주께서 당신에게 명하신 모든 것을 듣고자 하여 다 하나님 앞에 있나이다." 당신에게 주신 말씀을 듣기 위하여 다 하나님 앞에 있습니다— 이것이 경건입니다.

우리가 이 시간에 이 자리에 있습니다. 우리는 다 하나님 앞에 있습니다. 어디서 무슨 일을 하든지 다 하나님께서 보십니다. 그 자리에 있습니다. 혹시라도 우리가 좀 언짢은 마음이라면 안됩니다. 그럴 수 없습니다. 하나님 앞에 그런 마음이어서는 안됩니다. 이런 말을 해서도 안되고, 이런 생각을 해서도 안됩니다. 다 하나님 앞에 있습니다. '당신을 통해서 하나님의 말씀을 듣고자 합니다.' 이것이 경건입니다. 참으로 귀한 경건입니다. 그리고 마침내 47절, 48절에 가면 온 집안이 세례를 받습니다. 베드로가 규례를 어기고 이 집에 갔고, 규례를 어기고 세례를 줍니다. 그래서 그가 이방사람으로서 맨 먼저 세례받은 사람이 됐습니다. 전설에 의하면 이들이 로마로 돌아가서 그곳에 교회를 세웁니다. 그것이 로마교회의 시작입니다. 굉장한 사건 아닙니까. 고넬료의 경건은 곧 생활화된 경건입니다. 하나님 앞에 기도했습니다. 그리고 응답을 들었고, 그는 경건한 생활을 했습니다. 이것이 하나님 앞에 기억하신 바 되었습니다. 듣고 순종했고, 순종하고 또 들었고, 또 들으려고 하는 마음으로 가득 찼습니다. 하나님께서 마침내 고넬료의 그 경건에 응답하시고 인정하시고 기억하시고, 그를 통해서 위대한 역사를 이루시게 됩니다.

우리의 경건을 한 번 점검해보십시다. 우리의 남은 생활은 고넬료의 이 귀중한 본을 따라서 경건한 예배, 경건한 가정, 경건한 사회생활, 경건한 기도, 경건한 구제로 가득차야 합니다. 그 경건이 하나님 앞에 상달되는 생활이 되어야 할 것입니다. △

악한 종의 선한 지혜

또한 제자들에게 이르시되 어떤 부자에게 청지기
가 있는데 그가 주인의 소유를 허비한다는 말이 그
주인에게 들린지라 주인이 저를 불러 가로되 내가 네
게 대하여 들은 이 말이 어찜이뇨 네 보던 일을 셈하
라 청지기 사무를 계속하지 못하리라 하니 청지기가
속으로 이르되 주인이 내 직분을 빼앗으니 내가 무엇
을 할꼬 땅을 파자니 힘이 없고 빌어 먹자니 부끄럽
구나 내가 할 일을 알았도다 이렇게 하면 직분을 빼
앗긴 후에 저희가 나를 자기 집으로 영접하리라 하고
주인에게 빚진 자를 낱낱이 불러다가 먼저 온 자에게
이르되 네가 내 주인에게 얼마나 졌느뇨 말하되 기름
백 말이니이다 가로되 여기 네 증서를 가지고 빨리
앉아 오십이라 쓰라 하고 또 다른 이에게 이르되 너
는 얼마나 졌느뇨 가로되 밀 백 석이니이다 이르되
여기 네 증서를 가지고 팔십이라 쓰라 하였는지라 주
인이 이 옳지 않은 청지기가 일을 지혜 있게 하였으
므로 칭찬하였으니 이 세대의 아들들이 자기 시대에
있어서는 빛의 아들들보다 더 지혜로움이니라
(누가복음 16 : 1 - 8)

악한 종의 선한 지혜

　이제는 먼 옛날의 이야기와도 같은 이야기 하나를 소개하겠습
니다. 저는 어렸을 때 농촌에서 자랐습니다. 그래서 집에는 곡식창
고가 있고, 그 곡식창고에는 늘 쥐가 들끓어서 참 어려웠습니다. 집
안에도 쥐가 있고, 천장에도 쥐가 있었습니다. 그저 발에 밟힐 정도
로 쥐가 많아서 이것 때문에 늘 어려웠습니다. 그 당시 해결 방법으
로는 고양이를 키우는 길밖에 없었습니다. 그래 저희 집에는 언제
나 고양이가 두세 마리 있었습니다. 이 고양이들이 소리를 좀 내주
면 쥐는 조용합니다. 저는 종종 고양이가 쥐를 잡는 모습을 보았습
니다. 고양이가 쥐를 몰고 쫓아가면 쥐는 부리나케 도망쳐서 자기가
사는 조그마한 구멍 속으로 쏙 들어갑니다. 쥐는 몸이 작아서 그 구
멍으로 들어갈 수 있지만, 고양이는 쥐를 따라서 구멍 속으로 들어
가지 못합니다. 고양이는 구멍 밖에 떡 하니 앉아 있습니다. 그 장면
이 너무나 재미있습니다. 고양이가 구멍 밖에 앉아서는 일부러 조는
척합니다. 이 놈이 눈을 떴다 감았다 하면서 조는 척하고 앉아 있다
는 말입니다. 그러면 쥐가 구멍 속에 들어 있다가 어떻게 됐나 하고
고개를 쏙 내밀고 밖을 내다봅니다. 고양이가 앉아 있어서 불안하거
든요. 중요한 것은 쥐가 그대로 구멍 속에 한나절만 있으면 절대 안
전하다는 것입니다. 그러나 쥐는 그렇게 못합니다. 초조하고 불안
해서 그렇습니다. '고양이가 지금 내가 여기에 있다는 걸 알고 있다.
이건 안된다. 다른 곳으로 도망을 가야겠다.' 이런 생각을 하는 것같
습니다. 그래 밖을 내다보니 고양이가 졸고 앉았거든요. '됐다!' 하

고 이 쥐가 후닥닥 거기서 뛰쳐나옵니다. 바로 그때 고양이가 발로 쥐를 탁 칩니다. 쥐는 한 방에 나뒹굴고 맙니다. 그렇게 잡힙니다.

그 모습을 볼 때마다 고양이는 나쁜 놈이지만 보통 재주가 좋은 게 아니다 싶습니다. 아주 지혜로운 것입니다. 그러나 쥐는 왜 그렇게 초조하고 불안해합니까? '세상에 이런 멍청한 놈이 있나. 조금만 기다리면 되는 걸.' 이런 생각을 어렸을 때 많이 해보았습니다. 고양이는 나쁩니다. 그러나 지혜롭습니다. 하지만 쥐는 미련합니다. 초조하고 불안해서 그렇듯 운명을 달리하더라, 그 말입니다.

오늘본문에 난해하고 귀한 말씀이 있습니다. 악한 종, 불의한 종, 불의한 청지기에 대한 말씀입니다. 이 사람은 청지기입니다. 그럼 자기 의무를 진실하게 잘 감당해야 되겠는데, 요샛말로 하면 부정부패한 사람입니다. 그렇게 오래 가다보니 주인이 사실을 알았습니다. 그래 주인이 청지기에게 말합니다. "아무래도 자네가 뭘 잘못한다는 말을 많이 들었는데, 청지기 직분을 여기서 멈추겠노라. 그러니까 하던 일을 결산하라. 하던 일을 셈하라. 여기서 멈추고 직분을 빼앗겠노라." 그러니까 청지기는 하던 일을 셈하는 요만큼의 시간과 권리를 잠깐 부여받은 것입니다. 그런데 이 악한 종이 성경말씀대로 보면 지혜롭게 했습니다. 아주 지혜롭게요. 그래서 오늘본문 끝에서 뭐라고 합니까? 주인이 이 악한 종을 칭찬합니다. "너는 악하지만 하는 짓은 아주 지혜롭다." 그렇게 칭찬했는데, 제가 이 성경을 읽으면서 궁금한 것은 칭찬하고 끝났는지, 아니면 칭찬하고 직분을 다시 계속하게 됐는지 하는 것입니다. 한데 그 이야기가 성경에는 없습니다.

여기서 중요한 것은 악한 청지기에게 그 지혜를 칭찬했다는 것입니다. 매우 중요한 말씀입니다. 아주 실존적으로 깊은 의미가 있는 말씀입니다. 이 세상에 선한 사람 없습니다. 가만히 보니까 다 문제입니다. 요새 우리나라에서 총리를 세우려고 하는데, 쓸 만한 분들에게 좀 하라고 하면 다 안하겠다고 한답니다. 다 시원치 않으니까 청문회 나가는 게 무서워서 다 안하겠다고 한답니다. 사람을 못 찾아서 난리입니다. 할 만한 사람은 다 안하겠다는 것입니다. "내가 왜 거기 나가서 심판받느냐? 안한다." 참 하다 보니 별 세상 다 됐습니다. 오늘본문을 보면 이 사람 악한 사람입니다. 악하지만 지혜로운 데가 있습니다. 그 지혜 하나를 크게 보시고 주인은 칭찬했습니다. 이 점이 너무나 아름답고 귀한 부분입니다.

「리처드 버튼 경의 삶」이라는 책이 있습니다. 이 책에는 네 가지 유형의 인간이 나옵니다. 첫째는 자기가 아무것도 모른다는 것을 모르는 사람입니다. 모른다는 것을 모르는 사람- 이런 사람은 무서운 사람이니까 피하라는 것입니다. 아무것도 모르면서 아는 척하고 다니니 말입니다. 무서운 사람입니다. 둘째는 모른다는 것을 아는 사람입니다. 그 사람은 단순한 사람이니까 가르치면 됩니다. 셋째는 알고 있으면서도 자기가 알고 있다는 것을 모르는 사람입니다. 이 사람은 자기가 가진 잠재능력을 스스로 모르고 있으니까 깨우치기만 하면 된다는 것입니다. 넷째는 알고 있는 것을 아는 사람입니다. 가장 귀한 사람입니다. 이 사람은 현명한 사람이니 이 사람을 따르는 것이 좋겠다는 것입니다.

오늘본문에서 주인은 종을 의롭다거나 선한다고 말하는 것이 절대 아닙니다. 종이 악한 것은 분명합니다. 불의한 종인 것도 분명합니다. 그러나 지혜가 있습니다. 이 점을 깊이 생각해야 합니다. 첫째는 잘못을 인정할 줄 아는 지혜가 있습니다. 잘못하다가도 "잘못됐구먼!" 하면 "예, 알았습니다" 하고 잘못을 인정할 줄 압니다. 이것이 중요합니다. 요새 보니까 많은 사람들이 자기 잘못을 인정하지 않습니다. 뻔한 일을 놓고 뭘 어쩌고 하는 것 보면 참 정말 못됐습니다. 무슨 지도자가 저런가 싶습니다. 왜 그렇게 솔직하지를 못합니까. 잘못됐으면 "잘못됐습니다" 하고 한마디 할 줄 알아야지요. 끝까지 자기가 잘했다는 것 아닙니까. 적어도 잘못된 것을 인정은 해야 될 것 아닙니까. 한데 오늘본문의 이 지혜로운 사람은 절대로 자기 잘못을 정당화하려고 하지 않습니다. 변명하지 않습니다. 세상에서 제일 나쁜 것이 변명입니다.

제 개인적인 이야기를 좀 하겠습니다. 제 아버지는 좀 엄하셔서 변명을 허락하지 않으셨습니다. 무슨 말을 하든, 제 잘못을 꾸중하실 때 뭐라고 대꾸했다가는 그날은 죽는 날입니다. 변명은 없다— 그렇게 훈련을 받아서 지금도 저는 변명이라는 것은 안합니다. 그냥 인정하면 되는 것이지요. 또 변명한다고 달라질 것도 없습니다. 사람만 점점 더 추해집니다. 한데 오늘본문의 이 사람은 변명이 없습니다. "네가 잘못했다." "알았습니다. 잘못한 것 알았습니다." 인정합니다. 정당화하려고 하지도 않았고, 다른 사람한테 책임을 전가하지도 않았고, 환경 탓으로 돌리지도 않았습니다. 세상이 어떻고, 다른 사람이 어떻고, 모든 사람이 그렇고, 자녀교육을 위해서 그렇고…… 이게 무슨 소리입니까. 이런 말도 안되는 변명을 하고 있는 것입니다. 변명이라는 것은 아주 고질병입니다. 인격이 파괴된 사람들의 모습입니다. 책임을 남에게 전가하고, 사회에 전가하고, 심지어는 자녀에게 전가합니다. 이게 무슨 소리입니까? 그저 잘못됐다고 인정하면 되지 않습니까. 누구 때문이라고 할 필요가 없습니다. 즉시 잘못을 인정했다— 이것이 지혜로운 것입니다.

　이런 유명한 이야기가 있습니다. 다윗 왕이 얼마나 큰 죄를 지었습니까. 자기 신하의 아내를 빼앗아 자기 여자로 만듭니다. 불륜 관계를 맺은 것입니다. 돌에 맞아 죽어서 마땅한 죄입니다. 그런 큰 죄를 지었습니다마는, 나단 선지가 와서 "당신이 그 사람이오!" 할 때 그는 그냥 손을 들었습니다. 그냥 무릎을 꿇고 "내가 그 죄인입니다" 하고 하나님 앞에 맡겼습니다. 이것이 다윗의 위대한 점입니다. 다윗은 절대로 의인이 아닙니다. 잘못을 인정할 줄 아는 죄인이었습니다. 그래서 하나님께서 그를 사랑하신 것입니다. 이것을 깊이 생각해야 됩니다. 솔로몬이 본처의 아들이 아닙니다. 그 요사스러운 밧세바의 아들입니다. 저는 그 사실을 어렸을 때 알고 깜짝 놀랐습니다. '하나님께서는 족보도 모르시나?' 그랬습니다. 어떻게 이런 사람한테서 솔로몬 같은 아들이 태어날 수 있는가. 그것이 하나님이십니다. 다윗은 잘못을 인정했습니다. 만일 그때 다윗이 왕권을 가지고 나단 선지를 향해서 마치 헤롯 왕처럼 "저 놈을 끌어내 목을 쳐라" 했으면 어떻게 되었겠습니까? 그러나 다윗은 그리 하지 않았습니다. 선지자의 말을 듣고 그대로 무릎을 꿇었습니다. 그 부끄러운 모습을 백성 앞에 그대로 나타냈습니다. "나는 죄인입니다." 다윗은 그렇듯 순순히 자기 잘못을 인정할 줄 아는 지혜의 사람이었습니다.

　또한 이 청지기는 권리와 지위를 이제 빼앗긴다는 것을 인정했습니다. '내가 잘못했으니 그게 당연하다. 이 권리는 빼앗길 수밖에 없다.' 청지기는 헬라어로 '오이코노스'입니다. 지금으로 말하면 집사입니다. 위에는 주인이 있고, 밑에는 많은 종들이 있고, 하인이 있

습니다. 이 청지기의 권한이란 대단한 것입니다. 위에는 주인 하나
만 있고, 나머지 모든 사람은 자기 밑에 있습니다. 전 재산을 다 관
리합니다. 그런데 이제 주인이 "청지기 직을 빼앗으리라" 할 때에 그
는 그것을 당연지사로 받아들입니다. '잘못했으니 그래야 하겠지.
당연히 그래야 하겠다.' 왜요? 본래 이 재산은 내 것이 아니니까? 원
천적으로 이 재산이 내 것이 아니라는 것을 알고 있습니다. 또 언제
라도 빼앗길 수 있고, 내 손에서 떠날 수 있는 것이라는 점도 알고
있었습니다. 다시 말하면 청지기라는 것은 임시 관리직분이라는 것
입니다. 이 귀중한 자기 직책을 알고 있었습니다. 재산이고 건강이
고, 또 내 지위고 명예고 전부 다 임시 관리직일 뿐입니다. 오래가지
않습니다. 건강도 얼마 안남았고, 재산도 있으나 없으나 내가 관리
할 시간은 멀지 않습니다. 다 놓고 떠나야 합니다. '내가 임시 관리
직이다. 이것은 내 것이 아니다. 생명도 재산도 내 것이 아니다.' 이
것을 아는 지혜가 있었던 것입니다.

　오늘 우리에게 많은 문제가 있습니다. 우리 자본주의 국가에서
재산이란 참 중요합니다. 기회가 되고, 소중한 것이니까요. 그러나
제가 가만히 보니 외국사람들하고 우리하고 차이가 나고, 특별히 유
대사람들하고 차이가 나는 것 가운데 하나가 뭐냐 하면, 이 유대사
람들은 절대로 재산을 자식에게 주지 않는다는 것입니다. 그게 다릅
니다. 지금 뉴욕에 장 장로님이라는 분이 있는데, 미국에서 두 번째
로 큰 구두 회사 사장입니다. 구두 지점이 사백 개나 되는 회사인데,
처음에는 거기에 말단 직원으로 들어갔다가 오르고 올라서 이제 사
장이 된 분입니다. 재미있는 것은 그 회사 회장님이 유대사람인데,
그 큰 회사를 자기 아들한테 주지 않고, 이 장로님에게 주었습니다.

언젠가 유서를 보여주더랍니다. 유서를 미리 써가지고 변호사에게 맡기면서 보여주는데, 거기에 '이 모든 재산을 네게 준다' 이렇게 되어 있더랍니다. 깜짝 놀랐습니다. "내 아들은 이걸 관리할 능력이 없어. 그리고 가만히 보니까 당신은 이 재산을 충분히 잘 관리하고, 앞으로도 더 잘 경영할 능력이 있어. 게다가 종교는 다르다고 하지만, 하나님을 믿는 것이 마음에 들어. 그래서 당신에게 준다." 그랬답니다. 가만히 생각해보면 우리한테는 이런 것이 없거든요. 그저 내 아들, 내 딸, 내 새끼…… 이게 전부 다 망치는 것입니다. 이것이 다르다, 이 말입니다. 그런데 이 재산을 내가 내 마음대로 할 수 있다는 것, 그게 아니거든요. 오늘 이 청지기는 이것은 본래가 내 것이 아니고, 이제 이후로도 내 것이 아니라는 것을 인정했습니다.

다음 세 번째 아주 중요한 것은 "내가 할 일을 알았도다……(4절)"입니다. here and now, 바로 지금 이 시간에 내가 뭘 할까? 이 시점에서 내가 뭘 해야 될지를 알았도다 ― last chance, 마지막 기회, 며칠 남은 이 기회를 어떻게 할 것인가? 그 마지막 기회를 관리할 능력이 있었습니다. 그 지혜가 거기에 있었습니다. 그래서 남은 종말론적 기회를 아주 선하게 잘 사용하려고 듭니다. 어떻게 썼느냐고요? 오늘본문에서 보시는 대로 남의 돈 가지고 인심 쓰는 것입니다. 자비를 베풀었습니다. 너무 복잡하게 생각하지 맙시다. 자비를 생각했다는 것이 중요한 것입니다. 마지막 기회에 자비를 생각했습니다. 그래서 주인에게 빚진 사람들을 찾아다니면서 빚을 전부 탕감해주었습니다. 자비를 베풀었습니다. 그래서 다음을 예비했다는 것입니다. 내가 얼마 안남았다 하면 무엇을 생각해야 되겠습니까? 어떻게 관리할까? 어떻게 지킬까? 어떻게 더 벌 수 있을까? 아닙니다. 이제는 베푸는 시간입니다. 남은 시간은 자비를 베풀어야 합니다.

좀 우스운 얘기입니다마는, 한국의 슈바이처라고 하는 유명한 장기려 박사라고 있습니다. 아시는 분들 많을 것입니다. 부산에서 40년 동안 의사생활을 하면서 아주 유명한, 신앙이 좋은 외과 의사였습니다. 그는 북녘 땅에서 부인과 오남매를 두고 남하했습니다. 많은 사람들이 새 장가 가라고 했지만, 장가가지 않고 독신으로 한 평생을 살았습니다. 그의 한마디 말이 가슴을 뜨겁게 합니다. "사랑하는 사람과 영원히 살기 위하여 나는 혼자 살다 가겠노라." 얼마나 굉장합니까. 혼자 사십 년 동안을 생활하면서 오로지 인술을 위하여 좋은 일을 많이 해서 우리가 흔히 그분을 가리켜 '한국의 슈바이처'라고 말합니다. 많은 불쌍한 사람들을 위하여 일했고, 또 많은 어려운 사람들을 위해 무상으로 수술을 했습니다. 그렇게 수고를 많이 했는데, 한번은 이런 일이 있었다고 합니다. 입원비를 물지 못해서 퇴원을 못하는 사람이 있었습니다. 돈이 없으니까 제때 퇴원을 못하고 며칠을 지내는데, 장기려 박사가 어느날 새벽 그를 방문했다가 "왜 아직도 안가고 있나? 다 나았는데" 하니 "입원비가 없어서 그럽니다" 합니다. 그 소리를 듣고 장기려 박사는 뒷문을 열어주면서 빨리 도망가라고 했답니다. 그것도 몇 번이나 그런 일이 있었다는 것입니다. 이 장로님을 어떻게 해야 되겠습니까. 이 사람이 오늘본문에 나타난 바로 그 사람입니다. 하는 일은 못됐지만 아주 지혜롭게 했습니다. 그리고 뒤에 그것을 자기가 물어냈다는 것 아닙니까.

여러분, 깊이 생각해 보십니다. 예전에 어떻게 살았는지 후회되는 일도 많지요? 그 과거에 대해서 더는 묻지 마십시다. 문제는 오늘과 내일입니다. 이 시점에서, 이 마지막 시간에 내가 할 일이 무엇입니까? 자비를 베푸는 것뿐입니다. 그리할 때 주님께서 말씀하십니다. "너는 지혜롭다." 후회, 소용없습니다. 이 남은 시간에는 자비를, 그리고 미래를 준비하는 것도 자비뿐입니다. 그리할 때 주님께서 말씀하실 것입니다. "너는 아주 지혜롭게 행했느니라." △

자기 승리의 비결

그런즉 거짓을 버리고 가각 그 이웃으로 더불어 참된 것을 말하라 이는 우리가 서로 지체가 됨이니라 분을 내어도 죄를 짓지 말며 해가 지도록 분을 품지 말고 마귀로 틈을 타지 못하게 하라 도적질하는 자는 다시 도적질하지 말고 돌이켜 빈궁한 자에게 구제할 것이 있기 위하여 제 손으로 수고하여 선한 일을 하라 무릇 더러운 말은 너희 입밖에도 내지 말고 오직 덕을 세우는 데 소용되는 대로 선한 말을 하여 듣는 자들에게 은혜를 끼치게 하라 하나님의 성령을 근심하게 하지 말라 그 안에서 너희가 구속의 날까지 인치심을 받았느니라 너희는 모든 악독과 노함과 분냄과 떠드는 것과 훼방하는 것을 모든 악의와 함께 버리고 서로 인자하게 하며 불쌍히 여기며 서로 용서하기를 하나님이 그리스도 안에서 너희를 용서하심과 같이 하라

(에베소서 4 : 25 - 32)

자기 승리의 비결

제가 잘 알고 존경하는 최 목사님이라고 계십니다. 그분의 아버님도 역시 목사님이셨습니다. 제가 삼십대 초반, 그 아주 젊은 나이에 최 목사님이 시무하시는 교회에 부흥회를 인도하러 간 적이 있습니다. 지금은 부흥회라고 해도 사흘 정도 하고 말지만, 옛날에는 닷새 동안 했습니다. 월요일에 시작해서 금요일까지, 꼬박 닷새 동안 부흥회를 했습니다. 지금은 여기저기 여관도 있고, 호텔도 많아서 그런 곳에 숙소를 정합니다마는, 옛날에는 어째서인지 그런 경우 꼭 목사님 댁에서 목사님하고 한방에서 같이 잤습니다. 식사도 같이했고요. 가끔은 오후에 심방도 같이 갑니다. 그러면서 부흥회를 했는데, 어느덧 마지막 날이 되었습니다. 최 목사님이 느닷없이 제게 물으셨습니다. "나한테 큰 고민이 하나 있는데, 곽 목사가 한번 들어볼라우?" "뭔데요? 말씀해보세요." "내 아버지가 목사거든. 그런데 말이야, 예전에 아버지께서 젊었을 때 하루는 어디 장례식을 다녀오시는 거야. 세상을 떠난 사람이 있어서 장례식을 산에 가서 하는데, 입관도 하고 다 마무리를 하고 저녁에 돌아오시는 거지. 그러면 꼭 한마디를 하시는 거야. '매장은 안되겠더라. 나 죽거든 화장해라, 꼭.' 이렇게 한마디 하시는 거야." 나 죽거든 화장해라— 그도 그럴 것이, 저도 해봤습니다마는, 여러 곳에 가서 공동묘지 같은 데 땅을 파보면 뼈가 안나오는 곳이 없습니다. 옛날에 다 묻었던 곳입니다. 거기에 또 파고 묻고, 또 파고 묻고 그러는 것입니다. 또 파보니 별것 없지 않습니까. 이분이 깊이 생각을 해서 "나 죽거든 매장하지 말고 화장해라. 그 매장이라는 게 아무것도 아니다. 무슨 소용 있는 거냐. 그런고로 화장해라" 그런 것입니다. 그러니까 젊은 아들이 뭐라고 하겠습니까. "아버님, 왜 그런 끔찍한 소리를 하십니까? 뭐 벌써부터 그런 말씀을 하십니까?" "아니다. 나 죽거든 화장해라." 그렇게 입버릇처럼 "화장해라. 화장해라" 하셨답니다. 그러던 분이 나이 60이 딱 되니 "화장은 안되겠더라" 하시는 것입니다. 또 칠십이 넘으니까 어디 다녀와서 하시는 말씀이 "양지바른 곳에 묘를 썼으면 좋겠더라. 그 땅을 샀다가 우리 가족묘지로 했으면 참 좋겠더라. 그 묘지는 명당이더라" 이러신다는 것입니다. 그러니 최 목사님 말씀이 "도대체가 한평생 화장을 하라고 하시더니, 이제 와서 명당을 찾아다니시니 도대체 믿음이 어디에 있느냐?" 이것입니다. 그 믿음의 소재가 어디에 있느냐? 흔들린다고 그 고민을 나한테 얘기하는 것을 제가 꼭 기억하고 있습니다. 잊을 수 없는 충격적인 말씀이었습니다.

내 안에 또 하나의 내가 있다는 것을 잊지 마십시오. 스스로 속지 마십시오. 내 안에 또 다른 내가 하나 있습니다. 그 정체를 알아야 됩니다. 내가 선한 면도 있는가 하면, 또 악한 면도 있습니다. 이렇게 전혀 다른 얼굴의 두 사람이 함께 가고 있다는 것을 알아야 합니다. 사도 바울이 유명한 말씀을 하지 않습니까. 원하는 내가 있고, 끌려가는 내가 있다는 것입니다. '원함은 내게 있으나 선을 행하는 것은 없노라. 선을 행하기를 원하는 나에게 악이 함께 있는 것이로다.' 또한 사도 바울은 로마서 7장 24절에서 절절하게 말씀합니다. "오호라 나는 곤고한 사람이로다 이 사망의 몸에서 누가 나를 건져 내랴." 진정 사도 바울은 자기를 직시할 줄 아는, 자기를 객관시할 줄 아는, 자기가 자기를 볼 줄 아는 정직한 하나님의 사람이었다는 말씀입니다.

　이스라엘 백성이 애굽에서 나왔습니다. 열 가지 재앙을 보면서 나왔고, 출애굽해서 홍해를 건너는 엄청난 기적도 보았습니다. 홍해가 갈라지고, 그 사이로 통과하는 이적은 상상만 해봐도 얼마나 굉장합니까. 그런데 이런 기적을 체험한 이 백성들이 조금만 어려운 일이 있으면 하나님을 원망하고, 애굽으로 돌아가자고 합니다. 세상에 이럴 수가 있습니까. 인간들이 이럴 수가 있느냐고 성경을 읽다가도 가끔 화가 납니다. '뭐 이런 인간들이 다 있나?' 그 큰 기적을 보고 구원받은 사람들이 오늘 조금 어렵다고해서 어떻게 애굽으로 돌아가자는 말을 하고, 어떻게 모세를 죽이겠다는 말을 하느냐는 것입니다. 이것은 옛날 얘기만이 아닙니다. 오늘도 마찬가지입니다. 과거 잘못된 습관과의 창조적 단절이 없이는 창조적 미래도 없습니다.

　예수님께서 제자들과 함께 겟세마네동산에 올라가서 기도하고 계십니다. 몇 시간 뒤에 있을 십자가를 생각하시며 피땀을 흘려가며 기도하시는데, 제자들은 옆에서 쿨쿨 자고 있습니다. 이때 예수님께서 돌아가 제자들을 깨우시면서 하신 말씀이 있습니다. 영원히 잊지 못할 소중한 말씀입니다. "마음에는 원이로되 육신이 약하도다." 자비하심이 풍성한 말씀입니다. 그런데 만약 입장을 바꿔 제가 예수님이라면 저는 그렇게 말 안하겠습니다. "너희들은 싹이 노랗다." 그럴 것같습니다. 그런데 예수님께서는 '너희들이 마음에는 원한다' 하고 그 중심을 인정해주셨습니다. "피곤해서 자고 있을 뿐이지 마음은 아니다" 하고 그 선한 면을 이렇게 극대화해주신 것, 너무너무 고마운 말씀 아니겠습니까. 의미심장한 말씀입니다. 그럼 어찌하면 되겠습니까? 이 옛사람을 어떻게 하면 되겠습니까? 성경을 보면 원칙과 원리적인 말씀을 합니다. 가장 기본적인 원칙은 사도 바울에게서 듣습니다. I am crucified with Christ. "나는 그리스도와 함께 십자가에 못박혔다." 내 옛사람이 죽었다, 그리스도와 함께 죽었다는 것을 계속 확인해야 됩니다. 옛사람은 죽었다, 옛사람은 죽었다……

유명한 이야기가 생각납니다. 제가 본인에게 직접 들은 이야기입니다. 김익두 목사님이 신천 장에서, 지금으로 말하면 유명한 깡패였거든요. 그러다가 예수를 믿은 다음에 새사람이 되어가지고 다시 신천장에 들어가서 전도를 합니다. 집집마다 다니면서 "예수 믿으세요. 예수 믿으세요" 하니까 옛날에 깡패라는 것을 아는 사람들이 들어줄 리 있겠습니까. "저 사람이 뭐 사람 됐겠나?" 하는 것입니다. 그러니까 목사님이 대답합니다. "옛날 김익두는 죽었습니다. 옛날 김익두는 죽었고, 새 사람 김익두가 지금 여기 살아 있는 것입니다."그렇게 전도를 하고 다니니까 설거지를 하던 어느 아주머니가 구정물을 가져다가 목사님 얼굴에 확 부은 일도 있었습니다. "어디, 죽었나 살았나 보자." 그랬더니 김익두 목사님이 툭툭 털면서 하는 말입니다. "옛날 김익두가 죽었으니 네가 살았지. 옛날에 내가 이런 일 당했으면 넌 죽었지. 내가 죽었으니 네가 살았다." 아주 명언입니다. 김익두 목사님 자신이 이 말씀을 하시면서 그렇게 싱글싱글 웃는 모습을 제가 직접 보았습니다. 옛사람이 죽어야 됩니다. 얼마나 죽었나 봅시다. 한번 확인해보십시오. 완전히 죽어야 됩니다. 그럴 때 오늘본문은 말씀합니다. "성령을 근심하게 하지 말라……(30절)" 성령으로 살고, 성령의 은사로 살고, 그 다음은 오늘본문 29절 말씀대로 사는 것입니다. "은혜를 끼치게 하라(29절)."

유대사람들은 인격평가 기준을 세 가지로 말합니다. 히브리어로는 '키이소, 코오소, 카아소'입니다. '키이소'란 돈주머니를 말합니다. 돈을 쓸 때 어떻게 쓰고 있나를 보면 그 사람을 알 수 있다는 것입니다. '코오소'는 술잔입니다. 술을 마시되 술에 취하지 않고, 술로 인해서 실수하는 일이 없습니다. 이것이 인격입니다. 술만 들어가면 영 딴 사람이 된다면 그는 인격이 잘못된 사람입니다. '카아소'는 분노입니다. 분노할 만한 일이 있을 때 얼마나 분을 참을 수 있는가, 얼마나 자신을 다스릴 수 있는가를 보면 인격의 수준을 알 수 있다는 것입니다. 분노를 다스려야 됩니다. 마인드 컨트롤(Mind Control)입니다.

오늘본문은 이것을 세 가지로, 아주 구체적으로 말씀해줍니다. 첫째, "분을 내어도 죄를 짓지 말며……(26절)" 분노 뒤에 큰 죄가 있다는 것을 알아야 됩니다. 분한 마음이 있어도 죄를 짓지 않을 것을 성경은 말씀하고 있습니다. 둘째, "해가 지도록 분을 품지 말고……(26절)" 이스라엘 사람들은 시간계산이 우리하고 다릅니다. 우리 개념으로 봤을 때는 아침이 그날의 첫 시간이고, 저녁이 그날의 끝입니다마는, 이스라엘 사람은 해질 때가 다음날입니다. 창세기에 있지 않습니까. '저녁이 되고 아침이 되니, 다음날이로다.' 그래서 저녁이 먼저입니다. 저녁이 되면 다음날입니다. 이 말은 뭐냐 하면, 화가 나고 분한 일이 있어도 다음날까지 끌고 가지 말라, 그 말입니다. '두고 보자' 하지 마십시오. 보긴 뭘 봅니까. 오늘밤 죽을는지도 모르는데요. 그러니까 '두고 보자'가 없습니다. 그저 오늘 좀 분한 일이 있다면 오늘로 끝, 섭섭한 일이 있어도 오늘로 끝, 모든것을 오늘로 끝맺어야 '두고 보자' 하는 마음을 품게 될 때 이것이 죄를 짓는 일이 된다는 말입니다. 셋째, "마귀로 틈을 타지 못하게 하라

(27절)." 분을 풀지 못하고 있으면 마귀가 옆에서 부추깁니다. '네가 잘했다. 가서 한바탕 해라.' 마귀소리입니다. '왜 가만히 있느냐?' 마귀의 소리입니다. 그 소리에 끌리면 안됩니다.

요새 재미있는 책이 한 권 나와 있습니다. 제목이 「불평 없이 살아보기(Complaint Free World)」입니다. 윌 보웬스라는 목사님의 저서입니다. 미국에서 굉장히 많이 팔린 교양서적입니다. 내용인즉, 인간이 겪는 모든 불행의 뿌리에는 불평이 있다는 것입니다. 감사하는 자는 마귀도 시험하지 못합니다. 하지만 불평을 하면 마귀가 좋아합니다. 옆에서 '네가 잘했다' 하고 속삭입니다. 그 마귀의 소리를 알아들을 수 있어야 됩니다. 그는 책에서 이런 말을 합니다. '여러분, 기름값 올라간다고 불평을 합니까? 그 사람은 차가 있기 때문입니다. 출근시간에 교통이 막힌다고 불평을 합니까? 그 사람은 직장이 있기 때문입니다.' 맞습니다. 차가 없으면, 직장이 없으면 불평할 것도 없습니다. 그럼 생각해보십시오. 우리의 불평이라는 것은 점점 상승작용을 합니다. 조그마한 일에 불평하다보면 그 다음, 그 다음으로 자꾸 올라가서 마지막에는 하나님까지 원망하게 됩니다. 그리고 마침내 마귀의 노예가 됩니다. 마귀의 사주를 받게 됩니다. 그런고로 안된다는 것입니다. 그래서 분노를 다스리라는 것입니다. 마음을 항상 평안하게 할 뿐더러, 분노를 지워버리고, 원망을 감사로 바꿔야됩니다. 그래서 행복한 마음이 되면 이 죄악을 이길 수 있습니다. 그리고 또 한 가지 방법을 오늘본문은 말씀합니다. 아주 재미있는 표현입니다. "도적질하는 자는 다시 도적질하지 말고 돌이켜 빈궁한 자에게 구제할 것이 있기 위하여 제 손으로 수고하여 선한 일을 하라(28절)." 도둑질하는 자가 도둑질을 했습니다. 궁핍해서 했다고 치

고, 그러면 이제는 일을 하되 나 먹고 살기 위해서가 아니라 구제할
것이 있기 위해서 일을 하라는 것입니다. 적극적입니다. 구제할 것
이 있기 위하여 손으로 일하라― 선행을 하라는 말씀입니다.

선한 사마리아 사람의 비유를 생각해보십시오. 우리는 무심코
잊고 지나가지만, 거기에는 굉장히 중요한 의미가 있습니다. 사마리
아 사람이 지나갑니다. 유대사람이 누워 있습니다. 유대사람은 사마
리아 사람을 멸시합니다. 얼마나 멸시하는지 모릅니다. 심지어는 사
마리아 땅을 지나가지도 않습니다. 더러운 땅이라고 여기는 것입니
다. 사마리아 사람과는 상종하지도 않습니다. 경건한 유대인은 사
마리아 사람 집에 절대로 안들어갑니다. 이렇게 멸시를 받은 사마리
아 사람입니다. 그 사마리아 사람이 자기를 한평생 멸시하는 유대사
람이 누워 있는 것을 보고 아무 생각도 하지 않고 그 사람을 도왔고,
그 사람을 구제했습니다. 그리고 또 하나, 그 선한 사마리아 사람은
이름이 없습니다. 우리는 별것도 아닌 선한 일 조금 해놓고는 거기
다 자기 이름을 붙입니다. 거기에 문제가 있습니다. 선한 일을 했으
면 훌쩍 떠나면 되지, 거기에 기념비를 세우려고 하기 때문에 문제
라는 말입니다. 바로 여기에 적극적이고 긍정적이고 능동적인 자세
로 임하라는 것입니다. 도둑질하던 사람이 이제는 구제해야 된다는
것입니다. 구제하기 위해서 일하라 그랬습니다. 얼마나 중요한 말씀
입니까. 행동을 통해서만 마음을 다스릴 수 있습니다. 앉아서 묵상
한다고 되는 것이 아닙니다. 명상한다고 되는 것이 아닙니다. 행동
을 해야 됩니다. 원수를 사랑합니까? 원수를 먹여야지요. 용서하는
것만 가지고는 안됩니다. 원수를 먹여야 되고, 원수에게 마실 것도
줘야 됩니다. 행동함으로써만 참으로 원수를 이길 수 있습니다.

또한 오늘성경에 귀중한 말씀이 있습니다. "제 손으로 수고하여……(28절)" 손으로 하라는 것은 일하라는 것입니다. 생각하라, 말하라, 설명하라, 설득하라가 아닙니다. 노동은 사람의 마음을 신선하게 합니다. 단순하게 만듭니다. 그리고 자기구원을 이룹니다. 몸을 움직여야 됩니다. 이번 추석에 비가 많이 왔습니다. 텔레비전에 나오는 것을 보니 젊은 청년들 참 아름답고 귀하더라고요. "텔레비전을 보고 이렇게 홍수 만났다는 말을 듣고 찾아왔습니다. 뭘 좀 도울 것이 없겠습니까?" 잘생긴 아가씨들이 와서 빨래하고 일하는 것을 제가 보고 '그래도 저런 사람들이 있어서 이 땅이 복을 받는구나!' 생각했습니다. 추석 놀러 가다말고 휴가를 반납하고 가서 수해 당한 사람들을 위해서 일하는 젊은이들, 아마 어쩌면 일생동안 잊을 수 없는 좋은 추억거리가 될 것입니다. 일하라, 몸으로− 노동을 해야 됩니다. 몸으로 해야 됩니다. 돈 몇푼 던져주고 끝난다고 생각하지 마십시오. 구호물자 보낸다고 되는 것이 아닙니다. 몸으로 해야 합니다. 그리하여야 내가 내 마음을 다스릴 수 있다는 것입니다. 얼마나 중요한 말씀입니까.

제가 우리 교인들한테 설교할 때 가끔 양로원이나 고아원을 말만 하지 말고 직접 방문해보는 게 좋겠다는 얘기를 합니다. 그랬더니 우리 교인 가운데 한 분이 초등학교 다니는 어린아이들을 데리고 양로원에 갔었답니다. 음식을 좀 해가지고 양로원에 가서 노인들과 같이 식사를 하고 돌아왔는데, 아이가 그러더랍니다. "할아버지 할머니 방이 너무 더럽더라." "그럼 다음 시간에 우리 가서 도배해드릴까?" "네." 그래서 다음에는 풀을 쑤고, 종이를 사가지고 가서 한나절 전부 도배를 했습니다. 그래 하얗고 밝게 도배를 해놓고 거기서 식사를 같이하고 돌아왔습니다. 밤에 잘 때 가만히 문을 열어보았더니 이 꼬마들이 손을 딱 쥐고 울면서 기도하더랍니다. 그래서 "할아버지 할머니가 불쌍해서 우니?" 물었더니 "아니에요. 우리가 너무 행복해서 울어요" 했다는 것 아닙니까. 기가막힌 일입니다. 이 한마디가 얼마나 값진 것입니까. 이것은 몸으로만 경험할 수 있습니다.

잠언에서는 말씀합니다. '노하기를 더디 하는 자는 용사보다 낫고, 자기의 마음을 다스리는 자는 성을 빼앗는 자보다 나으니라." 또 마태복음 20장 28절은 말씀합니다. "인자가 온 것은 섬김을 받으려 함이 아니라 도리어 섬기려 하고 자기 목숨을 많은 사람의 대속물로 주려 함이니라." 내 마음의 간사함과 내 마음의 거짓됨과 내 마음의 교만과 나약함을 먼저 알아야 됩니다. 이것이 내 마음을 다스리는 비결입니다. 유감스럽지만 베드로가 이것을 알았더라면 겟세마네 동산에서 졸지 않았을 것인데, 또 예수님께서 기도하실 때 밤새 기도했을 것인데, 자기의 나약함을 모르고 쿨쿨 잠만 자다가 결국은 예수님을 세 번이나 모른다고 부인하는 부끄러운 사람이 되고 말지 않습니까.

여러분은 나 자신을 알았습니까? 기도해야 합니다. 잘 다스려야 됩니다. 제2의 나, 또하나의 나를 완전히 속박해야 됩니다. 십자가에 묶어놓아야 됩니다. 그러고야 그리스도의 사람으로 자라고 성장하는 그리스도인의 인격을 보게 될 것입니다.   △

나 곧 나는 여호와라

눈이 있어도 소경이요 귀가 있어도 귀머거리인 백
성을 이끌어 내라 열방은 모였으며 민족들이 회집하
였은들 그들 중에 누가 능히 이 일을 고하며 이전 일
을 우리에게 보이겠느냐 그들로 증인을 세워서 자기
의 옳음을 나타내어 듣는 자들로 옳다 말하게 하라
나 여호와가 말하노라 너희는 나의 증인, 나의 종으
로 택함을 입었나니 이는 너희로 나를 알고 믿으며
내가 그인줄 깨닫게 하려 함이라 나의 전에 지음을
받은 신이 없었느니라 나의 후에도 없으리라 나 곧
나는 여호와라 나 외에 구원자가 없느니라 내가 고하
였으며 구원하였으며 보였고 너희 중에 다른 신이 없
었나니 그러므로 너희는 나의 증인이요 나는 하나님
이니라 여호와의 말이니라 과연 태초로부터 나는 그
니 내 손에서 능히 건질 자가 없도다 내가 행하리니
누가 막으리요

(이사야 43 : 8 - 13)

나 곧 나는 여호와라

　최근에 우주의 기원을 둘러싸고 과학과 종교의 논쟁이 다시 불붙고 있습니다. 그 점화자는 바로 영국이 낳은 천재 물리학자 스티븐 호킹입니다. 그가 「The Grand Design」이라고 하는 책에서 '우주는 중력에 의해서 만들어졌고, 신이 창조한 것이 아니다'라고 주장함으로써 세상을 떠들썩하게 했고, 많은 사람이 이에 관심을 기울이게 했으며, 특별히 우리 그리스도인들에게 깊은 충격을 주었습니다. 그러나 이와는 다르게 1988년 그가 쓴 책 「시간의 역사」에서 그는 이렇게 말했습니다. '우리가 만일 완전한 이론을 발견할 수 있다면 이는 인간이성의 궁극적 승리가 될 것이며, 그때 우리는 신의 마음을 알게 될 것이다.' 신의 역할을 인정하는 듯한 말이었습니다. 그랬던 그가 이제 다시 '중력과 같은 법칙에 의해 무로부터 스스로 창조될 수 있으므로 굳이 신의 역할이 없어도 우주의 기원을 설명할 수 있을 것이다'라고 말함으로써 또 한 번 무신론적 입장에 서게 됩니다. "왜 무신론적 입장에 섰느냐?" 하고 질문하면 그는 대답합니다. "창조주의 도움이 없어도 물리학적 법칙들이 우주를 설명할 수 있기 때문이다." 그러면서도 "사실 저는 신이 존재하지 않는다는 것을 입증하고 있는 것은 아니다"라고 또 아리송한 말도 합니다. 문제는 이 사람이 말하고 있는 바의 핵심입니다. 그것은 'Big Bang'이라는 것입니다. '언젠가 우주가 폭발하는 Big Bang이 있었다. 그리고 오늘의 우주가 만들어졌다'라고 말하는 것입니다. 그러면 '그 Big Bang은 누가 만들었는가? 그 동력인은 어디에 있는가?' 하고 질문하게 됩니다.

물질에서 물질이 나왔다는 말은 끝까지 설명할 수 없는 것입니다. '물질 뒤에 물질보다 먼저 인격체가 있었고, 또 물질과 함께 인격체가 있으므로 오늘의 우주는 창조됐고, 우리 인간이 창조됐고, 오늘의 현실도 있다. 물리학적 이유 하나 만으로는 우주를 설명할 수 없다.' 언제나 그랬듯이 인간들은 하나님을 떠나 어떻게 해서든지 하나님으로부터 자유로워지려고 몸부림을 칩니다. 이것은 에덴동산에서부터 시작된 원죄적 속성입니다. 그래서 스스로 파멸에 이릅니다. 전쟁을 일으키고, 혼돈에 빠집니다. 그 뒤에야 비로소 또다시 하나님께로 돌아오는 그런 어리석은 존재들이 바로 인간입니다.

유명한 무신론자이자 철학자였던 임어당은, 저도 젊었을 때 그의 저서를 나름대로 몇 권 읽어보았는데, 하나님이 없다고 하는 전제로 모든 글을 아주 매끄럽게 써서 많은 사람들의 마음을 감동시켰습니다. 그랬던 그가 나이가 많이 들어 세상을 떠나기 전에 하나님께로 회개하고 돌아옵니다. 「타임」지에 그 돌아오는 이야기가 크게 난 것을 읽으며 감동받은 바가 있습니다. '하나님을 떠나서 이성을 따라 허우적거리고 산 인생은 마치 부모를 떠난 고아와 같았다. 나는 이제 고아와 같은 생을 여기서 멈추려고 한다.' 그리고 유명한 말을 합니다. '해가 떴으니 모든 촛불을 꺼라.' 그가 참으로 하나님의 세계로 돌아오고 보니, 이 하찮은 인간들의 일들이 참 우스꽝스러운 것입니다. 그래서 비유를 들어 이렇게 말합니다. '해가 떴으니 촛불을 꺼라.' 그리고 세상을 마쳤습니다.

어느 어린아이의 이야기가 생각납니다. 주일에 교회에 갔다가 성경을 손에 들고 찬송을 부르면서 집으로 돌아옵니다. 이 모습을 본 어느 아저씨가 아이를 골탕을 먹이고 싶어졌습니다. 그래 그 아이한테 "애야, 이리 좀 오너라!" 하고 불러서 한마디 했습니다. "네가 말이야, 하나님이 어디 계신지를 나한테 알려주면 내가 햄버거하나 사줄게." 그랬더니 이 꼬마가 아저씨한테 이렇게 대들었다고 합니다. "아저씨, 하나님이 안 계신 곳을 알려주시면 제가 햄버거 두개 사드릴게요." 사람들이 하나님이 계시다 안계시다 하지마는, 사실 안계시다는 것을 증명하기가 더 어려운 것입니다. 만일 여기에 무인도가 있다고 칩시다. 이 섬에 새가 있다는 것을 증명하려면 어디서 조그마한 깃털 하나만 보여도 이 섬에 새가 산다고 할 수 있지만, 반대로 이 섬에는 새가 없다고 증명하려면 죽을 때까지 뒤져도 그것을 증명한다는 것은 어려운 일입니다. 이것을 분명히 알아야 합니다. 어리석은 자는 언제든지 하나님을 부정합니다. 하나님을 떠나서 생각하고, 어쨌든 떠나보려고 몸부림치지만, 그는 마지막에 그렇게 끝낼 수 없습니다. 저는 믿습니다. 스티븐 호킹도 죽기 전에 뭔가 한마디 하고 죽을 것입니다. 그래서 많은 사람들을 실망시킵니다. 한평생 무신론으로 살다가 끝에 가서 "하나님!" 하고 죽으니 저 사람을 어떻게 봐야 되겠습니까? 그동안에 일으킨 많은 혼란을 어떻게 하면 좋겠습니까? 그럴 때 하고 싶은 말이 있습니다. "진작부터 하나님을 알았다면 얼마나 좋았을까?"

오늘본문 12절은 이렇게 말씀합니다. "내가 고하였으며 구원하였으며 보였고……" 내가 알려주었으며 구원하였으며 보였다— 하나님께서는 계시의 하나님이십니다. 아가페 하나님이십니다. 하나님께서 우리에게 다가오고 계시고, 우리에게 말씀하고 계시고, 우리를 가까이하고 계십니다. 그런가하면 인간들은 그 말씀하시는 하나님을 외면하고 외람되게도 내가 하나님을 찾아간다고, 내가 하나님을 찾겠노라고 몸부림치고 있습니다. '계시'라는 말은 헬라어로 '아포칼룹시스'입니다. '너울을 벗긴다'는 뜻입니다. 이는 하나님의 창조적이요 적극적이요 효과적인 그 자신의 행동을 말하는 것입니다. 우리가 쓰는 말로 하면 '말씀하시는 하나님'입니다. 그 말씀이 꼭 귀에 들리는 소리만은 아닙니다. 모든 사건, 모든 에너지, 모든 영적이건 물질적이건 육체적이건 정신적이건, 하나님께서 계속적으로 우리에게 다가오고 계시고, 계속적으로 우리와 함께 계신다는 말입니다.

하나님께서는 살아계십니다. 그리고 하나님께서는 우리에게 말씀하십니다. 하나님과 우리와의 만남, 이 접촉을 우리는 흔히 '기적'이라고 말합니다. 우리는 사람이 할 수 있는 일은 우리가 했다고 합니다. 하지만 우리가 못하는 것, 하나님께서만 하실 수 있다고 생각되는 것에 부딪힐 때 '이것은 기적이다' 하고 말하게 됩니다. 가령 병든 자가 나았습니다. 의학적으로 나을 수 없는 병이 나았다면 그것은 기적이라고 말합니다. 하나님과 우리와의 관계에서 아우구스티누스의 말로 하자면 '세임 타이밍(same timing)'입니다. 하나님과 우리와 같은 시간대를 이루는 것입니다. 하나님께서 역사하시는 것과 나의 욕망과 딱 맞아 떨어질 때 우리는 이 사건을 흔히 기적이라고 말합니다. 이스라엘이 애굽에서 나와 홍해를 건너야 했습니다. 건너야 할 바로 그 순간에 홍해가 갈라집니다. 이것은 기적이다— 이렇게 말합니다.

또 병든 자가 있는데 예수님께서 기도하셨습니다. 그의 손을 잡을 때 병든 자가 일어났습니다. 이거 기적이다— 그렇게 말하게 됩니다. 그 타이밍이 같이 맞아 떨어집니다. 하나님과 우리 인간이 일치될 때 이런 사건을 우리는 기적이라고 말하지만, 아주 작은 의미입니다. 이보다 더 큰 기적이 또 있습니다. 그것은 사람을 통해서 역사하시는 것입니다. 사람을 통해서, 모세를 통해서 이스라엘을 건지듯이, 다윗을 통해서 이스라엘 나라를 세우듯이, 오늘도 많은 사람들을 통해서 역사하십니다. 이것도 기적입니다. 그런데 우리는 사람의 손이 닿았고, 사람을 통해서 이루어졌다고 해서 기적이라는 생각을 못합니다.

제가 이 자리에 섰습니다. 여러분도 지금 기적을 보고 있습니다. 제가 5십년 동안 쓰던 안경을 벗었습니다. 이것 때문에 말이 많습니다. 어떻게 해서 안경을 안쓰나? 여러분은 모릅니다. 저는 이렇게 찬송을 부를 때나 성경을 읽을 때 안경을 안씁니다. 하나님 앞에 감사기도를 하면서 그냥 성경을 보고 읽습니다. 어째서요? 저는 돋보기안경을 끼고 보려면 초점이 딱 맞아야 되니까 성경책을 들고서 봐야 됩니다. 그렇게 초점을 딱 맞춰야 보이거든요. 하지만 지금은 멀리 놓아도 보이고, 가까이 놓아도 보입니다. 이런 희한한 일이 어디 있습니까. 제가 이 작은 글자를 안경 안쓰고 다 보게 되었습니다. 그런가 하면 또 멀리 있는 것도 볼 수 있게 되었습니다. 제 시력이 지금 1.4입니다. 저 뒤에 앉은 분 하품하는 것까지 다 보입니다. 조는 분들 다 훤하게 보입니다. 어떻게 이렇게 되었습니까? 도대체가 확실히 기적입니다. 5십년 동안 쓰던 안경을 벗고 보니까 집에 안경이 열두 개나 되더라고요. 다 버렸습니다. 그리고 이렇게 편안하게 삽니다. 기적 아닙니까. 그런데 이것은 사람을 통해서 이루어진 것입니다.

제가 실로암 안과병원 이사장을 2십여 년 동안 하고 있습니다. 안과병원이라는 것은 이사회를 조직할 때 3분의 1이 안과 의사라야 됩니다. 그래서 유명한 안과의사 분들을 모셔다가 이사회를 만들었습니다. 이 이사회를 일 년에 몇 번 하는데, 그 가운데 한 분인 홍박사가 나더러 이렇게 말합니다. "목사님, 언젠가 돋보기안경 안끼고 책 볼 수 있게 해드릴게요." "그러면 얼마나 좋겠나? 부디 그래주게." 그랬더니 언젠가 놀러오라고 그래서 병원에 놀러갔더니, 딱 붙들어놓고 수술을 하는데, 한쪽 눈에 딱 15분씩입니다. 그러고는 "안녕히 가세요" 합니다. 세상이 달라졌습니다. 환하게 보입니다. 제일 크게 보이는 것이 텔레비전입니다. 그 전까지는 텔레비전이 뿌옇게 보였습니다. 지금은 완전히 달라졌습니다. 세상에 그렇게 컬러가 영롱할 수가 없습니다. 정말입니다. 너무나 좋아서 제가 차를 몰고 강원도에 가서 하루 종일 돌아다녔습니다. "참 아름다워라!" 찬송을 불렀습니다. "이렇게 아름다운 세상을 왜 모르고 살았나?" 다 못보고 사는 것입니다. 뿌옇게 보고 사는 것입니다. 이것을 확 열고 보니까 그렇게 희한할 수가 없거든요. 아름다운 세상입니다. 그러면 이것은 사람의 손을 통해서 이루신 기적입니다. 어떻게 이것이 기적이 아닙니까. 우리는 늘 이런 기적을 접하고 삽니다. 듣고 살고, 보고 삽니다. 그러면서도 이것을 기적이 아니라고 합니다. 그렇지 않습니다. 사람을 통해서 이루신 하나님의 역사입니다. 그래서 제가 언젠가는 하나님 앞에 기도하다가 농담을 했습니다. 너무나 감사해서 "하나님, 얼마나 부려먹으려고 제 눈을 이렇게 만들어주셨습니까?" 너무나 감사한 것입니다. 날마다 감사합니다. 보십시오. 사람을 통해서 이루시는 기적을 우리가 모르고 살고 있습니다. 하루하루 사는 것이 다 기적 아니겠습니까.

또한 역사 안에서 하나님께서 친히 이루시는 기적이 있습니다. 신비로운 것입니다. 기적이 저기 있는데, 나는 모르고 있습니다. 그리고 기적을 통해서 우리에게 말씀하고 계십니다. 뭔가를 말씀하십니다. 흥망성쇠의 역사와 재난과 질병과 고통…… 하나님께서 친히 역사하십니다. 그리고 인간이 그 뜻을 알기를 기다리고 계십니다. 하나님께서 먼저 이루시고, 우리가 알고 하나님께로 돌아오기를 하나님께서는 애타게 기다리고 계시다는 것입니다. 그래 오늘본문은 말씀합니다. 알게 하시며, 믿게 하시며, 깨닫게 하시며 — 얼마나 귀중한 말씀입니까. 하나님께서 친히 역사하시면서 때로는 전쟁을 일으키시고, 때로는 환난을 주시고, 때로는 건강도 주십니다. 이 모든 사건들 속에서 하나님께서는 계속 말씀하고 계시는 것입니다.

한나 아렌트의 「인간의 조건」이라는 책에 딱 한마디 중요한 교훈이 있습니다. '가장 큰 죄는 생각하지 않는 것이다.' 우리의 이성을 가지고 최대한도로 생각을 해야겠는데, 생각하는 것마저 흐리게 만들고, 멍청해지기 위해서 술을 먹으니, 이것이 바보가 아니겠는가, 하는 것입니다. 생각해도 모자란데, 생각하는 것마저 흐리게 만드는 이 인간의 장래가 없다는 것입니다. 인간의 조건은 생각에 있습니다. 깊이 생각합니다. 온유한 마음으로 생각합니다. 믿음으로 생각합니다.

신학자 토마스 하트는 「Spiritual Quest」라는 책에서 하나님과의 만남의 유형을 몇 가지로 말합니다. 첫째, 진선미의 깊은 경험 속에서 진실을 생각하고, 참을 생각하고, 선을 생각하고, 아름다움을 생각할 때 그 진선미의 극치에서, 그 깊은 경험 속에서 우리는 하나님을 만나게 된다는 것입니다. 또 인간의 한계와 무력함을 인정할 때 인간은 여기까지라는 것입니다. 죽음 앞에서 꼼짝을 못합니다. 병들 때 꼼짝을 못합니다. 하찮은 일을 가지고 헤매는 것을 봅니다. 그것을 견디지 못해서, 그만한 것을 견디지 못해서 자살을 합니다. 이것이 인간입니다. 이럴 때에 "하나님은 계시다"라고 할 수 있습니다. 둘째, 선을 행하려는 내적인 충동이 있다는 것입니다. 아무리 악한 사람에게도 선을 지향하는 마음이 있습니다. 선을 생각하면 마음이 기쁘고, 선을 잃어버릴 때에 마음이 괴로운 것입니다. 역시 인간은 그런 존재입니다. 셋째, 삶의 위기에서, 인간 궁극에서 하나님을 만난다는 것입니다. 사실이 그렇습니다. 그런데 오늘본문을 보니까 특별히 하나님을 만나게 하기 위해서 '증인을 세웠다' 그랬습니다. 하나님을 알게 하기 위해서 증인을 세웠다— 먼저 선택한 자가 있습니다. 먼저 깨달은 자가 있습니다. 먼저 선택받은 자를 통해서 그 다음 사람에게 하나님의 살아계심을 증거하시는 것입니다. 이것을 잊지 말아야 합니다. 그런 면에서 우리가 귀중한 사명을 받았습니다. 여러분이 나가 사는 생활을 통해서 하나님을 증거하는 것입니다. 하나님께서 계심과 하나님께서 살아계심과 하나님의 진노와 하나님의 사랑도 우리를 통해서 증거해야 됩니다. 증인으로 세웠다— 잊지 말아야 합니다.

호세아 4장 6절은 말씀합니다. "내 백성이 지식이 없음으로 망하는도다……" 하나님에 대한 지식이 없어서 망하는 것입니다. 하나님에 대한 지식이 없이는 나 자신에 대한 지식도 없습니다. 또 호세아 6장 6절은 말씀합니다. "나는 인애를 원하고 제사를 원치 아니하며 번제보다 하나님을 아는 것을 원하노라." 하나님께서는 지금

도 우리가 하나님을 알기를 원하십니다. 부모는 자식을 위해서 많은
일을 하고, 많은 희생을 하고, 많은 수고를 하고 조용히 기다립니다.
저놈들이 아버지의 사랑을 알기를, 어머니의 어머니 됨을 알기를 간
절히 바라고 있는 것입니다. 그런데 자식은 그것을 끝까지 모르기도
하고, 끝까지 부모를 배반하기도 합니다. 창조주 되심, 역사의 주인
되심, 그가 우리를 구원하심을 알게 하시기 위해서 극적으로, 클라
이맥스로 역사하시는 것이 십자가입니다. 십자가를 통해서 우리에
게 알게 하려고 하십니다.

　하나님께서는 오늘도 말씀하십니다. 제1차 세계대전이 일어나
기 전에 많은 사람들이 교회에서 떠났습니다. 전부 이성주의로 빠졌
습니다. 그래서 심지어는 이런 글까지 나왔습니다. '앞으로 50년이
지나면 성경은 휴지가 될 것이다.' 한데 전쟁이 터지고 나니까 사람
들이 다시 하나님께로 돌아왔습니다. 칼 바르트를 비롯해서 많은 신
학자들이 "보라. 이것이 인간이다. 하나님께서는 살아계시다" 하고
증거하게 되고, 다시 교회가 부흥합니다. 제2차 세계대전이 또 그랬
습니다. 하나님께서는 많은 사건을 통해서 말씀하십니다.

　몇 해 전에 있었던 9·11사건만 해도 그렇습니다. 미국의 교회가
크고 좋기는 한데, 실제로 출석하는 교인이 없습니다. 등록교인만
몇 천 명이지, 정작 출석하는 교인은 30명입니다. 어느 목사님이 저
에게 이런 말을 합니다. "설교할 마음이 없습니다." 왜 그러느냐고
물으니 "할머니 몇 사람 나와서 조는데, 설교할 게 뭐 있습니까. 같
이 졸다 말지요" 합니다. 영 설교할 마음이 없다는 것입니다. 교인들
이 몇 사람 안나오니까요. 하지만 보십시오. 9·11사건이 꽝 터지니
까 바로 그 다음 주일부터 교회마다 교인들이 미어터지게 모였습니

다. 1부 예배만 보던 것이 3부 예배를 보게 되었습니다. 성경책도 모자라서 3교대로 부지런히 성경책을 찍어내야 했습니다. "꽝!" "꽝!" 해야 비로소 정신을 차리더라고요. 꼭 그렇게 "꽝!" 해야만 되겠습니까? 이것이 아니고는 하나님을 찾지 않습니다. 하나님께서는 그렇듯 강권적으로 우리 앞에 다가오고 계시는 것입니다.

바로 어젯밤에 텔레비전에서 본 것입니다. 일종의 다큐멘터리입니다. 실제로 있었던 일의 재연입니다. 어떤 엄한 아버지가 아이하고 식사를 하다가 아주 까다롭게 말합니다. "이놈아! 밥 먹는데 소리 내지 마라. 젓가락 놓는 소리 내지 마라. 이것도 먹고 저것도 먹어라." 아버지가 대단히 엄합니다. 이렇게 하니까 아이가 질려서 "나 안먹어!" 합니다. 그러니까 아버지는 "먹어!" 하고요. 그 아버지 대단하다 싶었습니다. 어찌 생각하니 꼭 우리 아버지 같기도 하더라고요. 어쨌든 그래서 아들이 아버지를 미워하고 싫어합니다. 그런데 거기에 지진이 일어났습니다. 집이 흔들리고 불이 났습니다. 그래서 다들 밖으로 도망쳐 나왔는데, 정신을 차리고 보니 아들이 없는 것입니다. 그러니까 아버지가 아들을 찾다 못해 그 불 속으로 뛰어 들어가려고 합니다. 그러자 소방대원들이 "위험해서 못들어갑니다" 하고 막습니다. 그런데도 아버지는 소방대원이 가지고 있던 산소마스크 하나를 뺏어가지고 자기 입에 물고는 그 불 속으로 뛰어 들어갔습니다. 결국 아버지는 불길 속에 갇힌 아들을 찾아 그 산소마스크를 아이한테 씌워줘서 아이가 무사히 밖으로 나왔습니다. 한데 아무리 기다려도 아버지는 안나옵니다. 아버지가 맨 마지막에 몸에 불이 붙어가지고 간신히 허우적거리면서 밖으로 나와서 쓰러졌습니다. 그제야 이 아들이 "아버지!" 하고 그 앞에 엎드립니다. 사람들이 그렇게 미련합니다. 진작 아버지의 사랑을 알았더라면 얼마나 좋았겠습니까.

하나님께서는 우리에게 계속 말씀하십니다. 오늘도 말씀하십니다. 증인을 세워가며 말씀하시고, 증거를 보여가며 말씀하십니다. 그 말씀을 바로 듣고 응답할 때 하나님께서 주시는 능력을, 하나님께서 주시는 기적을 날마다 찬양하게 될 것입니다. △

오실 그이가 당신입니까

예수께서 열 두 제자에게 명하시기를 마치시고 이
에 저희 여러 동네에서 가르치시며 전도하시려고 거
기를 떠나 가시니라 요한이 옥에서 그리스도의 하신
일을 듣고 제자들을 보내어 예수께 여짜오되 오실 그
이가 당신이오니이까 우리가 다른 이를 기다리오리
이까 예수께서 대답하여 가라사대 너희가 가서 듣고
보는 것을 요한에게 고하되 소경이 보며 앉은뱅이가
걸으며 문둥이가 깨끗함을 받으며 귀머거리가 들으
며 죽은 자가 살아나며 가난한 자에게 복음이 전파된
다 하라 누구든지 나를 인하여 실족하지 아니하는 자
는 복이 있도다 하시니라
(마태복음 11 : 1 - 6)

오실 그이가 당신입니까

　　요사이 우리를 놀라게 하는 조용한 사건이 우리 주변에 있습니다. 가수 타블로라고 하는 사람이 지금 젊은 세대에 굉장히 인기가 있는가 봅니다. 그런데 이 사람이 미국에서 그 유명한 스탠퍼드 대학을 졸업했다고 하는데, 사람들이 믿지 않는 것입니다. 본인이 말해도 믿지 않고, 주변의 누가 말해도 믿지를 않습니다. 얼마나 답답하고 어려웠던지 방송국에서 이 가수를 데리고 그 대학까지 가서 성적증명서를 직접 발급받았다고 하지 않습니까. 그리고 대학에 있는 교수님들을 만나서 인터뷰도 하고, 이렇게 해서 이 사람이 스탠퍼드 대학을 나왔다고 하는 것을 증명했건만, 그래도 여전히 안믿는 것입니다. 짜고 돌아가는 것이다, 믿을 수 없다, 이것입니다. 마지막에는 법정까지 가서 진위를 가리게 되어 이것이 결국 증명되었다고 하는데, 글쎄요. 믿는지 안믿는지 모르겠습니다.

　　제가 왜 이 이야기를 하느냐 하면, 제게는 이것이 절절하기 때문입니다. 제가 미국에서 공부하고, 박사학위를 얻었지만, 바빠서 학위식에 참석하지를 않았습니다. 그냥 논문만 통과되고 나서 한국으로 들어왔습니다. 학위식 때문에 제가 6개월을 기다릴 수는 없지 않습니까. 그래 그냥 와버렸더니, 분명히 저는 박사학위를 받았다고 생각하는데, 못받았다고 소문이 났습니다. 신문에까지 났습니다. 물론 문교부로 보낸 공문서도 받았습니다. 그래서 그냥 내버려뒀더니 가까운 분들은 저한테 왜 말이 없냐고 합니다. 그래서 "못받았는가보지" 하고 내버려뒀습니다. 그렇게 한 1년 지나고 나니까 비로소 사람들이 믿더라고요. 그래서 제가 '이 타블로가 얼마나 힘들까?' 싶었습니다. 제가 경험해봤기 때문에 그 심정을 알 것같습니다. 아무도 안믿는 것입니다. 타블로가 하는 말을 들어보십시오. 이 젊은 사람이 감당하기 어려웠던 것같습니다. 눈물을 흘리면서 하는 말입니다. "이건 믿지 못하는 게 아니라 안믿겠다는 겁니다. 자기가 보는 만큼만 보고, 생각하는 만큼만 생각하고, 믿고 싶은 만큼만 믿고, 그 이상은 전혀 믿지 않겠다는 것입니다." 다시 말하면 불신감이 문제입니다. 이것은 병입니다. 이러해야 될 이유가 없습니다.

　　교육운동가이자 사회운동가인 파커 J. 팔머라고 하는 유명한 교수가 그의 저서인 「The Courage to Teach」라는 책에서 유명한 말을 합니다. '현대문화의 특성 가운데 하나가 단절된 삶이요, 단절에서 벗어나지 않으려는 것이다.' 단절, 여기에 문제가 있는 것입니다. 첫째는 다른 사람과 만나는 것에 대해서 공포감이 있습니다. 왜요? 자신이 싫어하는 내용을 수용해야 할 것같아서 품는 공포입니다. 내가 가지고 있는 생각 밖의 어떤 도전을 받을까 싶어서 사람 만나는 일이 싫은 것입니다. 꼭 무엇과 같은가 하면, 이런 것입니다. 여자들이 핸드백 좋은 것을 하나 사면 마음대로 자랑하고 싶을 것같지요? 그런데 그렇지가 않답니다. 이것을 가지고 밖에 나가는 것이 겁난다는 것입니다. 왜요? 내 것보다 더 좋은 것을 가진 사람이 보일까봐서 그렇답니다. 그래서 사람을 만나지 못하는 것입니다. 이렇게 되면 못만나는 것입니다. 또 한 가지는 다양성을 두려워하는 것입니다. 내가 가지고 있는 생각, 여기서 자신의 관점과 경험 외의 일이 나타날까봐 품는 공포입니다. 다양한 것을 상상할 수 없습니다. 이래서 단절되고, 더욱 무서운 것은 정체감의 상실에 대한 공포입니다. 자신의 생각이 무너지고, 그러면 정체감이 없어지는 것입니다. 내가 옳다고 생각하는 것이 깨지는 것을 두려워하는 것입니다. 그래서 남을 만나기도 싫고, 말하기도 싫고, 또 믿지도 않으려는 것입니다.

철학자 파스칼은 그의 종교사상을 대표하는「팡세」라는 책에서 이런 말을 합니다. '사람의 마음속에는 세상의 그 무엇으로도 채울 수 없는 빈 공간이 있다. 이것은 세상의 그 무엇으로도, 물질로도 명예로도 칭찬으로도 안된다. 다만 하나님만이 채울 수 있는 공간이다. 이것을 모르고 사는 데 문제가 있다.' 또 철학자 플라톤은 이렇게 말합니다. '행복을 생각할 때 문제는 행복이 아니라 행복감이다.' 그 옛날에 벌써 이런 말들을 했습니다. '불행이라는 것은 결핍에서 오는 것이 아니라, 결핍감에서 오는 것이다.' 불신의 문제가 아니라 불신감의 문제입니다. 행복은 행복감의 문제이지, 행복 자체의 문제가 아니라는 것입니다.

성경을 순수한 마음으로 읽어보면 오늘본문의 세례 요한은 그 얼굴을 한 번 보고 싶어집니다. 그만큼 궁금한 장면입니다. 그가 지금 감옥에 있습니다. 예수님보다 6개월 먼저 나서 광야에 거하며 예수님을 증거한 분입니다. 심지어는 예수님께 세례도 베풀었습니다. "보라, 하나님의 어린 양이로다. 세상 죄를 지고 가는 하나님의 어린 양이로다." 예수님을 증거했습니다. 그리고 자기 제자들까지 예수님께 양보해주었습니다. 그렇기에 예수님의 제자 가운데 몇 사람은 본래 세례 요한의 제자였습니다. 그렇게 예수를 확실하게 증거한 사람입니다. 그런데 감옥에 있으면서 생각이 흔들린 것같습니다. 이 것을 여러 가지로 다르게 생각하려 하지만, 자연스럽게 생각해봅시다. 생각이 흔들리는 것입니다. 분명히 예수를 만났고, 예수를 증거했는데, 감옥에 있는 동안 흔들립니다. 왜요? 자신이 감옥에서 고통을 당하고 보니 시간이 오래 가는 동안에 신앙이 흔들리는 것입니다. 메시야가 오셨다면 '나 같이 의로운 사람이 왜 감옥에 있어야 하나?' 싶은 것입니다. 적어도 메시야께서 감옥 문간에 찾아오시어 '요한아 수고했다. 나와라' 해야 되는 것 아닙니까. 이것이 인간의 생각입니다.

그러나 세례 요한은 그대로 감옥에 있을 뿐더러, 굴욕을 당하고, 어쩌면 이대로 죽게 되지 않을까 싶은 것입니다. 의로운 희생에 대한 보상이 없는 것같습니다. 세례 요한의 처지에서 본다면 '나처럼 의로운 자에게 어째서 하나님의 보상이 없나? 왜 메시야는 소식이 없나?' 싶은 것입니다. 그래서 마음이 흔들리는 것입니다. 특별히 이 고통이 길어집니다. 길어지면 점점 약해집니다. 또 있습니다. 주변에 세례 요한을 선지자라고 믿던 사람들, 마지막 선지자라고 추앙하던 그 광야에 나왔던 많은 무리들이 다 흩어집니다. 요샛말로 하면 인기가 떨어지고 지지율이 내려갑니다. 어쩌면 감옥에 찾아오는 사람이 하나도 없습니다. 여기서 그는 고독해지고 쓸쓸해지면서 엄청난 질문을 합니다. "오실 이가 당신입니까? 아니면 다른 분을 기다리오리이까? 어찌 이럴 수가 있습니까? 어찌 여기까지 내려갈 수 있다는 말입니까?" 그리스도께서 이제 대답을 해주십니다. 그 대답 속에서 우리는 많은 진리를 찾아야 합니다. "나로 인하여 실족하지 아니하는 자가 복이 있도다." 여러분, 우리 신앙생활, 우리 교회생활, 실족하지 아니하는 자가 복이 있습니다. 교회생활 할 때, 성경 읽을 때, 사회생활 할 때 실족하지 않으며, 그리스도인으로 살아가며 만족한 것입니다.

제가 어제도 결혼주례를 했습니다마는, 그럴 때마다 제가 꼭 부탁하는 말 한 마디가 있습니다. "너희들끼리 사랑한다는 말을 많이 했겠지만, 그건 앞으로 해도 되고 안해도 된다. 사랑한다는 말 일생 안하고 사는 사람도 잘 살더라. 그것은 그리 중요하지 않다. 내가 한 수 가르쳐줄게." 그리고 반드시 이 말을 합니다. "나는 행복합니다, 라고 말해라. I am so happy because of you. 아침에 눈을 뜰 때 네가 옆에 있으니 행복하고, 저녁에 집에 돌아올 때 네가 집에서 나를 기다려주니 행복하고, 생각해도 행복하고, 만나도 행복하고, 나는 행복하다. 나는 행복하다. 그것이 중요한 것이다." 행복해야 합니다. 이것이 문제입니다. 행복하다고 하는 것이 사랑한다고 하는 것보다 몇 배 더 중요한 얘기입니다. 지난 주간에 우리의 마음을 흔들어놓는 슬픈 일이 하나 있었습니다. 행복전도사라고 불리는 분이 있습니다. 사방에 다니면서 행복을 말하여 별명이 행복전도사입니다. 그런데 자살했습니다. 그의 행복에 문제가 있었던 것입니다. 왜 그래야 했을까요? 물론 류머티즘으로 인해서 고통이 있고, 아픔이 있었다고 합니다마는, 아마도 이것은 신앙의 문제가 아닐 수 없습니다. 그것을 깊이 생각해야 합니다.

실족하지 않는 자는 복이 있다— 예수의 제자로 예수를 따르는 길이 고난의 길임에도 불구하고 행복해야 됩니다. 그런데 행복감이 없는 것입니다. 그러면 불행한 것입니다. 요한은 옥에서 들었습니다. 예수님께서 하시고 있는 일을 들었습니다. 예수를 만나기도 했지마는, 감옥에 있는 동안 예수의 행적을 들었습니다. 많은 병자를 고치시고, 많은 사람이 그분을 따르고, 장님의 눈을 뜨게 하시고, 죽은 자를 살리시는 이러저러한 소식을 듣고 있습니다. 감옥 밖에서 지금 위대한 역사가 이루어지고 있는 것을 들었습니다. 그러나 그는 실망했습니다. 왜요? 자기에게 돌아오는 것이 없으니까요. 분명히 하나님의 나라와 메시야의 역사는 어딘가 이루어지는 듯 보이는데, 정작 내게 돌아오는 것이 없습니다. 나는 감옥에서 죽는다─ 이것이 마음에 안드는 것입니다. 그래서 이런 실망스러운 소식을 예수님께 전하게 됩니다. 그리스도께서 행하시는 역사를 들었습니다. 보고 들 었습니다. 여기서 만족해야 하는데, 이 만족이 없었던 것입니다.

빅터 프랭클의 유명한 말이 있습니다. '가치관에는 창조적 가치 관이 있다. 또 하나는 경험적 가치관이다.' 역시 경험해야 됩니다. 경험 속에서 가치를 깨닫는 것입니다. 또 하나는 '태도적 가치'입니 다. 어떤 상황 속에서 어떤 자세로 임하느냐, 어떤 생각을 하느냐가 아주 중요합니다. 어느 방향으로 생각하느냐가 아주 중요합니다.

저는 예수님께서 하신 말씀을 오늘본문에서 실제적으로 응용해 보고 싶습니다. 예수님 말씀하십니다. '밀알 한 알이 죽지 아니하면 그대로 있고, 땅에 떨어져 죽으면 많은 열매를 맺느니라.' 나 하나가 죽어서 많은 열매를 맺느니라─ 이것이 밀알신앙입니다. 꼭 내가 잘 돼야 되는 것 아닙니다. 내가 죽어서 저 사람이 잘되고, 내가 죽어서 많은 사람이 살고, 내가 썩어서 많은 열매를 맺는다면, 비록 내가 죽 을지언정 기뻐해야 되는 것 아닙니까. 바로 이런 차원의 행복이 필 요하다는 것입니다. 세례 요한에게는 바로 이것이 없었습니다.

내가 희생하고 내가 죽어서 많은 열매를 맺느니라─ 듣고 믿고, 그리고 만족해야 했는데, 그는 그러지 못했습니다. 복음은 전파되고 있습니다. 가난한 자에게 전해지고 있습니다. 많은 병자가 낫고 있 습니다. 메시야의 나라가 확장되어 가고 있습니다. 소식은 전해집니다. 그러나 세례 요한은 감옥에 있다는 이유로 그의 마음속은 어두웠습니다. 만족하지 못했습니다. 복음이 전파된다— 그거 굉장히 중요한 얘기입니다. 가난한 자에게 전해진다— 마치 겨자씨처럼 말입니다. 오늘은 조용하게 이루어지는 것같으나, 정말 깊은 신비로운 역사 속에서 많은 열매가 맺히는 것을 바라보면서 오늘 여기서 기뻐할 수 있어야 되는데, 그 기쁨이 있어야 되는데, 그리고 내 방법이 아닌 하나님의 방법으로, 내 시간이 아닌 하나님의 시간으로 이루어지는 것입니다. 때때로 우리는 내가 생각한 그대로만 되어야 한다고 생각합니다마는, 그렇지 않습니다. 안되는 것입니다.

옛날 얘기입니다마는, 제가 미국에서 공부하고 나올 때 사실은 몇 곳에 약속이 좀 있었습니다. 물론 편지도 가지고 있었고, 나와서 여기저기 길이 열릴 것처럼 생각해서 갑자기 나왔는데 안먹히더라고요. 뜻대로 안되더라고요. 그래서 실직자가 됐습니다. 실직돼서 5개월을 놀았습니다. 그랬더니 제 친구들이 만나자고해서 만나니까 가만히 앉아 차 마시고 있다가 일어나면서 금일봉을 주더라고요. 그래서 제가 "내가 거지냐?" 그랬더니 하는 말 들어보십시오. "입 다물어. 거지가 따로 있냐. 조용히 가지고 가라." 그래서 이렇게 해서 제가 얻어먹고 살았다는 말입니다.

그러던 중 한경직 목사님께서 몇 곳에 길을 열어주시는데, 세 곳을 말씀하십니다. 그래서 제가 "그러지 마십시오. 목사님, 어느 쪽을 택해야 할지 저에게 선택권을 주시지 마십시오. 목사님께서 더 잘 아시지 않습니까. 세상도 아시고, 교회도 아시고, 저도 아십니다. 저보다 저를 더 잘 아시니까 목사님께서 결정해주세요. 그럼 제가 가겠습니다." 그랬더니 한 목사님 껄껄 웃으시면서 "믿음은 좋은

데, 참 무거운 짐을 나에게 맡기는구먼." 그리고 대학학장으로 가라
고 합니다. 이것은 교회도 아니고 교수도 아닙니다. 일단 갔습니다.
가서 제가 학장 일을 볼 때 친구들이 찾아와서 학장실에서 많이 울
고 가던 일이 있었습니다. "아니, 곽 목사님은 신학교 교수로 가든
지, 교회를 맡아야지. 학장실에 앉아서 썩어서야 되나? 어떻게 이런
가?" 그러면서 엉엉 울더라고요. "이 사람아, 누가 죽었나? 울긴 왜
울어. 그렇지 않다." 그러니까 주일에는 학장이니까 쉬지 않습니까.
그래서 소망교회를 세웁니다. 그것이 오늘의 교회가 된 것입니다.
그것을 누가 알았겠습니까. 그러나 여러분 꼭 잊지 말아야 됩니다.
그래서 하나님의 방법으로 하시는 일에 불만을 품지 마십시오. 실족
하지 않는 자는 복이 있다— 만족한 마음으로 기다리십시오.

유니세프 친선대사로 오랫동안 일했던 명배우 오드리 햅번이
자녀에게 남긴 마지막 유언이 있습니다. "자신만을 돌아보기보다 남
을 위해 산다는 것에서 행복하고, 자신을 위해 갖는 것에서 행복하
기보다 나눔의 행복이 더 크다." 그리고 이런 유명한 말을 남겼습니
다. "아름다운 입술을 가지려면 친절한 말을 하라. 남을 칭찬하라.
그래야 아름다운 입술이 된다. 사랑스러운 눈을 가지려면 좋은 것을
보라. 날씬한 몸매를 가지려면 다른 사람과 음식을 함께 나누라." 혼
자 먹는 음식이 비만이 된답니다. 함께 먹어야 됩니다. 또 "아름다운
머리카락을 가지려면 어린이가 손가락으로 당신의 머리를 쓰다듬게
하라. 아름다운 자세를 가지고 싶으면 결코 혼자 걷고 있지 않음을
생각하고 걸어라." 아주 재미있는 교훈을 우리에게 남겨주고 있습
니다.

그리스도로 만족하고, 교회로 만족하고, 교회생활로 만족하고,

아니, 현재로 만족하고, 나아가 희생하며 만족하고, 썩어지는 밀알이 되며, 뒤안길로 사라지면서 저 앞에 있는 열매를 보고, 저 앞에 있는 영광을 바라보며 만족한, 더 바랄 것이 없는 그런 신앙생활이 참으로 복된 생이 되는 것입니다. "누구든지 나를 인하여 실족하지 아니하는 자는 복이 있도다……(6절)" △

잡힌 바 된 것을 잡으려고

그러나 무엇이든지 내게 유익하던 것을 내가 그리
스도를 위하여 다 해로 여길 뿐더러 또한 모든 것을
해로 여김은 내 주 그리스도 예수를 아는 지식이 가
장 고상함을 인함이라 내가 그를 위하여 모든 것을
잃어버리고 배설물로 여김은 그리스도를 얻고 그 안
에서 발견되려 함이니 내가 가진 의는 율법에서 난
것이 아니요 오직 그리스도를 믿음으로 말미암은 것
이니 곧 믿음으로 하나님께로서 난 의라 내가 그리스
도와 그 부활의 권능과 그 고난에 참예함을 알려 하
여 그의 죽으심을 본받아 어찌하든지 죽은 자 가운데
서 부활에 이르려 하노니 내가 이미 얻었다 함도 아
니요 온전히 이루었다 함도 아니라 오직 내가 그리스
도 예수께 잡힌 바 된 그것을 잡으려고 좇아가노라
형제들아 나는 아직 내가 잡은 줄로 여기지 아니하고
오직 한 일 즉 뒤에 있는 것은 잊어버리고 앞에 있는
것을 잡으려고 푯대를 향하여 그리스도 예수 안에서
하나님이 위에서 부르신 부름의 상을 위하여 좇아가
노라

(빌립보서 3 : 7 - 14)

잡힌 바 된 것을 잡으려고

인간의 인간됨의 가치는 그가 누리는 행복과 자유에 의해서 평가된다고 생각합니다. 이제는 제가 이럭저럭 벌써 이만큼 나이가 들다 보니 세계 어디를 가든지 받는 질문이 하나 있습니다. "목사님, 건강의 비결이 뭡니까?" 그걸 꼭 물어봅니다. 저도 어느 사이에 준비된 대답이 있습니다. 딱 하나뿐입니다. "자유입니다. 당신의 영혼이 얼마나 자유한가? 당신의 이성이 얼마나 자유한가? 당신의 양심이 얼마나 자유한가?" 거기에 있다는 것입니다.

건강을 위해서 애들 많이 쓰시는 줄 압니다. 제가 읽은 어느 책에서는 건강의 85%는 정신문제라고 말합니다. 위장병의 80%가 정신성입니다. 깊이 생각해야 합니다. 어느 목사님이 병원에 입원해 계시는 것을 제가 방문한 적이 있습니다. 그 목사님이 제게 이렇게 말씀합니다. "목사로서 걸려서는 안될 병에 걸렸어." 그래서 제가 "병을 뭐 가려가면서 아픕니까? 아픈 건 아픈 거지요. 그럼 도대체 걸려서는 안될 병이라는 것이 무엇입니까?" 했더니 심각한 말씀을 하십니다. "신경성 위장병이거든. 목사가 예수를 어떻게 믿었기에 신경성 병이 걸리나!" 이거 알아야 합니다. 적어도 예수를 믿는다면 신경성 관련 병은 안되는 것입니다. 그것은 수준 이하라는 말입니다. 어쩌다가 다리가 부러질 수도 있고, 아플 수도 있지마는, 그래도 신경성 하나는 비껴가야 됩니다. 왜요? 그 영혼이 자유롭고, 그가 정말 은혜 가운데 산다면 이건 아니지요.

우리는 때때로 생각합니다. 잘못된 생각을 합니다. 사람은 소유

만큼 자유로울 수 있다고 생각하는 것입니다. '돈이 있으면 하고 싶은 일 하고, 가고 싶은 데 가니까, 돈이 많으면 자유하고, 돈이 없으면 부자유하다'고 생각합니다. 기본적입니다. 그러나 이것을 건너뛰어야 됩니다. 몰라서 그렇습니다. 돈이 많으면 더 자유가 없습니다. 잊지 말아야 합니다. 유명한 이야기가 있습니다. 거지도 가난한 집에 가서는 얻어먹을 게 있지만, 부잣집에 가면 얻어먹지 못한답니다. 왜요? 대문을 열어주지 않으니까요. 여러분 깊이 생각해야 합니다. 많은 소유가 우리를 자유하게 하리라고 생각하지만, 실은 더 무거운 속박에 빠지도록 합니다. 더 많이 갖고 싶은 욕망 때문에 점점 더 어려워집니다. 최소한 부자를 부러워하지는 맙시다. 또 하나는 지식입니다. 지식이 있는 만큼 자유롭다고 생각해서 공부를 많이 합니다. 더 많이 알면 자유롭고, 무식하면 참으로 부자유하다고 생각합니다. 그러나 결론이 나왔습니다. 공부하면 할수록 번민도 많고, 의지도 약해지고, 도덕성도 무너집니다. 점점 더 깊은 억압과 속박에 빠지는 것입니다.

　대표적인 미래학자 앨빈 토플러가 '옵솔리지(obsoledg)'라는 유명한 단어를 만들어냈습니다. 쓸모없는 지식의 노예가 되었다는 말입니다. 이제 생각합시다. 이분은 이렇게 말합니다. '쓸모없는 쓰레기 같은 지식에 매여서 인생을 망치는 불쌍한 사람을 어떡하면 구제하겠는가?' 오늘도 우리가 보면 쓰레기통 같은 지식에 매여서 소중한 현재와 미래를 망치는 경우가 너무나 많습니다. 지식이 나를 자유하게 하리라고 생각할 것이 못됩니다. 능력도 그렇습니다. 권력도 그렇습니다. 얼마나 무거운 짐이 되는지 알 수 없습니다. 그런고로 우리는 깊이 생각해야 합니다. 내가 얼마나 자유한가? 분명히 말씀

드립니다. 예수님 말씀입니다. '진리를 알지니 진리가 너희를 자유
케 하리라.' 내가 자유한 것이 아니라, 나는 진리로 갈 뿐이요, 그 진
리가 나를 자유케 함으로 내가 자유할 수 있다는 것을 잊지 말아야
합니다.

　러시아의 문호 톨스토이가 「독서의 바위」라는 작은 책에서 이런
유명한 말을 남깁니다. '인간은 노예이지 않으면 안된다. 문제는 선
택된 바에서 노예가 되어야 한다. 누구의 노예인가? 그것이 문제다.
자기의 더러운 정욕의 노예가 된다면 인간은 정말로 비참한 노예다.
그러나 정신의 본원, 그것이라면 그는 신의 노예다.' 나는 하나님께
선택되었다는 것, 확실한 소명의식, 그리고 선택된 바를 아는 자유
가 자유의 출발점이라는 것을 알아야 합니다. 어차피 인간은 타락한
존재라서 언덕 위에 놓여 있는 수레와 같습니다. 끌어올리는 힘이
없다면 밑으로 굴러 떨어지게 되어 있습니다. 그래서 이런 유명한
말이 있습니다. '당신은 혼자 있을 때 무슨 생각을 하는가? 내 생각
이 지금 어디로 기울어지고 있는가? 아무도 안볼 때 나는 무엇을 생
각하고 있는가? 모든것이 다 가능하다면 당신을 무엇을 할 수 있겠
는가?'

　엄격히 인간은 하나님께서 정해주신 한계 안에 살고 있습니다.
내 신체, 내 환경, 내 건강, 내 수명…… 그 모든것이 한계 안에 있습
니다. 그 제한 속에 살아야 합니다. 이성이라는 제한 속에, 양심이
라는 제한 속에, 말씀이라는 제한 속에, 성령의 역사 속에 살아갑니
다. 중요한 것은 주어진 자유는 주어진 바 안에서 자유하는 데 있다
는 것입니다. 키가 작다면 아담하게 살 생각을 해야지, 커보겠다고
생각하면 안되지요. 그리고 내 지능이 이것뿐이라면 거기에 맞는 일

을 해야 합니다. 내가 이제 천재가 되겠다고 마음대로 될 수 있는 것이 아닙니다. 우리는 하프타임을 지나고 있습니다. 아주 제한적입니다. 주어진 운명은 벌써 환히 바라보입니다. 그렇다면 그 안에서 자유해야지요. 이것을 넘어서려고 하면 안됩니다. 인간의 일생을 어떻게 설계하느냐가 참으로 중요하답니다.

한 번 더 큰 그림을 그려볼까요? 행복도 다 다릅니다. 젊었을 때는 젊은 행복이 있습니다. 정열적입니다. 나이 들면 성취감의 행복이 있습니다. 그 다음에는 가정의 행복, 그 다음에는 자기성취의 행복이 있습니다. 순서가 있는 것입니다. 제가 오래전에 미국에 있는 버클리 대학 교수님의 딸 한 사람을 결혼주례 한 일이 있습니다. 식장에 대학교수님들만 가득히 모였습니다. 그런데 다 같이 웃어야 하고 기뻐해야 할 결혼식에서 보니까 많은 사람이 눈물을 닦으면서 웁니다. '이게 무슨 짓인가? 미국사람들은 이상한 사람들이구먼.' 그런 생각을 하고 그날 밤 그 교수님에게 진지하게 물어보았습니다. "아니, 남의 결혼식에 와서 우는 게 무슨 짓이요? 미국 사람들은 그렇소?" "아닙니다." 그러면서 그는 솔직히 말합니다. "젊었을 때, 한참 인기 있을 때는 노는 게 좋았어요. 연애하고 아주 자유롭게 지내고, 이렇게 하느라고 결혼 같은 것은 상상도 못했어요. 결혼해서 뭐 하느냐? 지금이 좋다. 이리 놀고, 저리 놀고, 그래서 65퍼센트가 독신이에요. 그리고 어쩌다가 나이를 먹어서 오십이 됐어요." 사정인 즉, 그 가운데 결혼한 사람이 있어서 그 딸이 결혼식을 하는데, 이 교수님들이 와서 "나는 이게 뭐냐?" 하고 울고 있었던 것입니다. 여기 젊은 사람들 빨리 시집장가 가십시오. 어쩌다 지나가면 주가가 떨어져서 어려워집니다.

우리에게 주어진 이 자유는 제한된 것입니다. 자유의 성격도 바뀝니다. 이런 때는 이런 것, 저 나이에는 저런 것, 이 나이에는 이렇게 그 순리를 따라가야 하고, 하나님께서 원하시는 길을 따라가지 않고, 제 멋대로 살다가, 불과 얼마 안가서 가슴을 치고 웁니다. 미안하지만 찬송가 가사처럼 울어도 못하고, 힘써도 못합니다. 이것은 믿어도 안됩니다. 오늘 시점에서 내게 주어진 자유의 한계가 무엇인가? 내가 할 수 있는 일이 무엇인가? 아직도 내가 할 수 있는 일이 무엇인가? 해야 할 일과 할 수 있는 일이 함께 가야 합니다. 그런고로 자유의 한계를, 잡힌 바 된 그것을, 첫째는 아느냐 모르느냐? 정말 내가 자유한가? 또 우리에게 자유가 있다면 무엇을 할 수 있는가? 하나님께서 내게 원하시는 바가 무엇인가? 잡힌 바 된 그것을 아는 것이 중요합니다. 그래서 진리를 알라는 것입니다. 그래야 그 진리가 나를 자유케 합니다.

두 번째는 '그 아는 바에 순종하느냐, 안하느냐?'입니다. 우리는 이미 알고 있습니다. 이래야 되겠다는 것 뻔히 알면서도 그 길로 가지 않습니다. 얼마나 잘못된 것입니까. 우리 아이들로 말하면 공부해야 되겠다는 것을 압니다. 며칠 있으면 학기말 시험 봐야 되고, 며칠 있으면 대학시험 봐야 되고…… 뻔히 압니다. 그것을 모르는 멍청이가 어디 있습니까. 그러나 오늘 내가 해야 될 일을 안합니다. 오래 전 애기입니다마는, 제 딸아이가 고3때의 일입니다. 놀기를 한참 좋아하니까 수양회에 간다고 이리 가고 저리 가고, 해서 수양회를 여름방학 동안에 무려 3곳이나 가더라고요. 3주간 동안을 그러더니, 네 번째로 또 간다고 나섭니다. 그래 딱 불러놓고 일렀습니다. "너, 이제 가을에 시험 봐야 되는데……" "갔다 와서 열심히 할

게요.”“아니, 나는 그렇다. 한번이라도 덜 가고 떨어져도 한이 없다마는, 이것까지 놀라갔다가 떨어지면 할 말이 없다. 어떡하면 좋겠냐?” 그랬더니 “안가겠습니다” 그러더라고요. 그리고 대학을 들어가는 것을 보았습니다.

그 다음 세 번째는 ‘어느 만큼 기뻐하느냐? 잡힌 바 된 것을 내가 얼마나 기뻐하느냐? 내가 가정에 잡혔다. 가정은 얼마나 기뻐하느냐? 내게 주어진 요만큼의 작은 경제 속에 있다. 그것을 얼마나 소중히 여기느냐? 내가 지금 넉넉지 못한 건강이 있다. 나는 이 건강을 가지고 지금 얼마나 기뻐하고 있느냐?’입니다. 이것을 물어보아야 됩니다. 사도 바울은 스스로 이렇게 생각합니다. ‘나는 은총 속에 하나님께 완전히 잡힌 바 되었다.’ 오늘본문은 제가 개인적으로 아주 귀중하게 여기는 말씀입니다. ‘잡힌 바 된 그것을 잡으려고 쫓아가노라. 나는 자유가 없다. 그러나 나는 자유하다.’ 왜요? 잡힌 바 된 것을 기뻐하니까요. 잡힌 바 된 것을 행복으로 여기니까요. ‘나는 그 안에서 기쁘다. 그리고 온 몸을 앞으로 기울이고 달려간다. 잡힌 바 된 그것을 잡으려고.’ 사도 바울은 이 문제에 민감합니다. 갈라디아서 1장에서 말씀합니다. ‘내 어머니의 태로부터 택정함을 받아 이방인의 사도가 되었노라. 도대체가 날 때부터 나는 벌써 잡힌 바 되었다. 이방인의 사도가 되기 위해서 특수하게 태어났다. 그때부터 벌써 나는 하나님의 큰 선교적 섭리 안에 붙들린 바 된 손재였다. 그리고 나는 제멋대로 살았다. 그러나 다메섹 도상에서 그리스도께서 나를 포로로 삼으셨다. 그리하여 다시 그리스도께 붙들려서 완전 포로가 되고, 생의 방향을 바꾸게 되었다.’ 이것입니다.

고린도전서 7장 23절은 말씀합니다. “너희는 값으로 사신 것이니……" 그리고 이제 그는 확 돌아가는데, 적어도 세 가지를 말씀합니다. 목적이 바뀌고, 가치관이 바뀌고, 그리고 운명이 바뀌었다는 것입니다. 또 고린도후서 5장 15절은 말씀합니다. "저가 모든 사람을 대신하여 죽으심은 산 자들로 하여금 다시는 저희 자신을 위하여 살지 않고 오직 저희를 대신하여 죽었다가 다시 사신 자를 위하여 살게 하려 함이라." 예수께서 우리를 위하여 죽으심은 우리의 목적을 바꾸어놓은 것입니다. 이제 그리스도인의 목적은 오직 그리스도께 있습니다. 또한 그에 따라서 가치관도 바뀝니다. 그만이 소중하고, 그리스도를 아는 지식이 가장 소중하고, 나머지 것들은 아무것도 아니라는 말입니다. 그리고 운명을 그에게 맡깁니다. 남은 운명도 그의 손에 있습니다. 어디서 어떤 모양으로 어떻게 죽든지, 이 남은 시간을 그대로 하나님 앞에 제물로 바쳐서 "당신 뜻대로 하십시오" 하는 것입니다. 그리고 지금 그는 로마 감옥에 있습니다. 이것이 본문의 내용입니다. 바울은 잡힌 바 된 것을 알고 순종하고, 그리고 그것을 기뻐했고, 그것을 영광으로 여겼다는 말입니다. 그것을 잡으려고 선택된 바를 스스로 선택하고, 하나님 앞에 기뻐하고 감사하며 살았다는 말입니다. 바울의 자유는 여기에 있었습니다.

우리 믿음의 선조들 가운데 자랑스럽고 귀한 분들이 많이 계십니다. 이기풍 목사님 같은 분은 원래가 깡패였습니다. 그런데 언젠가 깡패짓을 하다가 선교사의 뺨을 쳤습니다. 그러나 그 선교사는 전혀 대항하지 않고 빙그레 웃으면서 "형제여!" 라고 손을 잡았습니다. 깜짝 놀랐습니다. 흔들림이 없는 선교사의 그 평안한 모습을 보면서 깊은 충격을 받고 '예수 믿고 나도 저런 사람이 한 번 되어보고 싶다'는 마음을 먹게 됩니다. 그리고 열심히 전도하며 자신도 순교하게 됩니다.

손양원 목사님의 일대기가 나왔습니다. 제목이 「사랑의 원자탄」이었습니다. 한국이 자랑하는 훌륭한 순교자입니다. 그런데 이분을 만난 사람마다 세 번 놀란다고 합니다. 첫째, 만나보니 사람이 너무나 작고 초라합니다. 어느 교회에서 그분을 부흥사로 모셨는데, 마중 나갔던 사람이 버스를 타고 온 그분을 못알아보았을 정도였으니까요. 옛날에는 사진도 귀했으니까 더욱 그랬겠지요. 너무나 초라한, 조그마한 양반입니다. 둘째, 키는 작은데 목소리가 그렇게 컸답니다. 지금은 마이크 덕분에 쉽게 설교할 수 있지만, 마이크가 없던 그 옛날에는 목소리 큰 사람이 이기는 것입니다. 목사님들은 목소리가 커야 됩니다. 이 조그마한 양반이 목소리가 큰 것입니다. 그런가 하면 그 은혜로운 말씀에 놀란다는 것입니다. 얼마 전에 손양원 목사님에 대한 기념행사가 있었습니다. 아들을 둘이나 죽인 사람을 사랑의 원자탄으로 감싸서 양자로 삼았습니다. 그 양자 된 분이 와서 깊은 간증을 하는 것입니다. 그가 주의 종으로 살아가는 모습을 보았습니다. 한국이 자랑하는 손양원 목사님입니다.

한 남자가 공무원으로 안정된 생활을 하면서 넉넉지는 못하지만 편안한 생활을 살아왔는데, 어느 날 갑자기 해고당했습니다. 퇴직당하고 낙심해서 집에 돌아왔습니다. 그때에 그 아내는 말했습니다. "낙심할 것 없습니다. 굶지는 않을 것같으니, 제가 노력할 테니까 당신은 늘 보면 뭘 쓰기를 좋아하던데, 이제부터는 아무 생각하지 말고 글이나 한 번 써보지 그래요." 그래 그는 집에 앉아서 글을 쓰기 시작합니다. 그것이 유명한 「주홍글씨」라는 불후의 명작입니다. 나다니엘 호손의 이야기입니다. 가던 길이 막혔습니까? 하나님께서는 다른 길을 열어주십니다. 잡힌 바 된 것을 내가 미처 모르고 있습니까? 이제 알게 해주실 것입니다. 잡힌 바 된 것을 잡으려고 갈 때 거기에 길이 있습니다. 하나님께 잡힌 바 된 그 자체를 내가 모르고 아직도 헤매고 있다면 나는 언제 제 궤도에 살 것입니까?

성도 여러분은 얼마나 경제적 자유를 누렸습니까? 얼마나 지식과 사회적인 자유를 누렸습니까? 그래서 자유합니까? 그래서 행복했다는 말입니까? 이제쯤은 제정신 차리십시다. 인생의 절반은 이미 갔으니까 말입니다. 이제라도 하나님의 깊은 선택의 의미를 아십시다. 내가 살아온 모든 과정 속에 하나님께서는 나를 어디로 부르고 계시며, 나에게 무슨 말씀을 하고 계십니까? 하나님의 소원, 그 깊은 뜻을 알고 조용히 그분께 자신을 맡겨보십시다. 진정한 자유를 누리게 될 것입니다. 사도 바울은 말씀합니다. '잡힌 바 된 그것을 잡으려고 나는 오늘도 달려가노라.'   △

선으로 악을 이기라

너희를 핍박하는 자를 축복하라 축복하고 저주하
지 말라 즐거워하는 자들로 함께 즐거워하고 우는 자
들로 함께 울라 서로 마음을 같이 하며 높은 데 마음
을 두지 말고 도리어 낮은 데 처하며 스스로 지혜 있
는 체 말라 아무에게도 악으로 악을 갚지 말고 모든
사람 앞에서 선한 일을 도모하라 할 수 있거든 너희
로서는 모든 사람으로 더불어 화평하라 내 사랑하는
자들아 너희가 친히 원수를 갚지 말고 진노하심에 맡
기라 기록되었으되 원수 갚는 것이 내게 있으니 내가
갚으리라고 주께서 말씀하시니라 네 원수가 주리거
든 먹이고 목마르거든 마시우라 그리함으로 네가 숯
불을 그 머리에 쌓아 놓으리라 악에게 지지 말고 선
으로 악을 이기라
(로마서 12 : 14 - 21)

선으로 악을 이기라

베트남 전쟁이 한창이던 1972년 미군의 공습으로 불길에 휩싸인 마을 속에서 어린아이들이 뛰쳐나왔습니다. 그 가운데 알몸으로 화상을 입은 채 울부짖으며 뛰쳐나오는 여자아이가 있었습니다. 그 여자아이의 사진이 찍혔습니다. 그 사진은 그 해에 퓰리처상을 수상하게 되었고, 그 한 장의 사진은 전 세계에 반전여론의 기폭제가 되어서 전쟁의 국면을 바꾸어놓았습니다. 굉장한 사건이요, 조용하면서도 위대한 사건이었습니다. 이 아이는 킴 픽이라고 하는 자기 이름 대신에 '네이팜탄 소녀'라고 하는 새로운 이름을 얻기도 했습니다. 그녀는 뒤에 화상을 치료하느라 무려 17번이나 수술을 받았습니다. 이제 사십대 중년에 들어간 그녀는 전쟁의 공포에 쌓여 벌벌 떨고 사는 비참한 생을 사는 것이 아니라, 그것을 극복하고 평화운동가가 되었습니다. 그리고 세상을 향해서 "더는 공포와 고통에 울부짖는 어린아이로 나를 보지 마세요. 평화를 호소하는 한 어린이로 봐주세요" 하고 외칩니다. 그는 10년 넘게 UN평화대사로 몸 바쳐 일하면서 밝은 얼굴로 모든 사람에게 평화를 전하고 있습니다. 그녀는 이렇게 외칩니다. "군인들도 역시 피해자입니다. 사랑과 용서만이 평화의 길입니다."

도대체 전쟁이 무엇입니까? 국가 간에, 또 사회 간에, 민족 간에, 그리고 우리 개개인 속에 계속 싸움이 일어나고 있습니다. 우리는 이런 작고 큰 싸움에 다 같이 피해자가 되고 있습니다. 여기에 승자는 없습니다. 모두가 피해자일 뿐입니다. 전쟁을 전문적으로 연구한 사람들의 그 깊은 뜻을 요약하면 이렇습니다. 첫째는 나라와 진리와 정의를 위해 싸운다. 싸우는 사람마다 나라를 위하여, 정의를 위하여, 진리를 위하여 싸운다고 하면서 출발합니다. 구호만이 아니라 사실이 그럴 수도 있습니다. 둘째는 살아남기 위해서 싸우는 싸움이 있습니다. 꼭 싸우고 싶은 마음이 있는 것이 아닙니다. 어쩔 수 없이 살기 위해서는 남을 죽여야 합니다. 그런 절박한 상황에 있다는 말입니다. 그래서 싸웁니다. 살아남기 위해서 싸웁니다. 셋째는 싸우기 위해서 싸웁니다. 싸울 수밖에 없는 상황이어서 내가 왜 싸우는지도 모르고 싸웁니다. 이렇게 싸우다보면 어느 사이에 싸움이 체질이 되고, 성품이 됩니다. 결국 싸우는 것이 그의 가치관이 되고, 그의 생활철학이 되면서 싸우는 것을 즐기며 싸우게 됩니다. 저는 최 일선에서 수색대에 잠깐 있으면서 그런 장면을 보았습니다. 전쟁에 나가서 죽을 뻔하고 살아온 사람입니다. 부상도 당했습니다. 자기 친구들을 다 잃었습니다. 그렇게 살아 돌아온 사람인데, 그 다음 수색대에 나갈 때 바로 그 대원이 자진해서 나갑니다. 가만히 보니 어느 사이에 싸움 자체를 즐기고 있더라고요. 거기서 통쾌함을 느끼고 있습니다. 무서운 것입니다. 그런 사람 주변에서 보지 않습니까. 입만 벌리면 욕하고 좌충우돌입니다. 가만히 보니 그 욕하는 것을 즐기고 있더라고요. 누군가하고 부딪치기를 바라고 있더라고요.

선으로 시작한 행위가 악을 척결하는 과정에서 악으로 변하는 것입니다. 좋은 목적으로 출발했는데 방법이 잘못되어 방법이 목적을 배신하고, 마침내 어느 사이에 악을 척결하려고 하다가 내가 악인이 되고, 아니, 내가 더 악한 사람이 되고 마는 그런 형편을 우리는 민족적으로나 국가적으로나 개인적으로 날마다 보면서 그 속에 살고 있습니다. 그러므로 스스로 물어보기를 바랍니다. 내가 어디까지 왔는가?

오늘 본문인 로마서는 사도 바울이 로마를 향해 쓴 편지입니다. 힘과 전쟁에 의해 세워진 평화, '팍스 로마나'라고 하는, 힘만이 승리요, 전쟁만이 해결이요, 힘의 평화를 자랑하는 로마에 있는 교회를 향해서 로마서를 쓰게 됩니다. 이 속에서 하는 말씀입니다. 사도 바울은 말씀합니다. 악에게 지지 말고 선으로 악을 이기라— 얼마나 귀중한 메시지인지 말할 수 없습니다. 선한 자가 악에게 지는 경우가 많습니다. 선한 자는 악한 사람에게 지는 것처럼 보이기도 합니다. 아니, 악한 자가 항상 이기는 세상처럼 보이기도 합니다. 선하면 못살고 악해야 살아남을 수 있을 것같은 세상으로 비치기도 합니다. 여러분은 이제 어찌 생각합니까? 성경은 분명히 말씀합니다. 악에게 지지 말라— 악에게 진다는 것이 무슨 말입니까? 먼저는 악한 사람에 직면하여 내가 낙심하는 것입니다. '아휴, 세상이 다 기울었다. 모두가 다 악이다. 선한 사람은 세상에 없는 것같다.' 이렇게 낙심하게 됩니다. 그런데 오늘 이 말씀은 낙심하지 말라는 것입니다. 선은 전혀 약한 것이 아닙니다. 선을 약하게 보지 말아야 됩니다. 이것을 잊지 말아야 합니다. 그래서 흔히 말하지 않습니까. '거짓말 안하고 장사할 수 있나?' 그렇습니까? 그렇다면 장사가 죄입니다. '부정하지 않고 정치할 수 있나?' 그렇다면 정치가 죄입니다. 어떤 경우에도 악에게 지지 말 것이요, 낙심하지 말 것이요, 선의 위대한 능력을 항상 보고 믿고 즐기는 것, 그것이 이기는 것입니다.

또한 절망하지 말 것입니다. 어떤 경우에도. 예수님께서 십자가에 돌아가십니다. 생각하면 악이 승리하는 시간입니다. 가야바가 그렇고, 가룟 유다가 그렇고, 빌라도가 그렇고, 로마 군인이 그렇고, 악의 전승입니다. 그렇게 해서 십자가를 집니다. 그러나 예수님께서는 말씀하십니다. 다 이루었다— 절대 악에게 지지 않으셨고, 물론 절망하지도 않으셨습니다. 이것을 잊지 말아야 합니다. 또한 어느 사이에 내가 악화되어서는 안됩니다. 악한 사람 미워하다가 내가 악하게 되고, 나쁜 사람 욕하다가 내가 나빠집니다. 어느 사이에 내가 악에 물들고 말았습니다. 악으로 문화화되어버렸다는 말입니다. 악의 체질이 되고 말았습니다. 그것이 큰 문제입니다. 동시에 미워하면 안됩니다.

어떤 경우에도 미움은 용서할 수 없습니다. 그것을 잊지 말아야 합니다. 미워하면 진 것입니다. 미워하는 마음을 차단해야 됩니다. 그래서 어느 순간에도 내 마음속에 미워하는 마음이 없어야 됩니다. 어떤 부인이 오른팔에 통증이 오는데, 조금도 오른팔을 들 수가 없습니다. 팔을 들려고만 하면 부서지는 것처럼 아픕니다. 병원에 가서 진찰을 받고 엑스레이, 종합 진찰을 다 해도 원인을 알 수가 없습니다. 하다하다 못해서 맨 마지막에 정신과를 갔습니다. 다 진찰해 본 정신과 의사의 말을 들어보십시오. 옛날에 시어머니가 늘 부당한 대우를 했습니다. 그 며느리를 괴롭혔습니다. 괴롭힐 때마다 이 며느리는 그냥 내려치고 싶은 생각이 있는데, 그럴 수 없지 않습니까. 그냥 손을 들어 내려치고 싶었는데, 그렇게 못하니, 이것이 쌓이고 쌓여서 손이 못올라가는 병에 걸렸다는 것입니다. "당신은 시어머니를 용서하지 않는 한 이 병은 낫지 않습니다." 그래서 교회 가서 엎드려 기도하고, 시어머니 미워하지 않기로 했더니 당장 낫더랍니다. 상황이 어떻든 내 마음속에 미움이 있어서는 안됩니다. 그것은 지는 것입니다.

마지막으로 악을 악으로 갚으려고 하지 말 것입니다. 악은 악으로 갚지 않습니다. 선으로 악을 이겨야지, 악을 갚는 방법으로 악한 방법을 선택해서는 안되는 것입니다. 악을 악으로 갚지 말고, 선으로 갚아야 합니다. 변증법적 유물론에서는 악을 악으로 갚아서 선을 이룰 수 있다고 생각합니다. 결과가 방법을 정당화한다고 생각합니다. 숙청을 하고, 혁명을 해서 선을 이루겠다고 합니다. 이것이 역사적으로 실패한 공산주의의 말로입니다. 아닙니다. 악한 방법으로는 절대 선을 이루지 못합니다. 요새도 보면 많은 분들이 부정을 하고, 그 머릿속에 '이렇게 조금 부정을 해서라도 선한 일을 이루면 된다'고 생각합니다. 하나님께서 그것을 심판하십니다. 악한 방법으로는 선을 이루지 못합니다. '악을 이기라. 반드시 선으로 악을 이기라.'

그렇다면 구체적으로 어떻게 해야 됩니까? '악을, 악한 사람에 대한 것을 갚으려고 하지 마라. 악을 악으로 갚지 마라. 아니, 원수 갚지 마라.' 이것입니다. 오늘본문에서 하나님 말씀하셨습니다. '원수 갚는 것은 내게 있느니라.' 손대지 마십시오. 나를 미워하는 사람, 손대지 마십시오. 나를 괴롭히는 사람에게 손댈 생각을 끊으십시오. 내가 갚으려고 하지 마십시오. 내가 갚으려고 하다가는 어느 사이에 내가 또 악의 노예가 됩니다. 나를 괴롭히는 사람이 있습니다. 하나님께 맡기십시오. 그리고 여러 번 기도하지 말고, 딱 한 번만 기도하십시오. "하나님, 알아서 해주세요." "이건 나와 상관이 없습니다. 하나님, 적당히 해주세요." 그렇게 하고 마십시오. 잊어버리십시오. '네가 악을 갚으려고 하지 마라. 원수를 갚으려고 하지 마라. 하나님께 맡겨라.' 문자 그대로 실천하십시오.

또 하나는 '화목해라'입니다. 이 말은 나 자신의 마음속에 평화를 유지하라는 것입니다. 저 사람 때문에 내 마음의 평화가 흔들리면 안됩니다. 저 세상 때문에 내 마음이 어지러워져서는 안됩니다. 내 마음에 화평이 있어야 됩니다. 온전한 화평이 있어야 됩니다. 이것을 잊지 말아야 합니다. 마지막은 좀 더 귀한 말씀입니다. '사랑하라.' 한 단 더 높은, 업그레이드된 윤리입니다. 적극적인 대처입니다. '악에게 지지 말라. 악은 미워하되 죄인은 사랑하라. 악은 미워하되 그 사람은 사랑하라. 원수를 사랑하라. 저주하지 말라.' 오늘본문에서 사도 바울은 위대한 명언을 남깁니다. "축복하고 저주하지 말라(14절)." 저주하지 말고 축복하라—

여러분은 나를 괴롭히는 사람을 위해서 기도해보았습니까? 한번 무릎을 꿇고 바로 기도해보십시오. '하나님, 저 사람을 사랑해주세요.' 그 기도하는 순간 내 마음이 환하게 열리는 것을 경험할 것입니다. '저주하지 말고 축복하라. 배고프거든 먹여라. 목마르거든 마시게 하라.' 그것이 승리하는 길입니다. '마시게 하라. 원수가 쓰러졌다면 일으켜라.' 내가 할 도리는 다 하는 것입니다. '끝까지 선으로 악을 이기라.' 예수님께서 십자가에서 그 모진 고충을 당하시면서 하신 말씀이 무엇입니까? "하나님이여, 저들의 죄를 사하소서. 자기들의 하는 것을 모르기 때문입니다." 높은 위치에서 불쌍히 여기시고, 그들을 위해서 기도하고 계십니다.

오선경이라는 분이 「품위의 재구성」이라고 하는 재미있는 책을 썼습니다. 거기에 참 재미있는 이야기가 있습니다. 어떤 강도가 어설프게 은행을 털러 들어갔다가 쉽게 잡혔습니다. 그래서 순경이 잡아놓고 "이 사람 철없이 어쩌자고 여길 들어와서 이렇게 잡히느냐?"

했더니, 그 강도가 하는 말이 재미있습니다. "사실은요. 제가 이 은행을 털려고 했던 것이 아니거든요. 저쪽 은행을 털려고 미리 답사를 하고 다 준비했습니다. 그런데 오늘 털려고 들어갔더니 앞에 있는 경비원이 얼마나 고맙게 인사를 하는지, '어서 오십시오! 안녕하십니까?' 하고 너무나 반갑게 인사를 해오고, 또 내가 나오니까 '안녕히 가십시오! 다시 오십시오!' 하고 인사를 하는 것입니다. 그래서 제가 그분이 너무나 친절해서 그 은행을 털지 못했거든요. 그래 이 은행으로 왔다가 잡힌 것입니다." 강도의 마음도 그 밝은 얼굴 한 마디로 감동시킬 수가 있었다는 것입니다.

연세대학교 사회복지학과 김재엽 교수가 지난 9월 9일에 발표한 임상연구논문이 무척 재미있습니다. 사람이 말하는 중에 딱 세 마디만 하면 좋겠다는 것입니다. "고맙다. 미안하다. 사랑한다." "Thank you. Sorry. Love." 그래서 'TSL'이라고 부릅니다. TSL, 언제나 "고맙습니다. 미안합니다. 사랑합니다" 이 세 마디만 하자는 것입니다. 이 세 마디만 하기로 하고 몇 달 동안을 그렇게 시행해봤습니다. 그랬더니 산화성 스트레스가 무려 50퍼센트나 감해졌다는 것입니다. 또 항산화성 능력이 30퍼센트나 증가되었다는 것입니다. 그 말은 노화방지에 암치료까지도 할 수 있다는 뜻입니다. 여러분은 암치료법이 어디에 있다고 생각합니까? 그저 이제부터는 이 세 마디 이후에는 하지 마십시오. "고맙습니다. 미안합니다. 사랑합니다." 토를 달지 마십시오. 그러면 오래 삽니다. 잊지 말아야 합니다.

악은 점점 더 극렬해져갑니다. 점점 더 교활해지고 잔악해지고 있습니다. 심지어는 문화화되어서 어디까지가 악인지, 어디까지가 선인지 알아볼 수가 없습니다. 선과 악이 뒤섞여갑니다. 그러나 여러분, 잊지 마십시다. 악에게 지지 말 것이요, 악을 이겨야 합니다.
그것은 오직 사랑뿐입니다. 선으로 악을 이기라— △

나를 들어 바다에 던지라

여호와께서 대풍을 바다 위에 내리시매 바다 가운
데 폭풍이 대작하여 배가 거의 깨어지게 된지라 사공
이 두려워하여 각각 자기의 신을 부르고 또 배를 가
볍게 하려고 그 가운데 물건을 바다에 던지니라 그러
나 요나는 배 밑층에 내려가서 누워 깊이 잠이 든지
라 선장이 나아가서 그에게 이르되 자는 자여 어찜이
뇨 일어나서 네 하나님께 구하라 혹시 하나님이 우리
를 생각하사 망하지 않게 하시리라 하니라 그들이 서
로 이르되 자 우리가 제비를 뽑아 이 재앙이 누구로
인하여 우리에게 임하였나 알자 하고 곧 제비를 뽑으
니 제비가 요나에게 당한지라 무리가 그에게 이르되
청컨대 이 재앙이 무슨 연고로 우리에게 임하였는가
고하라 네 생업이 무엇이며 어디서 왔으며 고국이 어
디며 어느 민족에 속하였느냐 그가 대답하되 나는 히
브리 사람이요 바다와 육지를 지으신 하늘의 하나님
여호와를 경외하는 자로라 하고 자기가 여호와의 낯
을 피함인줄을 그들에게 고하였으므로 무리가 알고
심히 두려워하여 이르되 네가 어찌하여 이렇게 행하
였느냐 하니라 바다가 점점 흉용한지라 무리가 그에
게 이르되 우리가 너를 어떻게 하여야 바다가 우리를
위하여 잔잔하겠느냐 그가 대답하되 나를 들어 바다
에 던지라 그리하면 바다가 너희를 위하여 잔잔하리
라 너희가 이 큰 폭풍을 만난 것이 나의 연고인줄을
내가 아노라 하니라

(요나 1 : 4 - 12)

나를 들어 바다에 던지라

언젠가 한 일간지에 이화여자대학교 교수 한 분이 자기가 생생하게 경험한, 6·25 피란 당시에 있었던 일을 간결하게 기록해 놓은 일이 있었습니다. 이로 인해서 많은 사람들에게 큰 감동을 주었고 또한 문제를 제기하기도 했습니다. 많은 사람들이 한강을 넘어서 남쪽으로 가야 하겠지만 다리가 끊어져서 남쪽으로 갈 수 없었던 그런 때가 있었습니다. 아주 절박했던 그 순간 이 교수도 어렸을 때 다른 사람들처럼 한강변으로 나가서 강을 건널 방법을 나름대로 찾고 있었습니다. 그리고 마침내 배 한 척을 발견했습니다. 사람들이 순식간에 몰려들어서 이 작은 배는 사람들로 가득차게 됐습니다. 그런데 그만 배는 뜰 수가 없었습니다. 너무 많은 사람이 타서 말입니다. 그대로 가라앉을 판이었습니다. 답답한 사공은 외쳤습니다. "누군가가 내려야 합니다. 누군가가 내려야 이 배는 떠날 수 있습니다." 답답한 마음으로 외쳤습니다. 그러나 아무도 배에서 내릴 생각을 하지 않았습니다. 배는 그대로 좌초될 수밖에 없는 그런 순간입니다. 그 순간에 한 몸집이 좋은 신사 한 분이 조용히 배에서 내리더니 한강변 석양 저 길로 사라져가고 있는 것입니다. 이 교수는 비록 어렸을 때이지만 '그 뒷모습이 마치 예수님같아보였다'라고 썼습니다. 이렇게 한 분이 배에서 내림으로 이 배는 뜰 수가 있었고 강을 건널 수 있었던 것입니다. 이 교수님에게 그때 그분이 누구냐고 사방에서 빗발치듯 전화가 왔습니다. 그래서 할수없이 얼마후에 그분이 바로 '이 사람'이라고 발표하게 됩니다. 방송작가 주태익씨입니다. 한국방송작가

협회 이사장을 오랫동안 지냈고요 22살 때 평양신학교 예과를 마치고 신학을 다 마치지 못해서 그는 목사가 되지는 않았습니다마는 한 평생 아주 좋은 신앙의 사람으로 신앙적인 작품을 쓰고 작가로서의 생을 사신 분입니다. 모두가 다 살겠다고 할 때에 여러분, 나 하나가 포기하면 모두가 살 수 있고 나도 살겠다고 하면 다 망하는데 이런 경우에 우리는 어느 쪽을 택해야 하는 것입니까? 도대체 신앙이라는 것이 이런 때 어떻게 작용하는 것입니까?

마츠다 미히로라고 하는 사람이 「그만두는 힘, Quit to Begin」라고 하는 책을 써서 많은 사람들을 감동시키고 있습니다. 포기입니다. 그만두는, 포기하는 힘이 있어야 합니다. 가지는 힘, 올라가는 힘이 아니고 내려가는 힘, 버리는 힘이 더 위대하다는 것입니다. 그분은 말합니다. 인생은 B와 D 사이에서 택하는 C라고 말합니다. B. D. C 이것이 무슨 말인고 하니 B는 'Birth'입니다. '출생'입니다. 그리고 D는 'Death', '죽음'입니다. 삶이란 출생과 죽음 사이에서 C 계속 'Choice', '선택'하며 사는 것이다 라고 말합니다. 우리는 주어진 생명, 주어지는 죽음 그 사이에서 선택을 해야 합니다. 잠시도 잊어버려서는 안됩니다. 출생이 있었고 그런가하면 우리 앞에 죽음이 있습니다. 그리고 오늘을 선택해야 합니다. 그래서 그만두어야 할 때가 많습니다. 왜? 죽을 거니까요. 우리는 죽는다는 것을 잊어서는 안됩니다. 출생이 있듯이 죽음이 있는 것입니다.

그래서 말입니다 이분은 아주 논리적으로 말합니다. '덧셈 성공 법칙을 중단하라.' 우리는 성공이란 더 가지고, 더 알고, 더하고, 더 더, 이렇게 생각을 합니다. 끝없이 더를 생각합니다마는 이제는 그만하자는 말입니다. 그것이 지혜입니다.

우스운 얘기이지만 제가 몇해 전에 라스베이가스에 우리 딸하고 같이 갔었는데, 적지마는 그때 제가 라스베이가스에 가서 슬롯머신을 돌려가지고 250달러를 땄습니다. 이것가지고 비용 잘 쓰고 왔는데 라스베이가스에 있는 목사님들이 하나같이 "여기 와서 돈 따가지고 가는 사람은 목사님밖에 없어요. 다 잃고 가는데 목사님은 어떻게 해서 땄습니까?"라고 묻습니다. 비결은 어렵지 않아요. 간단해요. 인간은 한번 딸 때가 있습니다. 얼마를 땄는지 하나님께서 주신 선물로 알고 땄을 때 일어서야 합니다. 거기서 더 따려고 하다가는 다 집어넣어도 안되거든요. 우리 다 해봤잖아요. 욕심이 그렇지를 않거든요. 한번 나왔으면 더 딸 것같아서 집어 넣다보면 다 들어가요. 또 얼마를 잃었다고 합시다. 잃었으면 잊어버리세요. 잃어버린 것을 만회하려 하면 안됩니다. 그러면 집을 다 팔아도 안됩니다. 그래서 망가지는 것입니다. 그만두지를 못하는 것입니다. 얻었을 때도 그만두고, 잃어버렸을 때도 그만. 이것이 바로 인간이 바로 살아갈 수 있는 지혜입니다.

야망과 욕망을 채운다, 그것도 채울 수 없는 것입니다. 어차피 밑빠진 시루입니다. 야망과 욕망을 채울 수 있는 것입니까? 행복이니뭐니 해봐도 절대로 아닙니다. 이 끝없는 야망은 어차피 채울 수 없는 것입니다. 스스로 '여기까지에서' 그만두기를 실현해야 됩니다.

또 욕심을 치우고 원점으로 돌아가는 노력을 해야 합니다. 빈손으로 왔으니 빈손으로 갈 것입니다. '공수래공수거(空手來空手去)'입니다. 욥은 말씀합니다. 많은 재산을 잃어버리고 그리고 하는 말입니다. "하나님이 주셨고 하나님이 가져가셨습니다. 그런고로 하나님을 찬양합니다." 원점으로 돌아가는 노력. 원점으로 구하려고 하는 생각. 이것이 있어야 바른 지혜의 사람이 될 수 있겠습니다.

오늘본문에는 요나라고 하는 사람이 중요한 선택의 순간을 맞게 됩니다. 다시스로 가는 배 한 척이 있는데 큰 풍랑을 만나서 사공들이 자기들의 능력으로는 어찌할 수가 없어요. 그래서 할수없이 배를 가볍게 하려고 생명을 살리기 위하여 짐을 바다에 던졌다 그랬습니다. 여러분, 이 시간이 중요한 것입니다. 짐도 얻고 생명도 얻으려다가는 생명을 잃습니다. 그런고로 때로 우리는 풍랑을 만나게 되면 짐을 버립니다. 짐을 다 버리고 배를 가볍게 해서라도 생명을 살려야 되겠으니까 생명을 위하여 짐을 바다에 버렸다- 여기까지 했어요. 그러니까 풍랑을 만났는데 그 원인이 물질의 문제냐? 자본의 문제냐? 지식의 문제냐? 기술의 문제냐? 지도력의 문제냐? 과연 무엇이냐입니다. 모든것을 다 해보았지만 안돼요. 이제는 그것 가지고는 안됩니다. 그래서 마지막으로 생각한 것이 뭐냐하면 바로 죄의 문제다, 이 풍랑은 죄의 문제다, 악의 문제다, 하나님께서 이 악을 심판하고 계신 것이다- 죄의 문제, 역시 죄의 문제요, 도덕적인 문제다 - 그러고나서 보니 누구 죄냐, 죄는 죄인데 누구 죄냐, 어떤 죄냐? 그래서 이 사람들이 생각을 합니다. 원인추궁을 합니다.

요새와서 우리는 원인실종이라는 말을 자주 합니다. 요즘 정치, 경제 등 여러 문제들이 방송이나 신문에 많이 나오는 것 보면 뭐 때문이다 누구 때문이다 다들 주장은 하는데 원인실종입니다. 이것이 무엇 때문이냐고 똑바로 말하는 사람 한 사람도 없습니다. 그래서 혼란합니다. 원인실종인데 누구 때문이냐 무엇 때문이냐? 그런데 이상하게 모두가 피해자입니다. '나는 피해자입니다.' 가해자가 없어요. 가해자를 찾을 길이 없어요. 원인제공자가 없다는 말입니다. 그것이 바로 이 세상의 혼란의 원인입니다.

그런데 고맙게도 이 배 안에 탄 사람들이 큰 풍랑을 만나서 죽을 지경이 됐을 때 요나라는 사람이 나섭니다. "나 때문입니다. 이 모든 일은 나 때문입니다." 그 한마디가 얼마나 위대합니까? "이것은 나 때문입니다." 공자선생님의 말씀 중에도 그런 말이 있습니다. "군자는 자기 책임을 추궁하고 소인은 남의 책임을 묻는다." 역시 큰 사람은 "모든것은 제 잘못입니다. 저 때문입니다"라고 합니다. 그러나 소인배는 자기가 잘못한 것도 남 때문이라고 합니다. 부모도 탓하고 하나님도 탓하고 원망일변도로 나가는 것을 볼 수가 있습니다. 오늘본문에서 요나는 말합니다. "이 풍랑은 나 때문입니다." 딱 한마디 하면서 나서게 됩니다.

그런데 오늘본문의 죄 이야기는 일반적인, 도덕적인 악이 아닙니다. 살인을 했다든가 간음을 했다든가 도둑질을 했다든가 부정부패가 있다든가 남의 돈을 떼먹고 도망가는 사람이라든가 하는 이야기가 아닙니다. 오늘 여기에 요나가 말하는 죄목은 하나님의 명령을 거역했다는 것입니다. 하나님의 그 큰 경륜. 하나님의 구원의 경륜을 거역한 죄로 인해서 이 풍랑이 있다고 말합니다.

여기에 니느웨라고 하는 성이 나옵니다. 니느웨 성은 현재 고고학적으로 발견된 성입니다. 그런데 니느웨는 앗수르나라의 수도였습니다. 성의 장이 31km, 광이 24km인 굉장히 큰 성입니다. 그리고 이 앗수르사람들은 잔인하다고 소문이 났습니다. 얼마나 잔인한지 보세요. 기록에 보면 이렇습니다. 포로를 잡아올 때 손을 묶어가지고 오는 것이 아니라 코를 꿰가지고 왔어요. 이래가지고 질질 끌고 다니는 이런 못된 사람들입니다. 아주 잔인합니다. 사람을 죽일 때도 목을 베어서 죽이거나 교수형을 처하는 게 아니고 모래밭에다가 사람을 묻어버려요. 그리고 목을 내놓아요. 이렇게 잔인하게 사람을 죽였다고 합니다. 그래서 앗수르사람이 쳐들어온다 하면 그 동네사람들이 온동네가 자살을 해버리기도 했습니다. 이렇게 비참하게 죽을 거니까 아예 미리 죽자 하고 다 죽었습니다. 앗수르사람들이 이렇게 나빴어요. 아주 악명이 높습니다.

그런데 하나님께서 요나에게 말씀하시기를 "앗수르에 가서 40일 후에 망한다고 외쳐라" 하십니다. 요나는 이게 마음에 안들었습니다. 저렇게 잔인하고 못된 백성인데 망하면 잘된 거지, 당연히 망해야지, 망하는데 무슨 준비가 필요하나? 망하는데 무슨 통보가 필요하냐는 거지요. 요나는 하나님의 마음을 읽었던 것입니다. "40일 후에 망한다." 외칠 때 이제 저 사람들이 회개하면 하나님께서 용서하실 것같거든요. 그래서 뒤에 4장 1절에 보면 아주 기가 막힌, 혹은 재미있는 말이 있습니다. "요나가 매우 싫어하고 성내며 여호와께 기도하여 이르되 여호와여 내가 고국에 있을 때에 이러하겠다고 말씀하지 아니하였나이까?" 요나는 벌써 알고 있었습니다. 그래서 항변합니다. "저 니느웨 백성에게 가서 외쳤다가 저들이 회개하면 용서하려고 하시는 거죠? 저는 그것 원치 않습니다. 안갑니다." 그래서 도망을 간 것입니다. 요나, 심산은 고약합니다마는 말은 맞는 말이지요. 저 앗수르같은 못된 백성은 망해야 됩니다, 그런데 왜 살리실 작정입니까, 왜 나에게 가서 외치라고 하시는 것입니까, 왜 복음을 전하라는 것입니까— 못마땅한 것입니다. 하나님께서는 선지자를 통하여 말씀하시지 않고는 성을 멸하는 법이 없습니다. 반드시 복음이 먼저입니다. 회개할 기회를 반드시 주십니다. 그래서 가서

210

외치라고 통첩을 하라는 것인데 마지막 통첩입니다.

자 여러분, 요나는 이게 불만입니다. 저 망하는 백성에게 왜 회개의 기회를 주시느냐? 이겁니다. 왜 다시 돌아올 수 있는 기회를 주시나? 그래서 복음을 전하라고 하는 명령에 그는 거역합니다. 불만스럽습니다. 하나님의 인내와 사랑과 용서가 마음에 안듭니다. 자기 판단대로는 마음에 안듭니다. 그래서 그는 다시스로 도망을 합니다. 그러다가 이 풍랑을 만난 것입니다. 이 풍랑과 함께 그는 벌써 깨달았습니다. '하나님께서 기어이 사건을 만드시는구나! 저 백성을 꼭 구원하실 마음이 있구나!'

그래서 오늘 이 순간 그는 말합니다. "나를 바다에 던져라. 그리하면 평안할 것이다." 나는 니느웨에 가서 복음 전하지 않고 여기서 죽을 것이다, 내가 죽더라도 저 사람들 구원받는 것은 원치 않는다, 이것입니다. 요나, 이건 못됐습니다. 인간치고는 참 못된 인간입니다. 남 잘되는 것을 이렇게 배아파할 것 있습니까? 아무튼 "차라리 내가 죽겠소. 니느웨가 살기보다는 내가 죽는 게 낫소. 나를 바다에 던지쇼." 이렇게 말합니다.

성도 여러분, 내게 맡긴 하나님의 사명 마땅히 해야 할 일이 무엇이라고 생각하십니까? 마지막 후반기를 사는 우리에게 하나님께서 내게 맡기신 일이 무엇이라고 생각하십니까? 그것을 절대로 거역할 생각 하지 마세요. 하나님의 부름을 거역하고 하나님께서 하시는 큰 역사에 이제는 고분고분 순종해야 합니다. 그 같은 하나님의 말씀을 거역한, 거룩한 사명을 거역한 나 하나 때문에 내가 탄 배가 파선합니다. 하나님의 명을 거역한 나 하나 때문에 가정도 가문도 사업도 나라도 망합니다. 이걸 잊지 말아야 합니다. 다른 사람 때문에 내가 불행한 것은 내가 압니다. 다 기억하고 있습니다. 그러나 나 때문에 다른 사람이 불행해진 것은 모르고 삽니다. 나 하나 때문에 다른 사람에게 상처가 있고 다른 사람에게 불행이 가고 있습니다. 나를 버려야 합니다. "나를 바다에 던져라. 그리하면 이 배가 평안하리라." 결국은 바다에 던지었고 그는 큰 물고기 배속에 들어갔다가 다시 나와가지고 니느웨 성으로 갑니다. 할수없이 그는 복음을 전합니다. 다시 말하면 요나가 이렇게 하나님의 명령을 거역했음에도 불구하고 하나님의 말씀은 계속 주어졌습니다. 전할 수밖에 없도록 주어집니다. 그리고 니느웨 백성은 그 요나의 말을 듣고 회개하고 구원을 받습니다.

유명한 믿음의 사람의 기록이 있습니다. "남들은 자유를 사랑한다고 하지만 나는 복종을 좋아합니다. 자유를 모르는 것은 아닙니다마는 당신께 복종하고 싶어요. 복종하고 싶은데 복종하는 것은 자유보다 더 행복하기 때문입니다. 그러나 당신 외에 다른 그 누구에게 복종하라고 하시면 그것은 복종할 수 없습니다. 다른 사람들에게 복종하면 당신에게 복종할 수 없기 때문입니다." 여러분, 하나님께서 내게 주신 사명을 다하고 그 말씀에 복종하는 것이 내가 사는 길이요 또 남을 살리는 길이요, 내가 자유하는 길임을 알아야 할 것입니다. △

심은 대로 거두리라

가르침을 받는 자는 말씀을 가르치는 자와 모든 좋은 것을 함께 하라 스스로 속이지 말라 하나님은 만홀히 여김을 받지 아니하시나니 사람이 무엇으로 심든지 그대로 거두리라 자기의 육체를 위하여 심는 자는 육체로부터 썩어진 것을 거두고 성령을 위하여 심는 자는 성령으로부터 영생을 거두리라 우리가 선을 행하되 낙심하지 말지니 피곤하지 아니하면 때가 이르매 거두리라 그러므로 우리는 기회 있는 대로 모든 이에게 착한 일을 하되 더욱 믿음의 가정들에게 할지니라

(갈라디아서 6 : 6 - 10)

심은 대로 거두리라

아주 늦은 밤, 폭풍우가 몰아치는 스코틀랜드 오지에 한 정치가가 마차를 타고 가던 중에 마차가 갑자기 고장이 났습니다. 이 깜깜한 밤에 어찌할 수가 없는 아주 난감한 처지였는데 천만다행으로 그곳을 지나가던 동네의 한 청년이 자진해서 헌신적으로 도와주어 마차를 수리하고 이 정치가는 여행을 계속할 수 있게 되었습니다. 너무나도 어려운 처지였기에 고마워서 이 청년을 보고 간곡히 물어보았습니다. "참으로 고마운데 자네 소원이 뭔가?" "뭐 다른 것 없습니다. 제 장래소원은 의사가 되는 것입니다." "그래? 그러면 자네 의과대학에 들어가는 것은 내가 보장해줌세." 이렇게 돼서 길을 열어주게 됩니다. 그로부터 50년이 지났습니다. 아프리카 모로코에서 폐렴에 걸려 많은 사람이 죽어가는 바로 그런 때에 바로 몇년 전에 개발한 페니실린이라고 하는 기적적인 약 때문에 한 사람이 죽을 뻔했다가 목숨을 건지게 됩니다. 그 페니실린을 개발한 그 사람은 바로 스코틀랜드에서 정치가의 마차를 수리해주었던 바로 그 청년 알렉산더 플레밍이었습니다. 그리고 목숨을 구한 사람은 바로 윈스턴 처칠입니다. 플레밍을 공부하게 한 사람은 처칠의 아버지입니다. 랜돌프 처칠이었던 것입니다.

참으로 특별한 인연이 아니겠습니까? 자그마한 선행도 절대로 헛되이 돌아가지 않습니다. 그걸 잊지 말아야 합니다. 작은 악도 그저 넘어가지 않고 조그마한 선행도 반드시 심은 대로 거두는 열매를 보게 됩니다. 성경을 심도 있게 읽어보시면 심오한 진리를 찾게 됩니다. 신학적으로 매우 중요한 말씀입니다.

구약성경에 보면 창조라는 말씀이 있습니다. 이 창조라는 말, 요새는 흔히 씁니다마는 엄격히 따지면 창조라는 말은 참으로 신비로운 말씀입니다. 구약성경에 히브리어로 '바라' 즉 '창조'라고 하는 말은 총 쉰다섯 번 나옵니다. 그리고 또 비슷한 말로 'ASah' 즉 '만든다'라는 말이 있는데 이 말은 영어로 말하면 'make'입니다. 창조는 'create'이고 만든다는 말은 'make'라는 말입니다. 그런데 구약성경에 'ASah'라는 말은 이천육백 번 나옵니다.

여기서 생각해야 합니다. 창세기 1장만 놓고 봅시다. 거기에 보면 '바라' 즉 '창조'라고 하는 말, 이것은 딱 세 번 나옵니다. 그 세 번의 의미가 아주 중요합니다. 창조학회에 속한 학자들은 이 사실을 매우 중요하게 학문의 기초로 삼고 있습니다. '하나님께서 창조하셨다.' 1장 1절에 나옵니다. 이것은 무에서 유를 창조하는 그런 의미의 창조입니다. 그 다음 두 번째는 다시 전체가 창조되는 것, 만들어지는 과정을 거친 다음에 다시 말씀합니다. 무기체에서 유기체 생명체를 만드실 때 이것은 만들었다고 되어 있지 않습니다. 창조라고 되어 있습니다. 생명체를 만들었다— 유기체를 만들고요, 그 다음에 다시 또 모든것을 만드는 것입니다. 그 다음에는 사람을 만드실 때 하나님의 형상으로 창조하셨다 했습니다. 이건 창조입니다. 하나님께서 만드신 신기원적 특별한, 무에서 유를 창조하는 것같은 그런 것을 'create', '창조'라고 하는데 이것은 무에서 유, 무기체에서 유기체로 그리고 인격체, 영혼을 가진 인간을 만드실 때 창조라고 되어 있습니다. 이건 진화의 문제가 아닙니다. 창조의 문제입니다. 그래서 진화론자들도 '세 번은 비약을 해야 진화론을 설명할 수 있다' 하는 결론에 이릅니다. 아주 중요한 것입니다.

창조란 무에서 유로 가는 길이고 그리고 만든다는 말은 이미 있는 것, 이미 창조한 것을 가지고 변형을 시키는 것입니다. 혹은 다른 모양으로 만들어낼 때 그것은 만드는 것입니다. 그래서 이건 창조가 아니고 만드는 것입니다. 그러나 하나님의 역사입니다. 이 두 번째 단계 그것을 우리가 깊이 생각해야 합니다. 그래서 우리 잘 아는 오병이어의 기적, 오천 명을 먹일 때 그대로 하늘에서 떡보따리가 떨어져도 되잖아요. 그렇게 하지 않고 하찮은 떡 5개와 물고기 2마리 그걸 가지시고 이걸 소재로 해서 축사하시고 떼어 주십니다. 오천 명을 먹이시는 굉장한 창조의 역사이지만 그러나 이것은 창조가 아닙니다. 이것은 만드는 것입니다. 오병이어라고 하는 작은 소재를 가지고 큰 역사를 만드시는 것입니다. 이것은 만드시는 역사입니다. 깊이 생각해야 합니다. 그런고로 우리는 무에서 유가 창조되는 것같은 것만 하나님의 능력으로 생각하려고 합니다. 아닙니다. 하나님의 능력의 대부분은 이미 있는 것을 가지고, 이미 창조된 것을 가지고 역사하시는 것입니다. 이미 가진 바를 가지고 더 큰 것으로, 더 다른 놀라운 역사로 이렇게 기적을 나타내신다 - 이 점을 꼭 기억하여야 됩니다.

마태복음 25장에 보면 유명한 달란트 비유가 있습니다. 그 달란트 비유에 보면 주인이 한 사람에게는 5달란트, 한 사람에게는 2달란트, 한 사람에게는 1달란트를 주었다는데, 5달란트와 2달란트 받은 사람은 열심히 일해가지고 돈을 배로 만들어 가지고 옵니다. 그런데 1달란트 받은 사람은 땅에다 묻어놨다가 그대로 가지고 왔어요. 그리고 주인에게 대들면서 하는 말입니다. "주인은 심지 않은 데서 거두고 헤치지 않은 데서 모으는 줄 알았으므로……" 주인은 능력이 많아요. 심지 않은 데서 거두고 헤치지 않은 데서 모으는 능력을 가진 분이 그까짓 1달란트 그걸 가지고 나한테 이래라 저래라 할 것 있습니까? 능력 많으신데…… 이런 얘기입니다. 그런데 주인은 크게 책망하십니다. "네가 나는 심지 않은 데서 거두고 헤치지 않은 데서 모으는 줄 알았느냐? 네가 그렇게 말하지 않았느냐? 그런고로 너는 안돼." 그걸 뺏어서 10달란트 가진 자에게 주라 하고 악하고 게으른 종이라고 크게 책망을 하십니다.

여러분, 여기서 깊이 생각해야 합니다. 하나님께서는 어떤 분이십니까? 심지 않은 데서 거두시고 헤치지 않은 데서 모으시는 하나님. 그럴 수 있지요. 하지만 대부분은 만드시는 것입니다. 있는 것을 가지고 역사하십니다. 작지만 우리의 수고를 가지고 역사하십니다. 우리가 심는 수고, 우리가 물주는 수고, 우리가 가꾸는 수고, 우리의 작은 수고를 통해서 하나님께서는 기적을 나타내십니다. 이 수고가 있어야 됩니다. 그걸 필요로 하고 계십니다. 간절히 기다리고 계십니다.

여러분 생각해보세요. 공부하는 사람 열심히 공부해야 합니다. 공부 안하고 꿈속에서 답안지가 나오기를 기다리나요? 그건 잘못된 것입니다. 그렇지 않습니까? 어느 때 고3학생들을 모아놓고 기도회를 하는데 어느 어머니가 재미있는 말씀을 한마디 하십니다. "내가 우리 딸 공부 안하는 것 알거든요. 그 녀석 영 공부 안하거든요. 그런데 하나님 앞에 나와서 '대학 입시 합격하게 해주세요.' 이 기도가 좀 마음에 안들어요. 될 수가 없는 짓인데. 그래서 이런 때는 뭐라고 기도합니까?" 라고 저에게 묻더라고요. 그래서 제가 이렇게 가르쳐

주었어요. 이렇게 기도하세요. "시험보는 날 단 한 번이라도 본 것은 잘 생각나게 해주세요." 그렇게 기도하라고 했어요. 한 번도 공부 안 한 것이 생각나게 하는 것, 그건 아니죠. 그건 아닙니다.

여러분, 꼭 잊지 말아야 됩니다. "심은 대로 거둔다." 하나님께서는 심은 대로 거둔다는 큰 원리에 의해서 우리에게 복을 주십니다. 공짜로 복을 달라고 손 내민다고 주시는 것 아닙니다. 심어야 됩니다. 그래야 거둘 수 있습니다. 그걸 잊지 말아야 합니다. 그래서 문제는 무엇을 심느냐가 중요합니다. 「No Free Lunch－공짜는 없다」라고 하는 논문에 나오는 얘기입니다. 장자의 글입니다. 어느 왕이 백성들을 잘 다스리고 싶은데 무슨 비결이 없을까 해서 자꾸 물어보았더니 그 지혜자들이 책을 12권이나 써왔어요. "이것 너무 많다. 한 권으로 줄여라. 이것도 많다. 한마디로 안되겠느냐." 그러니까 나이많은 지혜자가 대답합니다. "나라를 잘 다스리고 백성을 평안하게 할 수 있는 길, 딱 한마디가 됩니다." "뭐냐?" "'공짜는 없다' 입니다."

여러분, 이 얼마나 중요한 말입니까? '공짜가 있다'가 공산당이요, '공짜가 없다'가 자본주의입니다. 수고한 대로 거두는 것입니다. 거저는 없습니다. 이걸 잊지 말아야 합니다. 거저 받으면 안됩니다. 사람 망가지는 것입니다. 자식들 거저 주지 마세요. 거저 주면 다 끝나는 것입니다. "공짜는 없다." 이 원리 하에서, 다시 말하면 심은 대로 거둔다는 큰 틀 안에서 심어야 됩니다. 그래서 선한 것을 심으면 선한 것으로, 악한 것을 심으면 악한 것으로, 육체를 심으면 육체의 소욕에서 멸망을 거두고, 신령한 것을 심으면 영생을 거두고, 말씀을 심으면 하나님의 능력과 지혜를 거둡니다.

또한 두 번째는 종자가 문제입니다. 무엇을 심느냐. 심은 대로 거두는데 무엇을 심느냐가 중요합니다. 무슨 말을 듣느냐 무엇을 보느냐, 이에 따라서 사람의 운명이 바뀌지 않습니까. 종자를 잘 선택해야 됩니다.

세 번째는 기다려야 됩니다. 농사의 원리란 조급해서는 안됩니다. 심고 가을까지 기다려야 됩니다. 조급은 금물입니다. 너무 서두르지 마세요. 너무 서두르면 안됩니다. 어떤 어머니가, 남편이 밖으로 나돌아서 속이 많이 썩는데, 아들아이가 말썽부린다고 벌써부터 아버지 닮아가지고 못쓰겠다고 자꾸 나한테 와서 걱정을 해요. "그 아들이 몇 살입니까?" 했더니 초등학교 4학년이래요. 너무 서두르지 마시고 좀 기다리세요. 내가 할 일만 다하고 기다리세요. 하나님께서 정하신 시간까지 말입니다.

또 오늘성경말씀은 가르쳐줍니다. "때가 이르매 거두리라." 하나님께서 정하신 때, 조금 지루하지만 그 시간까지 기다리세요. 반드시 거둘 테니까 말입니다. 그럼 나는 지금 무엇을 심고 무엇을 기다리고 있습니까? 여러분, 죄를 심고 숨은 죄를 심어놓고 저게 들통날까봐 두려워하고 있습니까? 아니면 선을 심고 의를 심고 그리고 하나님께서 주시는 큰 축복을 기다리고 있습니까? 나의 기다림의 의미를 생각해보세요. 다가오는 미래를 보며 나는 무엇을 기다리고 있습니까? 무엇을 기다릴만합니까? 한평생 나는 무엇을 심었다고 생각하십니까? 여기에 분명히 묻습니다. "낙심하지 말고 피곤하지 않으면 때가 이르매 거두리라." 귀한 말씀입니다.

제 개인적인 말씀을 드려서 죄송합니다. 제 할아버지가 86세에 세상을 떠나셨습니다. 교회 장로님이셨는데 제가 처음으로 죽음을 보는 그런 시간이었습니다. 그 전날까지 낚시질을 하셨는데 그날 아침에 "아무래도 내가 오늘 갈 것같다. 청소하여라." 청소하고 그리고 안방으로 들어와서 자리를 하고 오후 2시에 누우셨습니다. 그리고 다 모이라고 해서 전부 하나하나 이름 불러가면서 위하여 기도하고나신 뒤 제 손을 딱 잡으시고는 "너는 반드시 목사가 돼야 된다" 하시고는 "다 같이 기도하자. 아멘"하고 가셨어요. 참으로 아름답게 그렇게 가셨는데 제가 두 가지를 특별히 말씀드리고 싶습니다. 하나는 우리집에서는 일 년에 두 번씩 거지잔치를 늘 했는데 한 번 할 때마다 며칠 동안 마당에 천막을 쳐놓고 그때 거지가 많을 때니까 거지들이 와서 마음껏 먹도록 그렇게 해준 것입니다. 그걸 일 년에 두 번 정도 했는데 운명하시는 시간에도 "마지막으로 한 번 더 좀 크게 거지잔치를 해다오" 하셨습니다. 그래 제 선친께서 "그러겠습니다." 약속을 하셨습니다. 그리고 정말 일주일 동안 큰 잔치를 했습니다. 할아버지의 관은 마당 끝에 모셔놓았었는데 장례식 할 때 그 거지들이 모여서 자기들이 하겠다고 관을 둘러메고 산에까지 올라가는 것을 보았습니다. 이렇게 가난하게 사는 사람들을 많이 배려하시고 지냈는데 결국은 내가 아무것도 없이 성경책 하나 딱 들고 피란의 길을 떠나서 오늘까지 살아 있습니다. 배고픈 경험이 없고 여기저기 많은 사람들로부터 도움 받으면서 유학도 하고 공부도 하고 오늘까지 재벌 부럽지 않게 잘삽니다. 성경은 말씀합니다. 잠언에서 분명히 말씀합니다. "의인의 자손이 걸식함을 보지 못하였노라."

여러분, 자녀들을 위해서 이것저것 준비하려고 애쓰지 마시고 선한 일 많이 하세요. 어떤 모양으로든지 하나님께서 다 여러분 자손들 후하게 넉넉하게 그렇게 기르실 것입니다. 또 한 가지는 저는 몰랐습니다마는 가끔 우리집에 인사하러 오시는 손님들이 많아서 봤지마는 그런 일인 줄은 몰랐습니다. 여기 와서 공부하는 중에 젊었을 때 종종 나이많은 목사님들을 만나면 "자네가 그 곽선희 맞나?" "맞습니다." "자네 할아버지가 곽치인 장로 맞나?" "예 맞습니다." "내가 자넬 찾았는데 오늘 만났구먼! 반갑네. 내가 자네 할아버지 장학금으로 공부해서 목사가 됐거든." 그렇게 하는 분들이 많아요. 여러 사람이 그러더라고요. "자네 할아버지가 장학금을 주어서 내가 공부하고 목사가 돼서 그래서 자네를 만나서 반갑다." 반갑게 대해주십니다. 그리하더니 제가 5년 동안 유학을 했지마는 한국 돈 단 백 원도 써본 일이 없습니다. 완전히 100% 장학금을 받고 미국 가서 5년 동안 공짜로 공부했습니다. 할아버지가 심어 놓은 것 제가 거두는 것입니다. 이걸 잊지 말아야 합니다.

부지런히 심으세요. 언젠가는 다 거둘 테니까요. 조급히 서두르지 마시고요 선을 심고, 의를 심고, 선행을 심고, 그리고 말씀을 심으세요. 부지런히 심고 남은 일은 하나님께 맡기고 기다리세요. 때가 이르매 거둘 것입니다. 무엇을 심느냐가 문제이고, 적게 심는 자는 적게 거두고, 많이 심는 자는 많이 거둔다고 고린도후서 9장 6절에 말씀합니다. 인색한 마음으로 하지 마세요. 오히려 감사한 마음으로 하세요. 좀더 넉넉하게 심으세요. 인색하게 하지 말고 많이 심고나면 하나님께서 권고하시는 날에 많이 거두는 축복을 누리게 될 것입니다. "심은 대로 거둔다." 이것이 하나님께서 우리를 축복하시는 바른 길임을 확실히 알아야 하겠습니다.   △

감사로 드리는 제사

내가 가령 주려도 네게 이르지 않을 것은 세계와 거기 충만한 것이 내 소임이로다 내가 수소의 고기를 먹으며 염소의 피를 마시겠느냐 감사로 하나님께 제사를 드리며 지극히 높으신 자에게 네 서원을 갚으며 환난 날에 나를 부르라 내가 너를 건지리니 네가 나를 영화롭게 하리로다 악인에게는 하나님이 이르시되 네가 어찌 내 율례를 전하며 내 언약을 네 입에 두느냐 네가 교훈을 미워하고 내 말을 네 뒤로 던지며 도적을 본즉 연합하고 간음하는 자와 동류가 되며 네 입을 악에게 주고 네 혀로 궤사를 지으며 앉아서 네 형제를 공박하며 네 어미의 아들을 비방하는도다 네가 이 일을 행하여도 내가 잠잠하였더니 네가 나를 너와 같은 줄로 생각하였도다 그러나 내가 너를 책망하여 네 죄를 네 목전에 차례로 베풀리라 하시는도다 하나님을 잊어버린 너희여 이제 이를 생각하라 그렇지 않으면 내가 너희를 찢으리니 건질 자 없으리라 감사로 제사를 드리는 자가 나를 영화롭게 하나니 그 행위를 옳게 하는 자에게 내가 하나님의 구원을 보이리라

(시편 50 : 12 - 23)

감사로 드리는 제사

〈우리 생애 최고의 해〉라고 하는 유명한 영화가 있습니다. 과연 명작입니다. 제2차 세계대전, 그 비참한 전쟁을 배경으로 하고 있습니다. 주인공은 헤럴드 러셀이라는 청년입니다. 그는 자기가 지내온 생을 자서전을 쓰듯이 책으로 써서 발표했습니다. 이것이 베스트셀러가 되었고, 다시 영화화되었습니다. 그는 공수부대원으로 참전합니다. 그리고 전투 중에 폭탄에 맞아 두 팔을 모두 다 잃어버렸습니다. 불구가 된 것입니다. 그는 낙심하여 하나님 앞에 울부짖습니다. "하나님, 저는 이제 쓸모없는 사람입니다." 그때 하나님께서 그에게 응답해주십니다. "잘 생각해보아라. 그래도 잃은 것보다 얻은 것이 더 많지 않느냐?" 그가 가만히 생각해보니 아직 생명이 있고, 두 눈이 있고, 두 귀가 있고, 두 발이 있고, 나아가 다른 사람은 깨닫지 못한 귀중한 진리에 대한 확신이 있습니다. 그래 그는 그 귀한 사실을 책으로 써서 세상에 발표합니다. 그 책이 세계적인 베스트셀러가 되고, 마침내 영화화된 것입니다. 제목이 걸작입니다. 우리 생애 최고의 해 — 대단한 명작입니다. 나중에 그는 기자들의 물음에 이렇게 대답합니다. "나의 육체적인 장애는 큰 축복이었습니다. 그러나 잃어버린 것을 계산할 것이 아니라 하나님께 받은 것을 생각할 때 더 많은 가능성을 보게 되고, 앞이 열리는 것을 보았습니다." 여러분은 잃어버린 만큼 더 많은 것을 얻는다는 생각을 해보았습니까? 비록 육체적이고 물질적인 것은 잃어버리지만, 정신적이고 영적인 것, 육체적이고 물질적인 것보다 더 신비롭고 더 높은 가치가 있는 것을 많이 얻습니다. 이런 역설적인 진리를 경험해보았습니까?

닉 부이치는 팔다리가 없는 상태로 태어난 사람입니다. 하지만 그는 롤러스케이트도 타고, 컴퓨터도 하고, 드럼도 칩니다. 그가 최근에 「허그」라는 책을 써서 세상을 깜짝 놀라게 했습니다. 일약 베스트셀러가 되었습니다. 이 책에서 그는 말합니다. '첫째는 자신을 받아들이는 용기가 필요하다. 불행하냐고, 행복하냐고 묻지 마라. 운명은 자기 자신을 어떻게 받아들이느냐에 달린 것이다. 둘째는 하나님의 위대하심과 무한한 가능성을 신뢰하는 믿음이 필요하다.' 다른 사람과 비교할 때는 불가능한 것같지만, 하나님 앞에서는 또 다른 가능성이 있음을 믿으라는 것입니다. 믿어야 새로운 세계를 발견하리라는 것입니다. 그는 말합니다. '도움을 받으려는 태도가 아니라, 어떻게든 남을 도우려는 마음으로 출발하라.' 그러면 새로운 세상을 보게 되리라고 말합니다.

우리는 하나님의 뜻을 늘 생각합니다. 그의 나라와 그의 의를 구하라고 하셨기에 하나님의 뜻이 무엇인지, 하나님의 마음과 하나님의 서원이 무엇인지를 늘 깊이 생각합니다. 너무 복잡하게 생각하지 맙시다. 우리가 다 부모가 되었으니 이제 압니다. 부모로서 자식한테 바라는 것이 무엇입니까? 데살로니가전서 5장 16절에서 18절까지는 말씀합니다. "항상 기뻐하라 쉬지 말고 기도하라 범사에 감사하라 이는 그리스도 예수 안에서 너희를 향하신 하나님의 뜻이니라." 하나님의 뜻− 하나님께서 오늘본문말씀대로 제물을 구하시겠습니까, 물질을 구하시겠습니까. 모든것이 다 하나님의 것인데 하나님께서 무엇을 바라시겠습니까. 하나님의 뜻은 간단합니다. 우리가 행복하기를 원하십니다. 항상 기뻐하고, 항상 기도하고, 모든 경우,

모든 환경에서, 잘될 때나 못될 때나, 성공할 때나 실패할 때나, 건강할 때나 병들 때나 할 것 없이 모든 경우에 하나님께 감사하기를 하나님께서는 원하고 계십니다. 뿐만 아니라 하나님의 소원은 감상적인 것이 아닙니다. 하나님께서 이 길로 우리를 인도하십니다. 건강할 때 감사할 줄 몰랐던 것, 병들고 나서야 감사합니다. 성공할 때 감사하지 못한 것, 실패하고 나서야 감사합니다. 왜요? 하나님께서는 이것이 하나님의 뜻이기에 우리로 하여금 감사하도록 인도하고 계시고, 그렇게 행동하고 계시고, 그렇게 사역하고 계십니다. 잊지 말아야 합니다.

오늘본문에는 더욱 귀중하고 심오한 말씀이 있습니다. "감사로 제사를 드리는 자가 나를 영화롭게 하나니……(23절)" 감사로 드리는 제사가 나를 영화롭게 하리라— 제가 이 말씀을 읽고 읽고 또 읽어봅니다. 감사로 제사를 드리는 자가 나를 영화롭게 하리라— 하나님을 영화롭게 해드리는 것이 우리 생애의 목적입니다. 그런데 가만히 생각해보면 제사란 죽음을 말하는 것입니다. 죽은 것을 가지고 제사 드리는 법은 없습니다. 살아 있는 것, 그것도 건강하고 가장 깨끗하고 싱싱하게 살아 있는 제물을 가지고 와 제단 앞에서 죽이는 것입니다. 그래서 그 피를 바칩니다. 다시 말하면 생명을 바치는 것입니다. 산 생명, 그 가장 깨끗한 것을 하나님께 바치는 희생입니다. 죽음입니다. 제사는 죽음입니다.

역사가 요세푸스의 기록을 보면 예수님 당시에 유월절이 되면 하나님 앞에 제사를 드리는 사람들이 많은 제물을 가지고 왔는데, 한 자리 한 오후에 무려 14만 마리의 양을 죽였다고 합니다. 그래 그 양들의 피가 강같이 흘렀다는 것입니다. 이건 절대 과장이 아닙니다. 제사를 명목으로 한 곳에서 14만 마리의 양을 죽인 것입니다. 그럼 그 피가 어떻게 되었겠습니까? 우리가 그 옛날 예루살렘 성전을 생각하면 오늘날의 교회 같은 화려한 건물을 떠올리기 쉽지만, 아닙니다. 좀 거칠게 말하면 도살장입니다. 무수한 양과 소가 거기에서 죽임을 당하고 불살라졌습니다. 이것이 제사입니다. 예루살렘성전은 그런 곳이었습니다. 제사는 죽음입니다. 이런 생명을 바치는 희생과 제사를 생각하는데, 감사함으로 바쳐라— 제사와 감사, 아주 대조적인 용어요, 정반대의 용어입니다. 제사는 희생이지만, 감사는 기쁨이요 행복이요, 생명에 대한 축제입니다. 그런데 이 둘을 합쳐서 말씀합니다. 감사로 제사를 드리라— 얼마나 굉장한 말씀입니까. 바로 하나님과 우리의 만남은 제사에서 이루어진다는 것입니다. 우리가 다 죄인이기 때문에 하나님 앞에서 죽는 역사 없이는 하나님 앞에 나아갈 수 없습니다. 그래서 제물을 바치게 되는데, 문제는 자원하는 제사여야 한다는 것입니다. 하나님 앞에 나아가는 마음, 하나님 앞에 제사 드리는 마음이 자원하는 마음입니다.

'느바다'라는 히브리말이 있습니다. '낙헌제'라고 번역할 수 있습니다. 영어로는 free offering, 자유로운 마음으로 자원해서 하라는 것입니다. 그 동기와 목적이 아주 자유롭습니다. 두려움 때문도 아닙니다. 저주받을까 하는 마음도 아닙니다. 의무나 책임도 아닙니다. 부득이해서도 아닙니다. 깨끗한 마음으로 자유로운 가운데 하나님 앞에 드리는 제사입니다. 하나님 앞에 나아가는 희생이 바로 감사여야 한다는 것입니다.

또 그런가 하면 보상받으려는 마음도 없습니다. 내가 이것을 바치면 하나님께서 내게 상을 주실 것이다— 요사이 가만히 보면 우리

한국교회의 축복관(祝福觀)에 문제가 좀 있습니다. 그래서 복을 받으려는 마음이 많고, 복을 받으라고도 하는데, 문제는 복 받기를 바라는 마음이 지나치다는 것입니다. 그래서 하나님 앞에 헌금을 하고 나서도 복을 주시는지 안주시는지 지켜봅니다. 그런데 복을 안주시는 것같거든요? 그러면 헌금한 것 되돌려달라고 합니다. 그래 심지어 어느 교회 목사님은 마음대로 밖에도 못나갑니다. 여기저기 눈치를 봐가며 피해 다닙니다. 뿐만이 아닙니다. 어떤 목사님은 보디가드를 데리고 다니게 생겼다고 하소연하기도 합니다. 목사님을 딱 붙들고 이렇게 말한다는 것입니다. "나 헌금했는데, 복이 안왔습니다. 다시 돌려주세요." 어떡하면 좋겠습니까? 이렇게 하나님 앞에 바치는 희생마저 복 받으려고 하는 마음으로 꽉 차 있습니다. 하나님과 거래를 하는 것입니다. 장사를 하는 것입니다.

그래서 '선금십일조'라는 말까지 있습니다. 우리 예수소망교회인은 이런 것 모릅니다. 설명하면 이렇습니다. 누가 일을 해서 만 원을 벌었다고 합시다. 그래 그 가운데 천 원을 하나님 앞에 냅니다. 그게 십일조입니다. 하나님께서 주신 것 가운데 열의 하나를 바치는 것이 십일조인데, 이것은 아닙니다. 만 원을 벌기 위해서 천 원을 빚내다가 먼저 내는 것입니다. 그렇게 하면 하나님께서 만 원을 주신다고 믿는 것입니다. 순서가 완전히 거꾸로 된 것입니다. 그런데 이것이 잘 안된다는 말입니다. 그러니까 원망 불평으로 떨어지는 것이지요. 이게 무슨 짓입니까? 분명히 제사는 제사인데, 이것은 자원하는 제사가 아닙니다. 하나님을 모독하는 제사입니다. 보상받으려는 마음이 앞서면 이것은 절대로 하나님을 영화롭게 해드릴 수 없습니다.

똑같은 이야기입니다. 추석이나 설에 많은 사람들이 고향으로 내려가지 않습니까. 줄잡아 천만 명이 이동을 합니다. 이 문제를 두고 누가 글을 썼습니다. '왜 이렇게 고향으로 내려가려고 애쓰는가? 내려가지 않으면 아버지가 가지고 있는 땅을 팔았을 때 그 돈을 유산으로 주지 않기 때문이다.' 추석에도 내려오지 않은 괘씸한 놈이니까 유산 안준다, 이것입니다. 그래서 아버지가 가지고 있는 고향 땅을 유산으로 받으려면 명절 때 고향에 내려가야 된다는 것입니다. 이것이 효도입니까? 이런 자식을 자식이라고 불러야 됩니까? '아버지 죽으면 나한테 얼마가 돌아올까?' 이 생각만 하고 있는데, 되겠습니까.

제가 소망교회에서 26년 목회하고 은퇴할 때 교회에서 제게 사택을 하나 주었습니다. 그걸 등기할 때 그대로 교회에 헌금하고 말았습니다. 그래서 저는 집이 없습니다. 왜요? 너무 거룩하게 생각하지 마십시오. 제가 아이들 불러놓고 일렀습니다. "내가 이걸 가지고 있으면 너희가 이 아버지 죽기만 바라지 않겠느냐. 아버지 죽으면 이거 내 건데, 할 것 아니냐. 나 그 꼴 못본다. 그냥 잊어버려라. 하나님께 바칠 것이다." 이 문제 앞에서 나는 아니라고 한다면 그거 거짓말입니다. '아버지 돌아가시면 얼마가 내 건데' 하고 쳐다본다는 말입니다. 그리고 날마다 '아버지 언제 죽나?' 하고 쳐다봅니다. 이 자식을 자식이라고 불러야 됩니까? 하나님을 영화롭게 해드리고, 하나님께 제사를 드리는데, 나한테 돌아오는 보상이 무엇인가? 축복이 무엇인가? 잔뜩 그런 눈치만 보고, 그런 신경만 쓰고 있는 것입니다. 이것은 하나님을 영화롭게 해드릴 수가 없습니다. 좀 더 높은 차원에서 말하면 은혜를 갚으려는 마음도 좋은 마음이 아닙니다.

여러분은 부모님께 어떻게 합니까? 부모님의 은혜를 갚을 수 있습니까? 부모님이 내게 베푸신 모든 은혜를 이제 내가 효도를 통해서 갚을 수 있습니까? 그때와 지금이 다른데 어떻게요? 그 정성과 그 눈물과 기도를 어떻게 갚습니까. 잊지 말아야 합니다. 진실로 은혜란 갚을 수 없는 것입니다. 영원히 갚을 수 없는 것입니다. 하나님의 은혜를 내가 갚겠다는 것은 건방진 마음입니다. 다시 생각해야 합니다. 사람에게 보이려고 해서는 더더욱 안됩니다. 사람들한테서 칭찬받으려는 마음으로 사람들한테 시선을 두고, 거기에 신경을 쓰면서 제물을 바치려는 마음, 합당치 않습니다. 오로지 감사한 마음으로 바쳐야 합니다.

이런 실화가 있다고 합니다. 미국의 어느 시골교회에서 있었던 일입니다. 한 아주머니가 남편 없이 혼자 사는데, 아이가 다섯입니다. 너무너무 고생이 심하고 생활이 어렵습니다. 그래 남의 집 빨래를 합니다. 추운 겨울에도 해야 합니다. 세탁기가 없던 시절입니다. 집집마다 돌아다니면서 빨랫감을 얻어 와야 합니다. 수고가 이만저만이 아닙니다. 그러면서 아이들과 함께 살아갑니다. 그런데 가만히 보니 이 아주머니가 주일마다 하나님 앞에 5센트씩 헌금을 합니다. 이것을 교회에서 다 알았습니다. 그래 하루는 나이많은 장로님 한 분이 아주머니를 불렀습니다. "아주머니! 그 어려운 살림에 주일마다 5센트씩 헌금하시는 것, 참으로 감동적입니다. 참으로 귀한 일입니다. 그 헌금 하느라고 얼마나 수고하십니까. 그러니 말씀인데, 그 5센트를 제가 대신 내드릴 테니 다음주일부터는 헌금 안하셔도 됩니다. 저는 주일마다 1불씩 내는데, 이제부터는 아주머니 몫까지 합해서 1불 5센트씩 내겠습니다. 아주머니는 다음 주일부터 헌금 안하셔도 되겠습니다." 그랬더니 이 아주머니가 목놓아 울기 시작합니다. 그러면서 하는 말입니다. "제가 주일마다 5센트씩 하나님 앞에 바치면서 경험하는 기쁨과 감격을 어찌하여 빼앗으려고 하십니까?"

진정한 제사는 기쁨과 감격입니다. 바치면서 기쁘고, 희생하면서 행복한 것입니다. 이것이 자랑스럽고 영광스럽고 감사한 것입니다. 희생 자체가 감사입니다. 그래서 오늘본문은 말씀합니다. "감사로 제사를 드리는 자가 나를 영화롭게 하나니……(23절)" 얼마나 귀중한 말씀입니까.

소파 방정환 선생님은 처음으로 '어린이'라는 말을 만들어 쓴 분입니다. 그 전에는 그냥 '아이'라는 말을 썼습니다. 그래서 교회에서 내는 잡지 이름도 「예수님의 아이」입니다. 한데 방정환 선생이 '어린이'라는 말을 처음으로 만들어 썼습니다. 얼마나 좋습니까. 어린이 ─ 그가 어느 날 저녁 집에서 촛불을 켜놓고 책을 읽고 있는데, 강도가 들었습니다. 복면을 한 채 칼을 들고 협박하면서 돈을 내놓으라고 요구합니다. 그래 선생은 너무 위협하지 말라고 달래고는, 서랍을 열어 당시로서는 큰돈인 390원을 꺼내 강도에게 주었습니다. 그때 그 돈을 받아들고 돌아서 가려는 강도한테 선생이 말합니다. "여보게 이 사람아! 줬으면 고맙다고 인사를 해야지." 그러니까 그 강도가 "별놈 다 보겠네. 강도가 인사하는 것 봤어? 좌우지간 고마워" 하고는 나갔다는 것입니다. 한데 나간 지 얼마 지나지 않아 그 강도가 순경한테 붙들려서 다시 선생의 집으로 왔습니다. 그 강도를 끌고 온 순경이 선생한테 묻습니다. "당신 집에서 390원을 강도질해서 나왔다는데, 사실입니까?" 그러자 선생은 말합니다. "아닙니다. 내가 준 것입니다. 고맙다고 나한테 인사까지 했는데, 그게 어떻게 강도요? 고맙다고 인사하는 강도 봤소? 이건 내가 준 거요." 그 소리에 순경도 더는 할 말이 없어 강도를 풀어주고 그냥 돌아갔습니다. 그러자 그 강도가 선생 앞에 무릎을 꿇고 회개합니다. "더 바라지 않습니다. 선생님 집에서 일생동안 청소하며 살게 해주세요." 그때부터 그 강도는 그대로 선생 집에 눌러앉아 일생을 바쳐서 청소하는 사람으로 살았다고 합니다.

진정한 감사는 나 자신을 제물로 바치는 것입니다. 내 생명을 제물로 바치는 것입니다. 잊지 말아야 합니다. '그가 나를 영화롭게 하리라. 감사의 제사를 드리는 자가 나를 영화롭게 하리라.' 이 감사는 무조건적입니다. 온전한 감사여야 됩니다. 그의 마음, 그의 중심, 그의 정성을 다하고 다시 생각합시다. 바치는 그 자체, 희생 그 자체를 기뻐하는 것입니다. 교회를 위해서, 하나님의 영광을 위해서, 거룩하신 뜻을 위해서 희생하는 것, 작지만 희생하는 그 자체를 감사할 때 그가 나를 영화롭게 하리라─ △

그 아브라함의 딸

안식일에 한 회당에서 가르치실 때에 십 팔 년 동
안을 귀신들려 앓으며 꼬부라져 조금도 펴지 못하는
한 여자가 있더라 예수께서 보시고 불러 이르시되 여
자여 네가 네 병에서 놓였다 하시고 안수하시매 여자
가 곧 펴고 하나님께 영광을 돌리는지라 회당장이 예
수께서 안식일에 병 고치시는 것을 분내어 무리에게
이르되 일할 날이 엿새가 있으니 그 동안에 와서 고
침을 받을 것이요 안식일에는 말것이니라 하거늘 주
께서 대답하여 가라사대 외식하는 자들아 너희가 각
각 안식일에 자기의 소나 나귀나 마구에서 풀어내어
이끌고 가서 물을 먹이지 아니하느냐 그러면 십 팔
년 동안 사단에게 매인 바 된 이 아브라함의 딸을 안
식일에 이 매임에서 푸는 것이 합당치 아니하냐 예수
께서 이 말씀을 하시매 모든 반대하는 자들은 부끄러
워하고 온 무리는 그 하시는 모든 영광스러운 일을
기뻐하니라

(누가복음 13 : 10 - 17)

그 아브라함의 딸

　제 개인적인 체험 한 가지를 말씀드리겠습니다. 제게는 아주 소중한 기억입니다. 제가 아마 중학교 다니던 때인 것같습니다. 고향에서 늘 새벽기도를 나가곤 했는데, 어느 추운 겨울날 새벽기도를 마치고 집으로 돌아가던 길이었습니다. 걸어서 15분 정도 되는 거리입니다. 그 중간에 크고 긴 다리가 하나 있었습니다. 그 다리 끝에는 집이 하나 있었습니다. 목수의 집이었습니다. 그 집 앞을 지날 때마다 제 마음이 아주 괴로웠습니다. 왜냐하면 구슬피 우는 소리가 들리기 때문입니다. 여자가 우는 소리입니다. 어떤 때는 조용한 시골이니까 잠깐 서서 들어보기도 합니다. 어쩌면 그렇게 슬피 우는지 모릅니다. 그 사연은 이렇습니다. 그 집에 한 20세 된 처녀가 있는데, 이름이 특별합니다. '별따'였습니다. 별명인지 이름인지 모르겠습니다마는, 사람들이 '별따, 별따' 했습니다. 그 처녀가 귀신이 들렸습니다. 그래서 어떤 때는 새벽기도 갔다 오다 보면 그 처녀가 옷을 다 벗고 거리를 돌아다닙니다. 뛰어다니기도 합니다. 그래 그 부모가 이 실성한 딸을 붙잡으려고 무슨 경주를 하다시피 쫓아다니는데, 늙은 사람들이 젊은 사람을 어찌 따라가겠습니까. 결국 하도 돌아다니고 소리를 지르니까 붙들어다가 문턱에 꽁꽁 묶어놓았습니다. 그래 그렇게 슬피 울었던 것입니다. 우는 것까지 막을 수는 없지 않습니까. 그런 딱한 장면을 저는 날마다 새벽에 보았던 것입니다. 새벽기도 마치고 집으로 돌아가다가 그 집 앞을 지나칠 때마다 저는 그렇듯 구슬피 우는 소리를 들었습니다. 그러면 저는 그 앞에 잠깐 멈추어 서서 늘 이렇게 기도했습니다. "하나님! 언제 내게 능력을 주시어서 저 귀신들린 여자 같은 사람을 깨끗하게 할 수 있겠습니까? 그런 능력을 언젠가 제게 주십시오." 그런 기도를 하곤 했습니다. 정말 중요한 사건입니다. 온 가정을 불행하게 만든 처녀입니다. 한 사람만의 불행이 아닙니다. 온 가정이 불행해지니, 그 처녀가 없어지면 좋겠다고 하겠지요. 그러나 없애지는 못하고, 버리지도 못하고, 내쫓지도 못하고 온 가족이 그 아이 하나 때문에 불행하게 사는 것을 보았습니다. 이런 버려진 인간상을 어떻게 생각해야 합니까? 이것이 사람입니까, 아닙니까? 사람으로 보아야 할 것입니까, 아니라고 해야 할 것입니까? 저는 그 여자를 생각할 때마다 성경에 나오는 귀신들린 사람이 생각나고, 성경에서 귀신들린 사람 이야기를 볼 때마다 그 여자 생각이 납니다. 그때 그 장면을 잊을 수가 없습니다.

오늘 본문에는 무려 18년 동안이나 귀신들려 앓는 여자가 나옵니다. 스무 살에 귀신들렸다면 지금 서른여덟 살인 셈입니다. 한평생을 귀신들린 상태에서 그렇듯 정신없이 살아온 사람입니다. 그 한 여자 때문에 온 집안이 얼마나 고통스러웠겠습니까. 게다가 몸이 꼬부라져서 펴지지도 않습니다. 등뼈가 굽은 것도 모자라 귀신이 들린 정신병자입니다. 이걸 어떡하면 좋습니까? 온 집안이 얼마나 함께 불행했겠습니까.

페리(R. B. Perry) 교수의 「가치론」이라는 책이 있습니다. 이 책에서 그는 평범하지만 소중한 인간가치를 이렇게 평가합니다. 하나는 물질적 가치, 소유에 의해서 평가하는 것입니다. 돈이 많으면 큰 사람이고, 돈이 없으면 천한 사람이고…… 이렇게 돈을 보고 평가하는 경우가 많습니다. 그래서 이렇게 높이 평가받고 싶어서 옷도 잘

입어야 되고, 사는 것도 잘살아야 되는 것같습니다. 저는 혼자서 고학을 하고 어렵게 살았습니다. 기숙사에서 5년 동안 살았습니다. 겨울방학이 되면 다들 집으로 돌아가지만 저는 혼자 기숙사에 남아 난로도 없는 방에서 한겨울을 지내야 했습니다. 갈 데가 없었으니까요. 그렇게 아무것도 없이 살았습니다. 그래서 그런지 제가 좀 편견이 있습니다. 아무리 지우려고 해도 지우기 어려운 편견이 하나 있습니다. 이런 것입니다. 간혹 우리 교인들 가운데 이렇게 나한테 와서 부탁하는 사람이 있습니다. 어머니가 나한테 와서 하는 말입니다. 돈이 많은 집입니다. "우리 딸아이가 요새 연애를 한다는데, 지금 의과대학 다니는 학생인데, 아무것도 없는 놈이에요. 아무것도 없는 놈이 고학을 하면서 의과대학을 다니는데, 그놈하고 좋아가지고 지금 죽고 못사는데, 목사님 그것 좀 떼어내주세요." 그 다음 말이 더 기가 막힙니다. "감히 어떻게 우리 딸을 넘보나?" 제가 무척 기분이 나쁩니다. 제가 그렇게 살았으니까요. "감히 우리 딸을……" "당신 딸이 누구요? 별것도 아니더구만." 이것 말이 안되는데, 실제로 제가 그런 일을 했습니다. 목회고백입니다. 3년 연애를 한 사이입니다. 그저 '언젠가는 어머니가 들어주겠지' 했는데, 끝내 안들어줍니다. 마지막에 결혼을 해야겠는데, 또 안들어주고 어머니가 난리를 칩니다. 그래 제가 결혼식을 해줘버렸습니다. 007작전입니다. 훼방을 놓겠다고 난리를 쳐서 007작전을 한 것입니다. 문 닫아 걸어놓고, 여기서 결혼식을 해줬습니다. 그리고 부탁을 했습니다. "이렇게 했으니 이제 부부가 됐다. 당장 가서 때리든 침을 뱉든 어머니한테 가서 인사를 드리고 신혼여행을 가라. 갔다 와서 어머니 잘 모셔라." 그대로 했습니다. 그 다음에 아들을 하나 낳아 놓으니까 정신이 없습니다. 그 어머니가 그렇게 좋아하더라고요. 감히 어떻게…… 이게 말이 됩니까. 돈 몇푼 있다고 그렇게 말할 수 있는 것입니까. 사람을 돈을 가지고 평가하는 것, 정말 안되는 일입니다. 다시 말씀드릴까요? 벌 받을 마음입니다. 하나님께서 그 재산을 그냥 두시지 않습니다. 그런 마음을 가지고 있으면서 사람을 물질로 평가해서는 안됩니다.

또한 신체적 조건을 가지고 평가해서도 안됩니다. 건강한 것, 얼짱인 것, 몸짱인 것, 아름다워 보이는 것…… 건강한 자식만 내 자식입니까. 어떻게 사람을 외모로 판단합니까. 건강할 때도 있고, 병들 때도 있는 것입니다. 신체조건을 기준으로 사람을 보아서는 안됩니다. 얼굴이 어떻고, 왕자복근이 어떻고…… 그만합시다. 사람을 육체적 조건으로 평가해서는 안됩니다.

또 한 가지는 정신적 가치가 있습니다. 그 사람이 얼마나 아느냐? 얼마나 공부를 했느냐? 어떤 예술감정이나 지식과 학벌을 기준으로 평가하는 것, 옳지 않습니다. 우리는 습관적으로 그런 경향이 있는데, 특별히 외국사람들하고 말할 때는 적어도 세 가지는 물어보면 안됩니다. 절대로 물어보면 안됩니다. 첫째, 고향이 어디냐? 둘째, 나이가 얼마냐? 셋째, 어느 대학을 나왔느냐? 이런 것 물었다가는 당장 얼굴이 노래집니다. 뭐 이런 인간이 다 있냐, 이것입니다. 어느 대학을 나왔건, 나이가 얼마건, 고향이 어디건 그게 무슨 상관이라는 말입니까. 이런 신경 쓰는 것, 사람을 잘못 평가하는 것입니다. 외국사람들은 이 세 가지만 물으면 펄쩍 뜁니다. 다시 만나기 어렵습니다. 아주 조심해야 합니다. 어느 대학을 나왔느니 못나왔느니, 공부를 했느니 못했느니…… 잊지 말아야 됩니다. 자식들 공부

시키려고 애를 많이들 씁니다마는, 공부 잘한 사람치고 성공한 사람이 없습니다. 없다면 없는 줄 아십시오. 천재라는 사람치고 제대로 된 사람이 없더라니까요. 대충 놔두세요. 그저 공부 잘했으면 남의 집 비서실장이나 한 번 할까, 사장은 절대 못합니다. 왜요? 머리가 왔다 갔다 하니까 안되거든요. 그저 보통사람이 좋습니다. 너무 지식에 준해서 세상을 평가하려고 하지 마십시오.

또한 인격적 가치, 삶의 의미를 기준으로 평가하는 것입니다. 호세 오르데가 이 가세트(Jose Ortega Y. Gasset)의 재미있는 책이 있습니다. 「집단의 반란」이라는 책입니다. 이 책에서 그는 사람에는 단순유식이 있고, 단순무식이 있다고 설명합니다. 가장 무서운 것은 '유식하게 무식한 것'이라고 말합니다. 아는 것같기는 한데, 실은 아무것도 모르는 것입니다. 안다는 것이 병인 것입니다. 이제는 한 50년 동안 목회를 했으니까 제가 사람 볼 줄을 알지 않습니까. 가끔 보면 그렇습니다. 저 사람 일류대학만 안나왔더라면 좋은 사람인데, 그 대학 때문에 망가지더라니까요. 항상 그런 것이 있습니다. 아무것도 없으면서 '내가, 내가……' 합니다. 그러니 어쩌라는 말입니까. 그것 싹 지워버리면 좋은 사람입니다. 그것 때문에 가정까지 파괴됩니다. 아내를 무시하니까요. 남편은 서울대학을 나오고 부인은 고려대학을 나왔습니다. 그만하면 괜찮지 않습니까. 그런데 말끝마다 그런답니다. "고려대학도 대학이냐?" 그 바람에 못살겠답니다. 저더러 "이 사람하고 살아야겠습니까, 말아야겠습니까?" 하는데, 저 대답 못했습니다. 뭐라고 대답하겠습니까. 그것도 대학이냐고, 말끝마다 그런답니다. 정말 못됐습니다. 한평생 그렇게 살기도 쉽지 않습니다. 불행한 사람입니다. 정말 뭐에 씌어도 단단히 씐 사람 아닙니까. 사람 여러 가지입니다.

그렇다면 오늘본문에 나타난 이 여인, 어떻게 평가해야 됩니까? 18년 동안이나 귀신들린 상태로 살았습니다. 게다가 등이 꼬부라졌습니다. 쓸모없는 인간이요, 불편한 인간입니다. 쓰레기 같은 인간입니다. 한데 예수님께서 이 여자를 만나시고 '이 아브라함의 딸'이라고 하십니다. 저는 이 한마디가 그렇게 눈물겨울 수가 없습니다. 아브라함의 딸이다, 택함 받은 백성이다…… 예수님의 인간관, 사람을 보시는 예수님의 눈이 얼마나 굉장합니까. 큰 감격이 여기에 있습니다. 이 아브라함의 딸― 그 속에 하나님의 형상이 있습니다. 그 내면의 세계를 보시는 것입니다. 겉을 보시는 것이 아니라 속을 보신 것입니다. 속사람을 보시니까 하나님의 형상이요, 아브라함의 딸입니다. 그 부자유한 상태를 보신 것입니다. 생각의 자유마저 잃어버렸습니다. 예수님께 나아온 사람들이 다 제각기 "제 병을 고쳐주세요. 저를 만져주세요" 하지마는, 이 사람은 "저를 고쳐주세요"라는 말 한마디조차 할 수 없는 사람입니다. 왜요? 정신병자니까요. 얼마나 불쌍합니까. "나를 고쳐주세요"라는 말 한마디를 못하는 것입니다.

가끔 제가 북한선교를 한다고 하니까 많은 사람들이 제게 질문할 때가 있습니다. 참 진지하게 질문을 합니다. 의약품도 갖다줬고, 가래떡도 갖다주고 그랬답니다. 그런데 하는 말이 "목사님! 그런데 말입니다. 북한선교 힘들어요. 고맙다는 말이 없어요. 단 한 번도 감사하다는 말을 못들었어요. 피곤하고 힘듭니다." 그래서 제가 대답을 했습니다. "공부 좀 더하세요. 변증법적 유물론에는 감사라는 말이 없어요. 감사라는 말을 해본 일이 없어요. 왜요? 모든것이 혁명이니까요." 제가 봄에 한 번 차를 타고 지나가면서 보니까 모내기를 하는데, 거기에 써 붙이기를 '모내기혁명'이라고 해놓았습니다. 모내기가 어째서 혁명입니까? 모든것을 혁명으로 치는 것입니다. 혁명을 해서 얻은 것이니 거기에 무슨 감사가 있겠습니까. 잊지 말아야 합니다. 파업을 하고 데모를 하고 난리를 쳐서 간신히 얻어냈는데, 뭘 고맙다고 하라는 말입니까. 변증법적 유물론 속에는 감사라는 단어가 없습니다. 한 번 해본 적도 없고, 들어본 적도 없습니다. 그러면 어떻게 이 사람이 감사라는 말을 하겠습니까? 감사라는 말을 들으면서 일하려면 할 수 없는 것입니다. 깊이 생각해야 합니다. 참으로 불쌍하지 않습니까.

심리학용어 가운데 '내 자아'라는 말이 있습니다. 순수한 자아는 내가 되고 싶은 것입니다. 항상 나 자신이 되고 싶은 마음이 있습니다. 그리고 나로서 인정을 받고 싶고, 나대로, 이대로 또 사랑 받고 싶은 것이 사실입니다. 작으면 작은 대로, 있으면 있는 대로, 공부를 못했으면 못한 대로, 그대로 사랑 받고 싶은 것입니다. 이것이 나, 순수한 자아의 모습입니다. 그런데 성장과정에서 자기 자아가 잘못되는 경우가 있습니다. 억압되는 것입니다. 억압되면 거짓말을 합니다. 아이들한테 잘못한다고 자꾸 책망해보십시오. 그러면 아이들은 거짓말을 합니다. 거짓말을 하게 만든 것이 어머니입니다. 진실을 말할 때, 실수를 할 때 그냥 받아주었으면 사실대로 말할 수가 있는데, 실수할 때마다 혼을 내니까 실수 안한 것처럼 보이려 할 수밖에요. 이제 거짓말하는 사람으로 바뀌는 것입니다. 거짓자아가 나오는 것입니다. 진정한 나는 숨어버리고 맙니다. 허구적인 인사가 되고, 눈치 보는 사람이 되는 것입니다. 의기소침해집니다. 그런 사람이 될 수밖에 없습니다. 이것이 체질이 돼버리고 맙니다. 그러니까 마지막에는 내면을 상실하고, 반항과 고독과 허무, 그리고 병으로 이어지는 것입니다. 얼마나 불쌍합니까. 부자유함. 본래 저런 사람이 아닙니다. 그런데 그렇게 되어버렸습니다. 이 내면세계의 깊은 진실을 예수님께서는 알고 계셨고, 인정하셨다는 말씀입니다. 그리고 하나님의 은총적 시각으로 세상을 봅니다. 내면세계를 보고, 또 미래를 보고, 또 멀리 보았습니다.

제가 나진에 고아원을 세운 지가 한 20년 됐습니다. 지금 거기에서 550명의 고아들이 잘 자라고 있습니다. 그 고아원을 세워달라는 부탁을 받고 제가 북한을 방문했을 때의 일입니다. 그 불쌍한 아이들이 움막 속에 있는 것을 보았습니다. 제가 잊지를 않습니다. 보니까 비참합니다. 그 아이들이 사람이 아닙니다. 그 다음 움막을 보니까 더 비참합니다. 그리고 이제 세 번째 움막으로 가려고 하니까 "목사님, 거기는 가지 마세요. 그 비참한 것을 보면 아마 목사님 한 달 동안 식사 못하실 겁니다" 합니다. "알았어요. 안갈게요." 그때 제 손에는 카메라가 있었습니다. 그러나 사진을 찍지는 않았습니다. 그랬더니 "목사님, 카메라가 있는데 사진 안찍으십니까?" 합니다. "내가 지금 보기도 이렇게 비참한데, 이걸 누구에게 보이려고 사진을 찍겠습니까? 내 양심은 사진을 찍을 수가 없습니다." 그랬더니 제 손을 잡고 "목사님, 그래서 우리가 목사님을 존경합니다" 하더라고요. 그래서 제가 심혈을 기울여서 고아원을 세워주었습니다. 왜요? 지금 저 비참한 아이들 딱 두 달만 먹이면 동그란 얼굴이 됩니다. 정말입니다. 그 비틀어진 아이들이 두 달만 지나고 나면 못알아보게 깨끗해지는 것을 볼 때 그 미래를 봅니다.

　　예수님께서는 지금 귀신들린 여자를 보시지만, 귀신만 나가면 깨끗해지는 것입니다. 귀신만 나가면 아름다운 여자라는 말입니다. 이것을 예수님께서는 보고 계십니다. 죄인을 보시면서 용서하시고, 용서받은 새 사람을 예수님께서는 벌써 보고 계셨던 것입니다. 은총으로서의 새로운 세계를 보신 것입니다. 그래서 이 매임에서 푸는 것이 얼마나 소중한 일이냐고 말씀하십니다. 사랑하면 미래가 보입니다. 사랑하면 내면세계가 보입니다. 사랑하면 소망이 보입니다. 어떤 시각으로 세상을 보느냐가 문제입니다. 나 자신을 볼 때 어떻게 봅니까? 내가 남을 볼 때 어떻게 보고 있습니까? 외적인 조건에 매이지 마십시오. 사람을 외모로 보지 마십시오. 내면세계를 보시고, 그의 영원한 세계를 보셨습니다. 또한 하나님께서 그를 사랑하셨습니다. 하나님께서 사랑하신 자를 내가 사랑해야지요.

　　'하나님께서 사랑하시는 자를, 그리스도께서 위하여 죽으신 형제를 어찌하여 식물로 망하게 하느냐.' 바울의 기독교 윤리의 핵심입니다. 그리스도께서 위하여 죽으신 형제 - 그리고 그를 봅니다. 여기서 새로운 인간관을 가질 수 있고, 새로운 세계를 볼 수 있습니다. 이 마음으로 나를 보고, 이 마음으로 또 이웃을 보아야 하겠습니다. 이 아브라함의 딸, 그 예수님의 깊은 말씀을 마음에 새기면서 새로운 세계를 열어가야 할 것입니다.　△

잠잠하라 고요하라

    그 날 저물 때에 제자들에게 이르시되 우리가 저편
으로 건너가자 하시니 저희가 무리를 떠나 예수를 배
에 계신 그대로 모시고 가매 다른 배들도 함께 하더
니 큰 광풍이 일어나며 물결이 부딪혀 배에 들어와
배에 가득하게 되었더라 예수께서는 고물에서 베개
를 베시고 주무시더니 제자들이 깨우며 가로되 선생
님이여 우리의 죽게 된 것을 돌아보지 아니하시나이
까 하니 예수께서 깨어 바람을 꾸짖으시며 바다더러
이르시되 잠잠하라 고요하라 하시니 바람이 그치고
아주 잔잔하여지더라 이에 제자들에게 이르시되 어
찌하여 이렇게 무서워하느냐 너희가 어찌 믿음이 없
느냐 하시니 저희가 심히 두려워하여 서로 말하되 저
가 뉘기에 바람과 바다라도 손종하는고 하였더라
(마가복음 4 : 35 - 41)

잠잠하라 고요하라

1700년대에 영국을 떠나서 미국으로 가고 있는 배 한 척이 있었습니다. 큰 풍랑을 만나서 배가 침몰될 것같은 그런 위기에 많은 사람들은 울고불고 정신을 차리지 못하고 있었습니다마는, 오직 한 사람은 그 소란한 가운데서도 조용하게 찬송을 부르고 있었습니다. 평안한 얼굴로 말입니다. 그래서 "웬일이오?" 하고 물어보았습니다. 이 사람은 존 웨슬리라는 선교사였는데 찬송을 부르고 있다가 그들에게 이런 대답을 했습니다. "걱정하지 마세요. 잘 갈 겁니다. 목적지까지 잘 갈 겁니다." 그러자 사람들이 "아니, 지금 배가 파선 직전인데 가긴 어딜 갑니까?" "걱정하지 마세요. 천당을 가든지 미국을 가든지 둘 중에 한 곳은 갈 겁니다."

여러분, 한번 이렇게 달관적으로 생각해 볼 수 없겠습니까? 어차피 갈 곳으로 가는 것입니다. 천당을 가든지 미국을 가든지 말입니다. 이윽고 그는 계속 찬송을 불렀습니다. 사람들이 또다시 물었습니다. "당신은 이 파도가 무섭지 않습니까?" "아니요, 전혀요. 결코 그렇지 않습니다. 왜냐하면 나는 하나님께서 내게 맡기신 일을 다하기까지는 절대로 죽지 않는다고 믿기 때문입니다." 이런 유명한 말을 했습니다. 그때에 부르던 그의 찬송을 정리해서 존 웨슬리의 동생 찰스 웨슬리가 작곡을 해가지고 오늘 우리가 부르는 찬송가가 있습니다. 388장인데요, '비바람이 칠 때와 물결 높이 일 때에 사랑 많은 우리 주 나를 품어주소서. 풍파 지나가도록 나를 숨겨주시고 안식 얻는 곳으로 주여 인도하소서.' 절절히 이 찬송은 우리에게 큰 위로를 주는 찬송으로 전해지고 있습니다.

성도 여러분, 한번 깊이 생각해봅시다. 평안할 때에 깨닫지 못한 하나님의 존재, 고통 중에 깨닫게 됩니다. 건강할 때 느껴보지 못한 하나님의 사랑을 병들었을 때 느끼게 됩니다. 형통한 날에 몰랐던 사랑을 큰 시련을 당할 때 깊은 사랑의 세계를 우리가 느끼게 됩니다.

사도행전 27장 21절 이하에 보면 로마로 가는 배 한 척이 있었습니다. 276명이 탄 큰 배입니다. 이런 큰 배가 지금 로마로 가고 있다가 풍랑을 만나서 파선이 됩니다. 그 큰 시련 속에서 사도 바울은 당당하게 이 두려움에 떠는 사람들에게 설교를 합니다. "나는 하나님을 믿습니다. 하나님께서 내게 말씀하신 그대로 되리라고 믿습니다. 여러분은 안심하세요. 내가 무사히 로마로 가야 할 것입니다. 그런고로 여러분도 무사할 것입니다." 이렇게 위로하는 말을 들을 수가 있습니다. 풍랑은 있으나 목적지에 갑니다. 배가 파선이 돼도 하나님께서 정하신 목적은 온전하게 이룰 수 있습니다. 아니, 오히려 파선됨으로 하나님의 뜻을 이룰 수 있다는 것입니다. 사도 바울은 담대하게 말씀합니다. "나는 하나님을 믿노라!" 세상을 믿는 게 아니고, 배를 믿는 게 아닙니다. 오직 하나님을 믿노라— 아주 믿음을 새롭게 하는 그런 귀중한 말씀입니다.

여러분, 여러분은 무엇을 믿고 사십니까? 건강을 믿습니까? 글쎄 믿어볼만한지 모르겠습니다마는 그러나 그것은 믿을 게 못됩니다. 곧 끝날 테니까요. 건강해 봐도 그렇고 건강 안해도 그렇습니다. 얼마 전에 책에서 본 그 말이 마음에 듭니다. '사람은 DNA만큼 산다'. 병 있다고 죽는 게 아니래요. 비실비실하면서 제 명대로 산대요. 건강해도 빨리 죽는 사람은 죽고, 비실비실하면서도 DNA대로 산대요. 여기에 역사적인 증인이 하나 있습니다. 바로 한경직 목사님입니다. 한평생 비실비실하셨어요. 언젠가 남한산성에 갔더니 "곽 목사." "예." "나 교회 사표내야 될 것같아." "왜요?" 그랬더니, "내가 지난해에 일 년 동안 절반을 병원에 있었거든. 절반을 설교를 못했어. 목사가 이래서야 되겠나? 사표내야 될 것같지 않아?" 그래서 제가 그랬어요. "그래도 어떡하겠어요. 당회장이라는 이름은 가지고 계셔야지." 그러고 말았는데 그렇게 비실비실했는데 백 살까지 사셨어요. 병들었다고해서 꼭 죽는다고 생각하지는 마세요. 하나님께서 부르셔야 가지 자기 마음대로는 못가요. 그걸 우리가 알아야 합니다.

그런데 여러분, 여러분은 지금 무엇을 믿고 사십니까? 건강입니까? 재산입니까? 지식입니까? 내 경험입니까? 이것 다 믿을 것이 못됩니다. 잘 아시지 않습니까? 요새 유행하는 재미있는 말 한마디가 있는데 잘 새겨들으면 깊은 진리가 됩니다. '빈 둥지 증후군'이라는 말이 있어요. 가까이서는 제비도 볼 수 있고, 참새도 볼 수 있는데 이런 새들을 보면 둥지를 만들어요. 기술이 참 좋아요. 그렇게 둥지를 만들어 놓고요 거기다가 알을 낳고 알을 키워요. 이 새들이 새끼를 키우는 것을 보면 절절합니다. 왜요? 자기가 먹고 와서 이걸 토해서 먹이거든요. 자기가 벌레를 잡아먹고 와서 그걸 토해서 먹입니다. 몸을 비틀면서 토해서 먹이고 그래요. 그런데 새끼들이 참 못됐어요. 주둥이를 어머니 목구멍에다 집어넣어서 뺏어먹어요. 이 짓을 하면서 새끼를 키우는 것을 보면 우리 사람의 모성애는 얘기가 안됩니다. 이렇게 해서 새끼를 키워요. 정말 그 사랑이 대단합니다.

이렇게 키워놓고 얼마큼 커서 날기 시작하면 다 날아가 버리고 말아
요. 빈 둥지만 남아요. 다시 돌아오는 새끼가 없어요. 그리고 빈 둥
지를 곧 이 어미도 떠납니다. '빈 둥지 증후군'─ 이것이 무엇을 의미
하겠습니까?

여러분, 자식을 위해서 수고한다고 이 모양 저 모양으로 수고하
고 보면 다 떠나갑니다. 컸으면 나가고 나갔으면 안돌아오는 것입니
다. 뭘 또 돌아오길 바랍니까? 가끔 어떤 분들은 그런 얘기를 해요.
"이놈들 말이야. 전화 한통도" 안한다고. 전화하면 어떻고, 안하면
어때요. 내버려 두세요. 자, 뭘 바랍니까? 자식 위해서 수고한다고
요? 그만하세요. 그것도 그렇게 의미있는 일이 아닙니다. 자식을 믿
고 살 것도 아닙니다. 우리가 당하는 사건들, 이런 일 저런 일 실패
하기도, 성공하기도, 병들기도 하고 건강하기도 하고 이런 시련 저
런 시련을 겪는데 이게 뭘 말하는 것입니까? 이 모든 사건들을 통해
서 믿을 수 있는 것이 무엇인지, 믿어야 할 것이 무엇인지, 우리는
비로소 알게 됩니다. 참으로 소중한 것이 무엇인지 비로소 알게 됩
니다. 매일매일 당하는 시련, 정치, 경제, 문화, 이런 것들을 통해서
우리는 무언가를 깨닫게 되고 무언가를 버리게 되고 무언가를 얻게
되고 그런 것 아니겠습니까?

오늘 성경이 말씀하는 것, 신비로운 말씀입니다. 간단한 사건처
럼 되어 있지만 이 사건 자체가 계시적인 사건입니다. 하나님의 차
원에서, 말씀적 차원에서 보면 엄청난 의미가 여기에 있습니다. 보
세요. 예수께서 타신 배가 왜 풍랑을 만납니까? 우리 일반적 상식으
로는 예수님을 모시고 가는 배는 풍랑이 없어야지요. 풍랑이 있다가
도 예수님께서 배에 타시자마자 조용해야 될 것 아닙니까? 우리 상

식으로 보면 예수님께서 탄 배이니 풍랑이 있어서는 안되지요. 고요하고 조용하고 평안해야 될 것 아니겠습니까? 그러나 그렇지 않았어요. 풍랑이 있었고 물이 배에 들어왔다 그랬어요. 풍랑이 없다는 것이 아니고 풍랑은 있어요. 그러나 그 속에 평안이 있어요. 풍랑 속에 고요함이 있고 시련 속에 평안함이 있다는 말입니다. 이것은 신비로운 진리입니다.

오늘 본문이 말씀하고 있는 중요한 주제는 믿음입니다. 상황의 문제가 아니고 상황 앞에 선 믿음입니다. 풍랑의 문제가 아니라 풍랑 앞에 있는 사람의 믿음입니다. 여러분, 잊지 맙시다. 상황에 따라서 고요해지는 것이 아닙니다. 믿음에 따라서 고요해지는 것입니다. 세상이 달라졌다고 내가 달라질 것 없습니다. 내 믿음이 바로될 때 세상을 바로 볼 수 있는 것입니다. 큰 뜻이 여기에 있습니다. 예수님을 모시고 가는 배, 여기에 풍랑이 있었습니다. 배가 파손될 지경까지 왔습니다. 그러나 예수님께서는 고물에서 평안히 주무셨습니다.

우리가 늘 쓰는 말이 아니기 때문에 잘 모르기 쉬운데 '이물' '고물'이라는 말이 있습니다. 이것은 배에서 쓰는 말입니다. '이물'이라는 말은 배의 머리 쪽에 있는 부분입니다. '고물'은 배의 후미에 있는 부분입니다. 거기에 등이 편한 데가 있거든요. 예수님께서는 거기서 편안히 주무셨어요. 배는 요동하고 있습니다. 풍랑이 일어났습니다. 배에 물이 들어오기까지 했고 조금 더 들어오면 배가 가라앉을 지경이 됐습니다마는 예수님께서는 평안하셨습니다.

저는 여기서 생각해봅니다. 시편에 보면 이런 말씀이 있지요. "하나님께서 사랑하시는 자에게 잠을 주시는도다." 이 잠이 교회 와서까지 오면 안되지만요. 그런데 그러나 분명한 것은 잠을 잔다

는 것이 중요합니다. 제가 언제 보니 어떤 사람이 그러대요. 어머니
가 TV를 보고 계시다가 의자에서 존대요. 이래도 졸고 저래도 졸
고…… "어머니, 좀 편안히 누워서 주무세요." 그러니까 "누우면 잠
이 안오거든." 이게 무슨 뜻인지 모르시겠죠? 나이들면 다 알아요.
졸리기는 하는데 잠은 안와요. 앉으면 졸리는데 누우면 안자거든요.

여러분, 어쨌든 한 가지만은 분명히 압시다. 잠은 축복입니다.
건강해야 잠도 자고, 마음이 평안해야 잠도 자요. 아무 근심걱정이
없어야 잠을 잘 수 있어요. 구체적으로 말해서 "사랑하는 자에게 잠
을 주시는도다." 잠을 잘 때마다 "오 하나님! 감사합니다." 그러고
자는 것입니다. 이게 보통 행복이 아닙니다. 게다가 풍랑 속에서 자
거든요. 풍랑 속에서 이것 얼마나 중요합니까? 가끔 그런 질문을 하
시는 분들이 계십니다. 제가 해외에 많이 다니니까 "목사님! 토요일
날 밤에 도착해서 주일날 설교하시는데 피곤하지 않습니까?" 하고
물어봅니다마는 제가 대답을 합니다. "저는 비행기 안에서 잘 잤거
든요.""잠이 오나요?" 전 보통 비행기 타면 8시간을 자요. 눈떠보면
도착했어요. 비행기가 얼마나 좋습니까? 흔들흔들하니까 잠이 더
잘 와요. 전화도 안오고 시끄럽지도 않고요. 아주 괜찮아요. 게다가
하나 또 있습니다. 한 반쯤 올라왔으니까 여기서 끝나면 천당 바로
갈 거고요. 그러니 걱정할 것 없어요. 평안하게 '내 영혼을 아버지
손에 부탁하나이다. 아멘.' 그러고 자면 되지 죽을까봐 떨 것도 없고
걱정할 게 없지 않습니까?

어쨌든 중요한 것은 하나님께서 사랑하는 자에게 잠을 주신다
는 것입니다. 이것은 문자대로 중요한 것입니다. 예수님 복이 많으
신 분입니다. 이 풍랑 속에 배가 파손될 직전에 왔는데 침몰하는 직

전에도 예수님께서는 그저 고물에서 평안하게 주무셨다는 것입니다. 그러자 제자들이 정신을 못차리고 깨우는 것입니다. "우리가 죽게 됐습니다." 여기는 좀 야박해요. 여기는 깨어 있고 예수님께서는 주무시고 계시잖아요. 그럼 죽으면 누가 먼저 죽겠어요? 그러면 "예수님 죽게 됐습니다." 그래야지 이런 제자들이 우리가 죽게 됐다고 그래요. 정말 야박합니다. 어쨌든 이렇게 해서 예수님을 깨웠어요. 예수님께서는 가만히 보니 깨어난 다음에 조금 불평하면서 말씀을 하세요. "잘 자는데 왜 깨웠나?" 그런 마음이신지…… 그래서 제자들에게 "왜 믿음이 없느냐?" 하시는데 거기다가 괄호하고 하나 넣었으면 좋겠어요. "왜 믿음이 없느냐? 왜 나를 깨웠느냐? 잘 자고 있는데 말이다."

여러분, 참고요함이 어디에 있습니까? 풍랑 속에 있습니다. 참평화가 어디에 있습니까? 참사랑이 어디에 있습니까? 다 고난 속에 있습니다. 25시 그 속에 평안이 있습니다. 「전쟁과 평화」라고 하는 소설을 읽어봅시다. 아무리 읽어보아도 전쟁 없는 평화를 말하는 것이 아닙니다. 전쟁 속에 있는 평화를 말하고 있습니다. 이것이 진정한 평화입니다.

여러분, 무엇을 믿었습니까? 오늘 성경은 우리에게 계속 가르쳐줍니다. 종교개혁자 마르틴 루터 그는 언젠가 종교개혁에 어려운 일로 시달리다가 너무너무 힘들어서 지쳤어요. 그리고 저녁마다 낙심을 하고 괴로워했습니다. 어느날 어깨가 축 늘어져가지고 절망스러운 얼굴로 집에 돌아왔더니 부인이 상복을 입고 루터를 맞이합니다. "이게 웬 상복이오?" "예, 하나님이 돌아가셔서 상복을 입었습니다." "하나님이 돌아가시다니 말이 됩니까?" "하나님이 안돌아가셨으면 당신이 왜 그렇게 슬퍼하겠소? 하나님께서 당신과 함께하시는데 어째서 그렇게 낙심하는 겁니까?" 이 한마디에 다시 용기를 내서 종교개혁을 완성했다고 합니다. 얼마나 귀중한 시간입니까? '하나님은 살아계시다. 하나님은 나와 함께 계시다.' 오늘 여기서 생각해야 합니다.

또한 중요한 것이 '이 모든 사건이 무엇을 말해주느냐? 무엇이냐?' 가 아니라 '누구냐?' 하는 것입니다. 'What'이 아니라 'Who'입니다. 그쪽으로 믿음이 바뀌어야 합니다. 어떤 상황이냐가 아닙니다. 누구를 믿느냐 하는 것입니다. 그분을 어떻게 믿고 있느냐 하는 것이지요.

그리스도께서는 하나님을 믿으셨습니다. 그리스도께서는 그 사명을 믿으셨습니다. 나를 통해 이루고자 하시는 하나님의 큰 경륜을 믿으셨습니다. 이 믿음은 위대한 것입니다. 이런 일을 당해도 믿고 저런 일을 당해도 믿고 마지막에 십자가가 다가올 때도 십자가를 하나님의 능력으로 믿었습니다. 십자가는 하나님의 능력이요, 하나님의 지혜요…… 그렇게 믿고 십자가를 지십니다.

여러분, 앞으로 어떤 일을 당한다 하더라도 "나는 하나님을 믿습니다. 이 모든 사건을 통해서 이루시는 하나님의 위대한 경륜을 믿습니다"라는 고백이 있어야 합니다. 하나님과의 관계에서 문제를 풀어나가는 것이 예수님의 믿음이었습니다. 왜 풍랑이 일어났느냐고요? 아마도 제자들에게 이것을 가르쳐주시기 위해서, 참믿음이라는 것이 무엇인지를 가르쳐주시기 위해서 있은 계시적 사건이라고 생각합니다.

사무엘상 17장에 보면 여러분 잘 아시는 다윗과 골리앗의 얘기가 있습니다. 소년 다윗이 골리앗 앞에 나아갈 때 한 유명한 말이 있지 않습니까? "여호와의 구원하심이 칼과 창에 있지 아니함을 이 무리로 알게 하리라. 전쟁은 여호와께 속한 것인즉 그가 너희를 우리 손에 붙이시리라." 전쟁은 여호와께 속한 것입니다. 포탄 몇알 떨어졌다고 호들갑떨지 마세요. 그러는 것 아닙니다. 이 모든 일도 하나님의 손에 있습니다. 이 사건을 통해서 하나님께서는 위대한 역사를 이루어가고 계십니다. 우리가 다 알고 있지 않습니까? 이제 비로소 깨달았어요. 믿는 것이 무엇이고 믿어서는 아니될 것이 무엇인지 하나님은 무엇을 원하고 계신지 잘 알 수 있습니다. 말씀을 통해 주의 음성을 듣고 기도를 통해 주의 음성을 듣고 역사적 사건을 통해서 말씀하시는 주의 음성을 들을 줄 알아야 합니다.

그리스도께서 말씀하십니다. "잠잠하라. 고요하라." 꾸짖으십니다. 이 꾸짖는다는 말은 헬라어 원문에는 귀신을 꾸짖는다는 말하고 똑같은 말입니다. 귀신을 향해서 "나가라" 하고 외치신 것처럼 풍랑을 향해서 "조용하라" 하고 외치고 계십니다. 말씀으로 제압하고 계십니다. 창세기 1장에 보면 잘 아시지 않습니까? '빛이 있으라 하시니 빛이 있었다.' 말씀으로 천지를 창조하십니다.

오늘 여기서 우리는 생각해야 합니다. 무엇이냐 하는 문제에 대해서 우리는 깊이 생각하고 여기서 한걸음 더 나아가 누구의 역사냐 하는 것입니다. 누구의 역사냐? 이것은 하나님의 역사입니다. 하나님께서 하시는 일입니다. 이 풍랑 속에서 하나님께서 말씀하고 계십니다. 제자들의 마음속에 새로운 믿음을 심어 주고자 하시는 것입니다. 위대한 계시적인 교훈이 여기에 있습니다. "잠잠하라. 고요하라." 오늘도 주님께서 말씀하십니다. 그 고요함이 우리에게 있어야 합니다. 이 풍랑 속에서 평안하게 주무시는 그 마음 말입니다. 그 평안함 바로 그것이 우리의 믿음입니다. 믿음만이 이것을 가능하게 하는 것입니다. 흔들리는 세상에 함께 흔들릴 것 없습니다. 세상이 두려워한다고 같이 두려워할 것도 없습니다. 모든것은 역사를 주관하시는 하나님 그의 손에 있습니다. 그의 능력 그의 지혜 그의 사랑 속에 있습니다. 그런고로 고요하고 잠잠하고 평안하고 그리고 주의 사랑을 더 가까이 구체적으로 느끼는 그런 순간들이 되게 할 것입니다.   △

네가 어떻게 읽느냐

이 때에 예수께서 성령으로 기뻐하사 가라사대 천
지의 주재이신 아버지여 이것을 지혜롭고 슬기 있는
자들에게는 숨기시고 어린아이들에게는 나타내심을
감사하나이다 옳소이다 이렇게 된 것이 아버지의 뜻
이니이다 내 아버지께서 모든 것을 내게 주셨으니 아
버지 외에는 아들이 누군지 아는 자가 없고 아들과
또 아들의 소원대로 계시를 받는 자 외에는 아버지가
누군지 아는 자가 없나이다 하시고 제자들을 돌아보
시며 종용히 이르시되 너희의 보는 것을 보는 눈은
복이 있도다 내가 너희에게 말하노니 많은 선지자와
임금이 너희 보는 바를 보고자 하였으되 보지 못하였
으며 너희 듣는 바를 듣고자 하였으되 듣지 못하였느
니라 어떤 율법사가 일어나 예수를 시험하여 가로되
선생님 내가 무엇을 하여야 영생을 얻으리이까 예수
께서 이르시되 율법에 무엇이라 기록되었으며 네가
어떻게 읽느냐 대답하여 가로되 네 마음을 다하며 목
숨을 다하며 힘을 다하며 뜻을 다하여 주 너의 하나
님을 사랑하고 또한 네 이웃을 네 몸과 같이 사랑하
라 하였나이다

(누가복음 10 : 21 - 27)

네가 어떻게 읽느냐

1951년 1월 13일날 새벽에 제가 고향을 떠났습니다. 그때 제가 부모로부터 받은 유산이라는 것은 제 손에 아버지께서 읽으시던 성경 한권 그것뿐입니다. 오직 한권의 성경을 손에 들고 고향을 떠나 방황하며 전쟁의 소용돌이 속에서 그 많은 위험을 무릅쓰고 살아왔으나 다른 것은 다 잃어버렸어도 내 손에 이 성경은 항상 있어야 했습니다. 나의 길잡이가 되고 나의 용기가 되고 나의 지혜가 되었기 때문입니다.

아브라함 링컨이 남북전쟁 때에 그 전쟁상황 속에서도 전혀 흔들리지 아니하고 평온함을 지켰습니다. 그래서 참모들이 그에게 물었습니다. "나라가 이처럼 위태로운 상황인데 어떻게 그토록 평온하실 수 있습니까?" 아브라함 링컨은 확신에 찬 목소리로 대답했습니다. "나는 지금 성경을 묵상하고 하나님께 기도하면서 국가의 미래를 그분에게 맡겼습니다. 하나님께서는 우리가 하나님 편에 서 있기만 하면 확실히 승리하리라는 것을 말씀해주셨습니다." 또한 "이 어려운 때 하나님께서 우리 편에 서 계시면 얼마나 좋을까요?" 라고 물었을 때 그는 대답했습니다. "나는 하나님이 우리 편에 서 계시느냐를 의심하지 않습니다. 문제는 우리가 하나님 편에 서 있느냐입니다. 그것을 걱정하고 있소." 그는 확실히 믿음의 사람이었고 백악관에 기도실을 둔 유명한 분입니다. 그가 기도하고 있는 동안에는 아무도 그를 만날 수가 없었고 문밖에서 한 시간 두 시간 어떤 때는 세 시간도 서서 기다려야 했습니다. 그는 하나님과 이야기하며 성경을 묵상하며 하나님의 지시를 받고 그리고 직무를 감당했기 때문입니다.

　신학자 게르트타이센이라고 하는 분이 「성서, 어떻게 가르칠 것인가?」하는 유명한 책을 썼는데 그 요지 중에 이런 말이 있습니다. '우리는 성경 속에서 중요한 경험을 한다.' 첫째, 초월경험이라고 했습니다. 여러분, 우리의 일상은 우리를 점점 좁은 세계로 끌고 갑니다. 이 세상에 살아가면서 생각이 좁아지고 그리고 뜻대로 안되고 낙심되고 그리고 자기 생각 자체가 점점 자기 틀에 갇혀들어갑니다. 잘 아시는대로 나이가 점점 많아지면 고집이 많아집니다. 자기 생각에서 벗어나지를 못합니다. 바로 이것이 인간을 망치는 것입니다. 그러나 성경을 읽을 때 일상으로부터 벗어나고 일상의 제한 으로부터 자유할 수가 있습니다. 성경을 통해서 초월적 존재를 만납니다. 성경을 읽으면서 쉽게 말해서 기적을 믿게 됩니다. 성경은 어디를 보아도 기적입니다. 창세기 1장부터 끝까지 여기저기 상상할 수 없는 그런 기적들이 있습니다. 그런데 우리가 일상적일 때는 그런 기적을 모르고 삽니다. 아니, 기적을 부인하며 삽니다. 그러나 성경을 읽으면 이 모든것이 기적이라는 것을 압니다. 하나님의 큰 능력 그 기적 안에 내가 있다는 것을 알게 됩니다. 다시 말하면 초월경험을 하게 됩니다. 성경을 읽으면서 자기라고 하는 감옥에서 벗어나게 됩니다. 자기고집에서 벗어나게 됩니다. 자기절망으로부터 벗어나게 됩니다. 인간의 이성적 판단에서부터 자유하여 하나님의 그 위대한 세계를 바라볼 수 있게 됩니다. 성경은 우리에게 초월경험을 줍니다.

　두 번째는 유한경험입니다. 성경을 읽다보면 우리가 얼마나 초라한 존재인지를 알게 됩니다. 우리의 믿음이 얼마나 한심한 것인지를 알게 됩니다. 성경의 위대한 믿음의 사람들을 보면서 '나는 도대체 믿음이 어디에 있나?' 생각하게 됩니다. 나의 나약함 좀더 나아가서는 나의 죄인된 모습, 하나님 앞에 얼마나 초라한 존재인지, 얼마나 비참한 존재 아니, 구제 불능한 존재인지를 성경을 읽으면서 알게 됩니다. 혹 교만한 사람을 봅니까? 그 사람 성경 안보는 사람입니다. 혹은 절망하는 사람을 봅니까? 그 사람도 성경을 안보는 사람입니다. 성경을 보면 나의 죄인됨을 알게도 되고 내가 얼마나 나약하고 비참한 존재인지를 거울 보듯이 볼 수 있게 됩니다.

세 번째는 공명경험입니다. '하나님께서 나와 함께 계신다. 죄인된 나를 버리지 않고 계신다. 하나님께서 얼마나 나를 사랑하시는가! 항상 나와 함께 계신다. 내 현실생활 속에 작은 일, 큰일, 아니, 내 생각 속에 내 생각하는 그 중심부에 항상 하나님께서 함께 계신다'는 것을 알게 됩니다. 아니, 경험하게 됩니다. 이것을 그는 공명경험이라고 했습니다. 그래서 종교개혁자 칼뱅은 말합니다. "하나님을 모르면 나를 모른다. 하나님께 대한 지식이 없으면 나에 대한 지식도 없다." 이렇게 잘라 말하고 있습니다.

마태복음 16장에 보면 유명한 베드로의 신앙고백을 볼 수 있습니다. 거기 보면 예수님께서 제자들에게 먼저 물어보십니다. "사람들이 나를 누구라 하더냐?" 그 다음에는 더 직설적으로 물으십니다. "너는 나를 누구라 하느냐?" 베드로가 고백합니다. '주는 그리스도시요, 살아계신 하나님의 아들이십니다.' 그러자 주님께서 "그렇구나! 바요나 시몬아 네가 복이 있도다." 말씀하십니다. 여기서 생각해야 합니다. 예수를 누구라 하느냐? 너는 나를 누구라 하느냐? 예수를 누구라고 고백하느냐에 따라서 나의 존재가 결정이 됩니다. 나라는 존재의 의미가 거기서 판정이 나는 것입니다. "예수를 누구라 하느냐?" 예수를 하나님으로 믿을 때 내가 하나님의 자녀가 됩니다. 예수를 구주로 믿을 때 내가 구원받은 백성이 됩니다. 예수를 만백성을 위하여 십자가에 돌아가신 구세주로 믿을 때 내가 하나님 앞에 의롭다 함을 받는 하나님의 자녀가 되는 것입니다. 예수를 누구라 하느냐? 참으로 중요합니다. 누구라고 고백하고 사느냐? 예수님이 누구냐고요? 우리 예수믿는 사람들은 예수님은 그렇게 사랑스럽고, 예수님은 항상 나와 함께 계시고, 내 옆에 계시고 내 안에 계시고, 예수께 대한 깊은 사랑을 지니고 살고 또 예수님의 손을 붙들고 요단 강을 건너갈 것입니다. 이것이 예수믿는 사람입니다.

그런데 오늘 본문에는 또다른 중요한 말씀이 있습니다. 26절에서 봅니다. "율법에 무엇이라 기록되었으며 네가 어떻게 읽느냐?" 성경을 어떻게 읽느냐? 성경을 무엇이라고 고백하느냐? 하는 것입니다. 이것을 깊이 생각해야 합니다. 바리새인들은 성경을 지식으로 읽었습니다. 그래서 교만해졌습니다. 제사장들을 율법으로 읽었습니다. 서기관들은 자기의 직업으로 읽었습니다. 항상 자기들은 성경을 알고 가르치는 자라고만 생각했습니다. 남을 가르치고 자기를 가르치지 못했습니다. 이 성경이 나와의 관계라고 생각하지 못했습니다. 여기에 문제가 있습니다.

예수믿는다는 것이 무엇입니까? 저는 어디 가나 그런 말을 합니다. 예수를 믿는다는 것은 교회 나온다는 의미가 아니고 기도의 길이 열렸다는 것을 말합니다. 예수의 이름으로 기도하는 사람이 그리스도인입니다. 예수의 이름으로 기도하며 주의 음성을 듣습니다. 예수의 이름으로 하나님 앞에 나아갑니다. 그 사람이 예수믿는 사람입니다. 기도의 문이 열려야 됩니다. 아직도 기도의 문이 열리지 않았다, 기도의 행복을 모른다, 그렇다면 다시 한 번 생각해 보아야 합니다. 우리가 사는 생활 중에 제일 행복한 시간이 기도하는 시간이요, 제일 능력 있는 시간이 기도하는 시간이요, 제일 소망적인 시간이 기도하는 시간입니다. 기도의 행복과 기도의 즐거움을 느껴야 됩니다. 그러고 사는 것이 그리스도인이다.

그리고 생각할 것이 뭐냐? 성경을 하나님의 말씀으로 읽는 사람입니다. 기도하며 성경을 읽고 성경을 읽으며 기도하고 묵상하는 중에 성경을 읽으며 기도를 바로 합니다. 성경적으로 기도합니다. 내 마음대로 기도하는 것이 아닙니다. 성경이 가르쳐 주는대로, 주님께서 가르쳐 주시는대로 기도합니다. 동시에 성경을 통해서 기도응답을 받습니다.

여러분, 이것을 잊지 말아야 합니다. 어떤 때 여름에 우리 교회 집사님들이 휴가를 내서 "목사님! 저희들이 산에 가서 좀 쉬기도 하고 기도원에 가서 기도도 하고 그러려고 가는데 목사님께서 주실 주의사항이 있습니까?" "예, 이리들 오세요. 나 긴 이야기는 하지 않을텐데, 이건 잊지 마세요. 30분 기도하고 30분 성경 보세요. 꼭 잊지 말고 성경 보는 시간하고 기도하는 시간하고 밸런스가 딱 맞아야 해요. 알았습니까?" 이렇게 하고 보냅니다. 갔다 온 다음에 다시 만나서 그런 얘기를 합니다. "그것이 무엇을 의미하는지 이제 알았습니다. 전에는 가서 기도한다 하면서 많이 기도했고 여러 시간 기도했지마는 응답받았다고는 느껴보지 못했습니다. 그러나 기도하고 성경을 읽으니까 이 성경 속에서 응답해 주십니다. 성경 속에서 모든

해답을 얻게 되는 것을 경험했습니다."

여러분, 예수믿는다는 것이 뭡니까? 우리 기독교는 철저하게 성경적 종교입니다. 불교에는 불경이 있고, 유교에는 사서삼경이 있고, 기독교에는 성경이 있다— 그렇게 생각하지 마세요. 불교에서 생각하는 불경하고 기독교에서 생각하는 성경하고는 전혀 다릅니다. 불교에서는 불경을 단 한 페이지를 보지 않고도 대사가 될 수 있습니다. 불경은 아무것도 아닙니다. 그러나 기독교는 아닙니다. 그 책의 종교입니다. 성경적 종교입니다. 성경을 통해 기도하고 성경을 통해서 응답받고 성경에 있다면 있는 것이고, 성경에 없다면 없는 것이고, 성경을 읽는 가운데 할 수 있다면 할 수 있는 것이고, 성경을 읽는 가운데 '네 죄사함 받았느니라' 하면 죄 사함 받은 것이고, 너는 내 자녀다 하면 하나님의 자녀입니다. 성경을 읽는 중에 말입니다. 기도하고 성경을 읽으면서 성경 속에서 모든 문제의 해결을 보는 것입니다. 그게 그리스도인입니다. 철저하게 성경적 교회입니다.

여러분, 정말로 혼자서 성경을 읽어 보셨습니까? 부탁합니다. 새해에는 성경 읽는 사람이 됩시다. 저는 늘 생각합니다. 우리 할아버지가 큰 소리로 소리를 내면서 오래오래 성경 읽으시던 소리가 생각납니다. 우리 어머니가 그 더운 때 앉아서 성경을 읽으시던 것을 기억합니다. 우리 아버지 별로 신앙이 좋으신 줄 몰랐습니다. 그렇지만 가끔 보면 돋보기안경을 끼고 앉아서 성경을 읽으시는 것을 보았습니다. 성경을 읽어야 됩니다. 자녀들에게 성경 보는 모습을 보여줘야 됩니다. 그래야 저들도 성경을 보지 않겠습니까? 교회는 다닌다고 했는데 우리 아버지 어머니 성경 보는 것을 본 일이 없거든요. 그 마음속에 무엇이 그려 있겠습니까? 성경을 많이 보시고 성경을 읽으면서 기도하고 성경을 읽으면서 기도응답을 듣고 이것이 그리스도인입니다.

예수님의 말씀을 들어봅니다. 누가복음 4장 21절에 말씀하십니다. 성경을 읽으신 다음에 "이 말씀이 오늘 너희에게 응하였느니라" 하십니다. 이것은 천 년 전에 기록한 책입니다. 그러나 기록될 때 성령으로 예언적으로 기록되었기에 오늘 이 말씀이 우리에게 응하고 있는 것입니다. 성경이 여기서 성취되고 있습니다. 그 예언의 말씀들이 그 계시의 말씀들이 오늘 나의 실생활 속에 하나하나 적용되고 실현되고 성취되고 있다는 말씀입니다. 그 성취됨을 느끼면서 감동하면서 사는 것이 그리스도인입니다. 예수 그리스도께서는 태초부터 계신 말씀입니다. 그러나 우리를 위하여 성육신되어 육신을 입고 이 땅에 오셨습니다. 그리고 제자들을 만나시게 됩니다. 예수님 십자가 지시고 부활승천 하신 다음에 제자들이 경험한 바를 우리에게 증거해줍니다. 그 증거가 기록된 것이 성경입니다. 그러므로 우리가 성경을 읽으면서 이 증거를 통해서 그리스도를 만나게 됩니다. 그리스도께로 나갑니다. 이것이 성경입니다. 기록된 계시의 말씀입니다. 그러므로 성경은 지식의 책이 아닙니다. 만남의 책입니다. 성경을 읽는 중에 주님께서 나를 만나주십니다. 유명한 칼 바르트의 말이 있습니다. "Word of God waits for us in the Bible(하나님의 말씀이 성경 안에서 우리를 기다린다)." 오늘도 분명히 하나님의 말씀이 이 성경책에서 여러분을 기다리고 있습니다. 내가 성경을 읽어야 하나님께서 내게 말씀하시지 않겠습니까?

여러분, 제가 옛날에 심방 중에 어느 가정에 가보면 다 모여 앉아서 가족예배 드리지 않습니까? 그러면 "예배드립시다" 하고 둘러

앉으면 이 집 주인이 성경책이 어디 있는지 성경책 찾느라고 허둥지둥 부산을 떱니다. 그리고 막상 찾으니까 성경에서 먼지가 막 떨어져요. 어느 때 성경을 봤는지…… 그럴 때 보면 참 한심해요. 내 성경책에는 곰팡이 피지 않았나 보세요? 내 성경책에 먼지가 앉지 않았나 보세요?

여러분, 손때묻은 성경, 그 언더라인 해가면서 읽은 성경 그 귀한 성경을 자식에게 물려줘야 되잖아요. 우리 아버지가 보시던 성경, 왜 그러셨는지 이상하게도 우리 어머니가 내 성경을 가지고 가려고 했더니 "그만둬! 그건 내가 보겠다." 그러고는 아버지가 보시던 성경을 제게 주셨어요. 이 성경을 읽어 나가다보면 아버지가 여기저기 줄친 것을 볼 수가 있어요. 아버지의 숨결이 느껴지는 것입니다. 이걸 알아야 됩니다. 하나님의 말씀은 오늘도 성경 안에서 우리를 기다리고 있어요. 이 성경을 읽는 중에 그리스도를 만납니다. 그리스도의 음성을 듣게 됩니다. 먼저 성경을 묵상하며 읽어야 됩니다. 기도하는 중에 읽어야 됩니다. 그리고 지식으로 읽는 것이 아니라 그리스도를 만나는 마음으로 읽어야 합니다.

여러분, 연애편지 어떻습니까? 제가 옛날에 프린스턴에서 공부할 때 보니 결혼한 지 3개월밖에 안된 사람이 유학을 왔어요. 얼마나 부인이 보고 싶겠어요. 그래서 가끔 보면 공부하는 중에 강의를 듣다가 말고도 편지를 꺼내 보더라고요. 이 편지 언제 씨서 보낸 건지 다 낡았어요. 얼마나 봤는지…… 그래 제가 한번 뺏어 봤더니 그 편지 글씨도 엉망이고 문장도 그저그래요. 그래서 "시원치 않고만" 그랬더니 "무슨 소리야. 편지는 그렇게 보는 게 아니야. 손에 딱 들기만 하면 벌써 사랑하는 사람의 얼굴이 이렇게 보이잖아. 그 맛에 보

는 거지. 이게 문법이 틀렸느니 맞춤법이 어떠니 그렇게 보는 게 아
니야! 글씨가 그게 뭐가 중요해"라고 합니다. 성경을 딱 손에 들면
벌써 주님의 얼굴이 보여야 합니다. 또한 요한복음 16장에 있는 말
씀처럼 성령이 감동해서 알게 하고 기억나게 함을 체험해야 합니다.

　사도행전 8장 31절에 아주 드라마틱한 얘기가 있습니다. 에디
오피아의 내시가 광야에 마차를 타고 가면서 성경을 봅니다. 빌립
이 가까이 가서 묻습니다. 그가 성경을 읽는 소리를 듣고 "그 성경
의 뜻을 아느뇨?" 하고 물었더니 에디오피아 내시가 한 유명한 말이
있습니다. "지도하는 사람이 없으니 어찌 깨달을 수 있으리요." 그
렇습니다. 지도하는 자가 있어야 합니다. 사도행전에서 강하게 말씀
합니다. 2장 42절에 보면 "그들이 사도의 가르침을 받아"라고 했습
니다. 오순절교회의 성령 충만한 사람들이 사도들의 가르침을 받았
어요. 이 가르침받는다는 것이 중요합니다. 기도하며 읽고 성령 안
에서 읽고 가르침을 받으면서 읽어야 됩니다. 그래야 바르게 이해할
수가 있습니다. 그리스도인은 성경을 하나님의 말씀으로 계시의 말
씀으로 믿는 사람들입니다. 오늘도 성경 안에서 주님을 만나야 합니
다. 읽고 묵상하는 중에 주의 음성을 들어야 합니다. 하나님의 사랑
과 그 권능, "내가 너를 사랑한다. 내가 너희와 함께한다" 하시는 음
성이 들릴 때 비로소 하나님의 말씀 그 능력을 몸소 체험하게 될 것
입니다.　△

구속을 기다리는 사람들

생각건대 현재의 고난은 장차 우리에게 나타날 영
광과 족히 비교할 수 없도다 피조물의 고대하는 바는
하나님의 아들들의 나타나는 것이니 피조물이 허무
한 데 굴복하는 것은 자기 뜻이 아니요 오직 굴복케
하시는 이로 말미암음이라 그 바라는 것은 피조물도
썩어짐의 종노릇한 데서 해방되어 하나님의 자녀들
의 영광의 자유에 이르는 것이니라 피조물이 다 이제
까지 함께 탄식하며 함께 고통하는 것을 우리가 아나
니 이뿐 아니라 또한 우리 곧 성령의 처음 익은 열매
를 받은 우리까지도 속으로 탄식하여 양자 될 것 곧
우리 몸의 구속을 기다리느니라 우리가 소망으로 구
원을 얻었으매 보이는 소망이 아니니 보는 것을 누가
바라리요 만일 우리가 보지 못하는 것을 바라면 참음
으로 기다릴지니라
(로마서 8 : 18 - 25)

구속을 기다리는 사람들

2010년 바로 금년에 월드컵이 열렸던 남아프리카 공화국을 여러분이 알고 계십니다. 월드컵으로 인해서 세계적으로 유명한 나라가 됐습니다마는 이보다 더 중요한 일이 있었습니다. 그것은 전 대통령이었던 넬슨 만델라라고 하는 분의 이야기입니다. 노벨평화상을 받은 세계적인 귀중한 인물입니다. 넬슨 만델라, 그는 27년 동안 감옥에 있었습니다. 그가 무슨 큰 죄를 지은 것도 아닙니다. 흔히 말하는 일반적 도덕적인 죄를 지은 것이 아닙니다. 오로지 인권을 위하여 의를 위하여 또한 선한 일을 위하여 그렇게 애쓰다가 27년 동안을 억울하게 감옥에서 삽니다.

만델라 대통령이 감옥에 있을 때 그의 딸이 아이를 낳아서 아버지에게 데리고 왔습니다. 얼마나 그 손자가 예쁘고 사랑스러웠겠습니까! 딸이 아버지에게 말했습니다. "아버지, 여기에 손자가 있습니다. 이 아이의 이름을 지어주십시오." 딸의 요청대로 할아버지는 외손자에게 이름을 지어줍니다. 'Hope(소망)'라고 지어주었습니다. "너는 나의 소망이다. 감옥에 있는 동안 소망이 나를 한 번도 떠난 적이 없다. 27년이 흘렀지만 하루같이 똑같은 마음으로 내가 바라보고 있는 소망이 나의 마음을 지배했고, 나는 그 소망을 향해서 늘 기쁜 마음으로 살아왔노라. 그래서 이 아이의 이름은 소망이다." 그리고 그는 석방되어 남아공의 대통령이 됐습니다. 그러나 그는 자신을 학대하고 괴롭히던 사람들에게 보복을 하지 않았습니다. 다 포용하고 다 용서했습니다. 왜냐고요? 소망이 있기 때문에, 나의 소망이 너무 크기 때문에, 그까짓 시시한 지난날을 가지고 뭘 보복을 하느니 원수를 갚느니, 그런 일에 매여 있지 않았습니다. 큰 소망으로 모든 것을 감쌀 수 있었습니다.

인간은 언제나 현재에 삽니다. 그러나 과거에 매이는 수가 많습니다. 과거가 나를 잡아당깁니다. 그래서 인간이 가지는 고통 중에 제일 어리석고 미련하고 한심한 고통이 후회라고 하는 것입니다. 이미 지나갔잖아요. 어쩔 겁니까? 이제 잘했으면 어떻고? 못했으면 어때요? 그 옛날을 계속 후회하며 그렇게 살아야 되겠습니까? 이런 바보스러운 일이 어디 있습니까?

제가 잘 아는 장로님 한 분이 계시는데 그 부인하고 나이 차이가 13년 납니다. 그래 제가 만날 때마다 "영계하고 산다"고 그러면 말 마시라고, "영계 그거 무서운 거라고요" 그럽니다. 그리곤 가끔 이런 얘기를 합니다. 대학을 마치고 고등학교 선생을 했답니다. 고등학교 선생을 하는데 수학여행을 갔더랍니다. 여학교인데 여학생들을 데리고 해변을 산책을 하는데 한 학생이 뒤처졌더래요. 저기 뒤 따라오더래요. 저러다가 무슨 일을 만나면 어떡하나 해서, 할수없이 아이들은 다 보내고 맨뒤에 뒤떨어진 학생하고 이렇게 같이 가고 있는데 이 아이가 뭘 잘못 디뎌서 넘어지더래요. 쓰러지니까 이걸 잡아 일으켜줬더래요. 그랬더니 정색을 하고 "선생님 책임지세요. 이거 깨끗한 손인데 남자가 손을 잡았으니 책임지세요." 그래서 할수없이 결혼했대요. 그리고 일생을 후회하는 것입니다. "그때 손잡지 말았어야 했는데…… 어쩌다 저놈의 손을 잡아서 이 고생을 하나!"

여러분, 이런 바보스러운 일이 어디 있습니까? 왜 그렇게 생각을 해요. 영계하고 살면 행복하다고 그렇게 생각하지. 그저 그날을 후회하는 겁니다. 조금 어려운 일이 있을 때마다 그때 일을 또 생각합니다. 이제 그만들 하세요. 후회라고 하는 것처럼 미련한 고통이 없습니다. 잘했든 못했든 잘했다고 교만할 것도 없고, 못했다고 후회할 것도 없어요. 십자가에 못박아버리고 끝내세요. 이제는 오늘과 내일이 있을 뿐입니다.

그리고 미래를 바라보며 미래지향적으로 사는 사람이 있어요. 이게 지나칠 때 허황하기도 합니다마는 그러나 미래지향적으로 생각하고, 미래지향적으로 느끼고 그리고 현재를 삽니다. 그런데 이 소망의 세계는 보이지 않습니다. 그러나 보이지 않는 미래를 생각하며 보이는 현재에 삽니다. 그것이 인간입니다. 그런데 미래가 보이지 않을 때는 절망합니다. 똑같은 현재에 살지마는 미래가 보일 때 현재는 행복합니다. 아주 소망적입니다. 그래서 현재의 의미는 현재에 있는 것이 아니라 약속된 미래에 있다. 그 말입니다. 내일이 없는 오늘은 절망입니다. 앞이 보이지 않는 오늘은 항상 고통일 뿐입니다.

인격심리학의 대가라고 하는 폴 투르니에가 「사람의 자리」라고 하는 새로운 저서를 내놓았는데 그 책 속에 하나의 특별한 말이 있습니다. '실낙원 콤플렉스'입니다. 낙원을 잃어버렸어요. 낙원지향적 생이 아니고 낙원을 잃어버린 사람의 마음속에 있는 갈등을 안고 살아갑니다. 무슨 일을 해도 미래는 없어요. 아무리 애써보아도 미래는 없어요. 그런고로 현대인은 실낙원 콤플렉스에 산다는 것입니다. 참으로 아주 귀중한 철학적 이해라고 생각합니다.

그런데 여기에 문제가 있습니다. 믿음이라는 것은 자기 자신으로부터 나오는 믿음이 있는데, 이걸 우리가 흔히 확신이라고 합니다. 신념이라고도 하고요. 그러나 약속에 대한 진실한 응답으로서의

믿음이 있습니다. 다시 말하면 우리가 어떤 것을 볼 때 '아, 저걸 내
가 가졌으면 좋겠다' 생각하면 그건 내 마음이지, 아무리 생각을 해
도 그것은 소망이 아니지요. 그런데 누가 저걸 내게 준답니다. 그런
약속을 했습니다. 그러면 지금은 내 손에는 없지마는 이미 가진 것
이나 마찬가지입니다. 며칠 후에 내 손에 올 것이니까 말입니다. 그
래서 긍정심리학적 자기최면에 빠지고 이것을 소망인 것처럼 착각
하는 경우가 많아요. 요새도 보니까 TV프로에도 그런 게 나옵디다.
'된다, 된다, 간다, 간다 하면 될 수 있고 갈 수 있다. 한다 하면 할
수 있다.' 이건 자기최면입니다. 그러나 자기최면에 빠져서 마지막
에 절망하는 그런 사람들을 많이 봅니다. 이건 주관적 신앙입니다.
이것을 믿음이라고 하지 못합니다.

　　그러면 참믿음은 어디 있느냐? 이건 객관적인 것입니다. 약속
이 먼저입니다. 약속이 있고 약속을 진실하게 받아들일 때 진실하
게 응답할 때 이것이 믿음이라는 말입니다. 그러니까 하나님의 말씀
이 먼저 있고 그 말씀이 내게 다가올 때 내가 진실한 마음으로 수용
하게 됩니다. 이것이 믿음입니다. 이스라엘 백성의 신앙을 한마디
로 정리한다면 메시야 대망사상입니다. 아주 철저하게 이 사람들은
끈질기게 대망사상, 즉 미래를 기다리는 그 기다림의 믿음을 가지고
있습니다. 참 귀중합니다. 심지어 강제노동수용소에 있으면서도 이
제 몇 시간 후에 죽을 거지만, 그걸 알면서도 벽화에 써놓은, 돌에
다 새겨놓은 글에 보면 '내 눈에 태양은 안보인다. 그러나 태양이 있
음을 믿는다. 나는 메시야를 만나지 못했다. 그러나 메시야는 우리
와 함께 있다는 것을 믿는다'라고 고백하고 있습니다. 내 눈에 태양
이 보이지 않아도 저 밖에 태양이 있어요. 내가 메시야를 만나지 못

했지만 반드시 메시야는 우리에게 다가오고 계시다, 믿는다는 말입니다. 그 대망사상 대단합니다.

이걸 다시 한 번 신학적으로 정리하면 조금 어려운 말씀입니다마는 이렇습니다. 이게 두 가지로 갈라지는데 하나는 'Messianic Age'이고 또하나는 'The Messiah'입니다. 이렇게 두 가지로 나눕니다. 이게 무슨 말인고 하니 메시야의 세대를 기다립니다. 정의, 평등, 자유, 번영…… 모두가 다 평등하게 잘사는 세상이 올 거라고 믿는 것입니다. 요새 흔히 말하는대로 말하면 생태학적입니다. 아주 환경적입니다. 모든 사람이 평안하게 사는 그때가 올 거라고 그 세대가 올 거라고 그래서 공부하고 그래서 돈도 벌고 그래서 애쓰고 건설하고 이렇게 합니다. 그러나 이분들은 지금 그 메시야는 믿지 않습니다. 여기에 문제가 있습니다.

그런가하면 성경적 대망사상은 그런 게 아닙니다. 메시야를 기다립니다. 한 분, 한 사람, 역사에 나타나는 한 인물, 말씀이 육신이 되어 우리 가운데 오시는 그 메시야를 기다립니다. 그 메시야와 함께 그에 의해서 메시야의 나라가 옵니다. 메시야의 세대는 그 뒤에 오는 것입니다. 그런고로 기다리는 것은 그 메시야 그 한 분을 기다린다는 그런 메시야 사상입니다. 하나님의 말씀은 계속해서 그 메시야를 말씀하십니다. 이걸 말씀하십니다.

이 기다림의 대망사상을 가장 극적으로 드라마틱하게 혹은 상징적으로 역사적으로 말해준 바가 있습니다. 그것이 바로 아브라함의 믿음입니다. 우리의 믿음에 예언적 사표가 되는 아브라함의 믿음이 바로 그것입니다. 하나님께서 아브라함에게 말씀하십니다. "고향을 떠나라." 75세 때 고향을 떠나게 됩니다. 약속을 주십니다. "내가

가나안 땅을 네게 주마." 약속의 땅, 땅에 대한 약속이 있고, 두 번째
는 '자식을 주마. 하늘의 별처럼 바다의 모래처럼 너의 후손을 통해
서 자자손손 큰 나라 큰 민족을 이루게 하여 주마. 내가 네게 아들을
준다.' 그러셨어요. 이렇게 하고 얼마를 기다리는 것인데, 참 기다림
은 힘듭니다. 이 땅을 준다고 했는데 흉년이 들어요. 저는 그런 생각
을 합니다. 흉년이 들든 굶어죽든 그냥 버텼어야지요. 왜 가나안 땅
을 떠나서 애굽으로 갑니까? 이거 잘못한 것입니다. 거기 갔다가 아
내를 잃어버릴 뻔했어요.

그리고 그 다음에 아들을 주신다고 했지요. 그러면 기다려야지
요. 무던히 기다려야지요. 죄송하지만 늙든지, 정력이 없어지든지,
아니면 단산을 하든지 분명히 성경은 말씀합니다. 로마서 4장에서
"죽은 것과 방불한 가운데에도"라는 말까지 나옵니다. 이게 무슨 말
입니까? 몸은 살아 있지만 생리적 현상으로서는 죽은 것이나 마찬
가지입니다. 아브라함의 나이 99세요, 그의 아내 사라의 나이가 89
세요. 이러니까 단산한 지 오래됐어요. 다 끝나서 고목나무같아요.
몸은 살아 있으나 자식을 낳는다는 면에서 볼 때는 죽은 것이나 마
찬가지입니다. 그래서 '죽은 것과 방불한 가운데'라고 말씀합니다.
여기까지 가는 동안 아브라함이 실수를 많이 합니다. 하나님의 약속
을 믿고 가다가도 한 10년 기다리고 자식이 태어나지 않으니까, 또
아내는 단산하고 그래서 생각합니다. 아무래도 첩을 얻어야겠다, 합
의하에 그래서 이스마엘이라는 아들을 얻습니다. 서자를 얻습니다.
이건 잘못된 것입니다. 외도입니다. 잘못 갔어요.

그리고 다시 또 14년이 지나갑니다. 무려 25년 그리고 아브라함
나이도 많았고 사라는 이미 단산한 지가 오래된 이때 하나님 말씀

하십니다. 창세기 17장입니다. '아브라함아, 너는 내 앞에서 온전하라.' 조금 풀어 말씀을 드리면 '왜 휘청휘청하느냐. 믿음을 가지려면 똑바로 가져라. 네가 약하다고 약속이 빗나가겠느냐. 좀 오래됐다고 해서 내가 약속을 잊겠느냐? 어째서 이렇게 휘청거리느냐? 너는 내 앞에서 완전하라. 나는 전능한 하나님이다.' 이렇게 말씀하시거든요. 그런데 아브라함이 훌륭해요. 참 귀중한 것은 그때 가서 실수도 많이 했고, 허물도 많았고, 부끄러움도 많으면서 하나님께서 말씀하실 때 또 믿어요. 믿음을 요새말로 리모델링하는 것입니다. 믿음을 다시 세워요. 잃어버렸던 믿음, 상처난 믿음, 허물된 믿음을 다 털어버리고 하나님께서 "내년 이때에 아들을 낳으리라" 하시니까 아브라함이 "믿습니다." 받아들입니다. 그리고 사라를 취합니다. 거기서 이삭이 태어납니다. 이야말로 굉장한 기적이 아닙니까? 우리 믿음에 상처가 많아요. 너무 휘청휘청했어요. 너무 실수도 많아요. 어떤 때는 믿는 자같이 어떤 때는 안믿는 자같이 어떤 때는 물질을 믿고, 어떤 때는 세상을 믿고, 어떤 때는 하나님을 믿고, 너무 상처가 많아요. 만신창이가 됐어요.

그러나 오늘 하나님께서 말씀하실 때, "너는 내 앞에 완전하라" 하실 때 아브라함은 하나님을 믿습니다. 성경은 분명히 말씀합니다. "그리함으로 하나님께서 아브라함을 의롭다 하셨다." 쉽게 풀이합시다. 그런 과거를 묻지 않는다는 것이지요. 오늘 바른 믿음을 가질 때 하나님께서는 지난날에 실수한 것 다 용서하셨어요. 의롭다 함을 얻어서 믿음의 조상 아브라함이 됩니다. 아브라함의 믿음을 가만히 정리해 보면 상처가 많아요. 많이 휘청거렸어요. 허물이 많아요. 그러나 하나님의 말씀이 들려질 때마다 받아들입니다. 믿습니다. 자기의 처지 불가능한 것을 알면서도 하나님의 말씀을 받아들입니다. 믿습니다. 그래서 믿음의 조상 아브라함이 됩니다. 약속을 믿는다는 것, 이러한 순리적인 길이 있다는 걸 잊지 말아야 합니다.

　오늘본문에서 말씀합니다. 그리스도인의 대망사상, 즉 예수믿는 사람의 기다림의 신앙은 이제는 재림으로 바뀝니다. 주님 오실 날을 기다립니다. 피조물의 탄식을 들으면서 기다립니다. 나의 나약함과 허물을 다 그대로 하나님 앞에 내어놓고 믿음을 새롭게 해서 앞으로 오실 주님을 영접할 준비를 합니다. 이것은 추상적인 것이 아닙니다. 철학적인 관념도 아닙니다. 구체적이고 현실적입니다. 오늘 성경은 강조합니다. '몸의 구속을 기다리느니라.' 몸의 구속을, 역사적인 것만이 아니고 우리 개개인의 몸의 구속을 기다리는 현실적 구원을 말씀하고 있습니다.

　여러분, 믿음이라는 것이 뭡니까? 우리의 마음은 언제나 저 미래에 있습니다. 소망적 현재를 사는 사람은 행복한 것입니다. 제가 이 사건을 놓고 가만히 생각해보았더니 가장 적절한 예가 뭐냐 하면 약혼녀입니다. 20년 동안이나 키워준 부모님입니다. 그러나 여러분 다 지내보셨지요? 애인이 생기니까 정신없잖아요. 뭐 생기기만 하면 다 가지고 가잖아요. 아버지가 언젠가 한번 저더러 그러시더라고요 "여자를 믿지 마라." "왜요?" "너희 누나 좀 봐." 우리 아버지가 18살 때 결혼을 하셨어요. 선교사님이 얼마나 귀합니까? 그때 선교사님이 만년필을 선물해주셨어요. 이 만년필을 얼마나 사랑하고 자랑하시는지요. 본인 말씀이 온 동네에 하나밖에 없는 거라고 만년필을 꺼내서 성경 위에다 옆에다 뭘 쓰고 좀 썼다가 도로 넣어두고 그러십니다. 그저 이것 한 번씩 만져보는 것이 아버지의 취미입니다.

그런데 어느날 딸이 와서 하는 말이 뭔지 아세요. "아버지, 그 만년
필 저 주세요." "왜?" "남편 갖다주려고요." 그 얘기를 듣고나서 저
를 교육하시는 것입니다. "저거 봐라. 믿지 마라." 한번 왔다 가면
쓸어가요.

　보세요. 이게 결혼이라는 겁니다. 이게 대망사상입니다. 약혼이
라는 걸 놓고 생각해보세요. 요새는 돈 주고 다 사니까 그런 일이 없
지만 옛날에는 그렇지 않았어요. 약혼을 하고 그 다음에 하는 일이
뭡니까? 베개에 수를 놓지 않습니까? 수를 놓고 준비하고 그리고 심
지어는 결혼한 다음에 낳을 아이들을 위한 버선까지 다 만들어 가지
고 가더라고요. 기저귀까지 다 가지고 갔어요. 왜요? 그런 일이 있
을 거니까! 결혼하면 애 낳고 애 낳으면 키워야 될 거니까요. 이게
바로 약혼이라는 것입니다.

　그래서 말입니다. 에베소서에 보면 "부모를 떠나 아내와 합하
여"– 역시 부모는 떠나야 돼요. 과거는 떠나야 돼요. 아무리 친정이
좋아도 친정에 머무르면 영영 버려진 인간이 되는 것입니다. 과거는
과거고 현재도 현재입니다. 그러나 우리의 미래는 그리스도와 함께
있어요.

　제가 존경하고 모시는 외삼촌이 있습니다. 92세에 돌아가셨습
니다마는 장로님으로 계시며 의사이셨습니다. 가끔 방문해 보면요
그렇게 말씀이 없고 책을 많이 보아요. 항상 눈만 뜨면 책을 보시던
분입니다. 그런데 어느날 갔더니 그 서재의 책을 싹 없앴어요. 하나
도 없어요. 그리고 그 책상에 커다란 성경책 하나 놓았어요. 그때가
85세였습니다. 삼촌이 하시는 말씀입니다. "이제는 신문 볼 필요도
없고 텔레비전도 라디오도 소용없다. 오로지 성경만 본다. 왜? 내가

갈 곳이 여기니까." 그래 성경을 큰 소리로 계속 하루종일 읽더니 시편 잠언 요한복음을 다 외워요. 하도 많이 읽어서……

자 여러분, 이제는 버릴 것은 버리고 우리의 미래를 향한 우리에게 향한 약속을 확인해야 되겠어요. 우리가 지금 해야 될 일이 뭡니까? 내가 지금 생각할 일이 뭡니까? 앞에 반드시 다가올 미래를 바라보며 약속을 확인해야 됩니다. 그래서 오늘 성경에 귀중한 말씀을 하고 있지 않습니까? "생각건대 현재의 고난은 장차 우리에게 나타날 영광과 비교할 수 없도다."

오늘 고난이 좀 있습니다. 그러나 앞에 있는 영광하고는 비교가 되지 않습니다. 다시 말하면 앞에 있는 영광을 바라보고 그 기다림의 신앙을 확실히 할 때 오늘의 고통은 싹 사라지는 겁니다. 그 아픔도 사라지는 것입니다. 그 미움도 사라집니다. 이것이 바른 믿음입니다. 그래서 우리의 믿음은 항상 약속에 근거하고 우리의 신앙은 보다 더 영원하고, 보다 더 신령하고, 보다 더 우주적이고. 보다 더 창조적이고 그래서 세월이 갈수록 점점 더 그리스도께로 다가가는, 그리고 그 영광 앞에 서는 그런 기쁨으로, 그런 의미에서의 기다림의 신앙을 새롭게 하는 이번 성탄절이 되어야 할 것입니다. △

우리 날 계수함을 가르치소서

주여 주는 대대에 우리의 거처가 되셨나이다 산이
생기기 전, 땅과 세계도 주께서 조성하시기 전 곧 영
원부터 영원까지 주는 하나님이시니이다 주께서 사
람을 티끌로 돌아가게 하시고 말씀하시기를 너희 인
생들은 돌아가라 하셨사오니 주의 목전에는 천년이
지나간 어제 같으며 밤의 한 경점같을 뿐임이니이다
주께서 저희를 홍수처럼 쓸어 가시나이다 저희는 잠
간 자는 것 같으며 아침에 돋는 풀 같으니이다 풀은
아침에 꽃이 피어 자라다가 저녁에는 벤 바 되어 마
르나이다 우리는 주의 노에 소멸되며 주의 분내심에
놀라나이다 주께서 우리의 죄악을 주의 앞에 놓으시
며 우리의 은밀한 죄를 주의 얼굴 빛 가운데 두셨사
오니 우리의 모든 날이 주의 분노 중에 지나가며 우
리의 평생이 일식간에 다하였나이다 우리의 년수가
칠십이요 강건하면 팔십이라도 그 년수의 자랑은 수
고와 슬픔 뿐이요 신속히 가니 우리가 날아가나이다
누가 주의 노의 능력을 알며 누가 주를 두려워하여야
할대로 주의 진노를 알리이까 우리에게 우리 날 계수
함을 가르치사 지혜의 마음을 얻게 하소서
(시편 90 : 1 - 12)

우리 날 계수함을 가르치소서

  며칠 전에 「The Times(더 타임즈)」라고 하는 잡지에 우리의 마음을 서글프게 하는 기사가 하나 실렸습니다. 영국의 총리를 지낸 바 있는 마거릿 대처 여사의 이야기입니다. 그녀가 총리직에서 내려간 지가 벌써 20년이 됐습니다. 「더 타임즈」는 철의 여인이었던 대처가 이제는 한없이 초라한 노파가 되었다고 보고했습니다. 세월은 비켜 갈 수 없는가 봅니다. 세계를 호령하던 대처가 말입니다. 세월과 함께 철의 여인은 약해졌고 건강을 걱정하고 재정 상태를 염려하는 하나의 노인으로 되어갔다는 것입니다. 그녀가 이렇게 급격하게 주저앉은 이유는 그녀의 남편의 죽음 때문입니다. 총리직에서 물러간 다음에도 그녀는 당당했습니다. 그러나 30년 간 같이하던 남편이 먼저 세상을 떠나면서 그녀는 폭삭 내려앉고 말았습니다. 신념의 대명사가 불안과 걱정으로 떠는 한 노파의 모습으로 바뀌었습니다. 이 기사를 읽으면서 인생의 무상함을 느끼지 않을 수가 없었습니다.
  여러분, 유명한 신학자 Paul Tillich(폴 틸리히)라는 분이 있습니다. 제가 젊었을 때 그분의 책을 아주 탐독했었습니다. 그분의 저서 중 「Shaking of the Foundation(흔들리는 터전)」이라고 하는 명저가 있습니다. 그 책 속에서 시간의 개념을 이렇게 정리해줍니다. 한번쯤 다 같이 철학하는 마음으로 생각해보시기 바랍니다.
  먼저 시간은 모든것을 소멸케 한다는 것입니다. '시간은 모든것을 변화시킨다. 모든것을 없애버린다. 모든것을 파괴한다.' 그렇습니다. 시간 앞에 남아나는 것은 없습니다. 제가 제일 우습게 보는 것이 묘비입니다. 그건 해서 뭘 하겠다는 겁니까? 묘지에다 돈을 쓰는 사람처럼 바보같은 사람이 없습니다. 그걸 거기다 왜 쓰는 겁니까? 어쩌자는 겁니까? 또한 맹랑한 것이 뭐냐 하면 납골당입니다. 거기다 가루 한줌 갖다놓으면 어쩐단 말입니까. 그렇다고 그게 남아 있습니까? 그 속에서 버러지가 나온답니다. 다 쓸데없는 짓들 하고 있습니다. 어차피 다 없어질 건데 말입니다. 시간과 함께 다 소멸합니다. 이 시간은 무서운 겁니다. 무서운 힘을 가졌습니다. 모든것을 변화시키고 모든것을 소멸합니다.

두 번째는, 그러면서도 그 자체 안에 'eternity(영원성)'가 있다는 것입니다. 영원성이 있다는 말입니다. 지속하는 영원성이 있어요. 과거, 현재, 미래로 연속하면서 영원성을 우리에게 이렇게 클로즈업시켜줍니다. 마치 양파껍질을 벗기는 것처럼, 자꾸 벗겨나가고 변화하고 벗겨나가면 점점 알맹이가 들어나는 것처럼 말입니다. 영원성을 우리에게 이렇게 보여주고 있습니다. 그래서 말입니다. 과거는 언젠가는 현재였습니다. 우리가 과거라고 하는 것은 그때는 현재였어요. 지금은 과거가 되었지요. 현재도 언젠가 과거로 돌아갑니다. 오늘의 현재 내일 과거로 돌아갑니다. 결혼주례 할 때 신부가 들어오는 걸 보면 참 예쁩니다. 신부 들어올 때 신랑은 여기 서서 기다리는데 정신없어요. 예뻐서 그런 걸 봅니다마는 저들은 저렇게 좋아하고 있지만 저는 이런 생각을 합니다. '인생무상, 화무십일홍이다.' 현재는 그대로 있는 게 아닙니다. 곧 과거로 돌아갑니다. 또 우리가 꿈꾸는 미래는 말입니다. 어떤 때는 미지수입니다. 불확실한 미래이지만 이 미래는 다시 현재로 다가오고 있습니다. 이 연속성 속에서 우리는 무언가를 생각해야 합니다. 영원성을 우리에게 부각시키고 계속 우리에게 더 확실하게 더 밝게 보여주고 있다는 말입니다. 이게 시간입니다.

세 번째는, 시간은 알 수 없는 감추어진 미래를 향하여 가고 있다는 것입니다. 우리가 미처 모르고 있을 뿐이지 미래는 확실합니다. 그리로 가고 있는 것입니다. 우리가 미처 모르고 있을 뿐입니다. 그러므로 거기에는 의미가 있고 목적이 있고 목표가 있습니다. 이것이 성경이 말씀하는 시간의 개념입니다.

오늘 본문은 모세의 기도문입니다. 오늘 말씀 첫 귀에 보면 작은 글씨로 씌어 있지요. [하나님의 사람 모세의 기도]라고. 모세가 하나님 앞에 기도하는 그런 내용입니다. 글쎄 몇 살 때 이 시를 썼다고는 기록이 없습니다마는 아마도 말년에 이렇게 썼을 거라고 짐작이 갑니다. 모세의 나이 120세입니다. 이 120세라는 말에 의미가 있습니다. 많은 생물학자들 혹은 의학자들은 말합니다. 모든 생물은 성장기의 5배를 산답니다. 사람의 성장을 놓고 봅시다. 몇 살까지 자랄 것같습니까? 여자는 24살까지 자라고 그 다음부터 늙어요. 24살이 꽃입니다. 남자는 26살입니다. 그러니까 24살이 지나면 그때부터 늙어가는 것입니다. 26살이 지났으면 이젠 그 다음부터 할아버지로 지향하고 있는 것입니다. 어찌하겠습니까? 이게 생물학적 현상입니다. 그러니까 사람은 생리학적으로 볼 때 120세 사는 것이 정상이다, 120세 살 수 있도록 그렇게 창조된 피조물이라고 말합니다. 그 대표자가 모세입니다. 모세는 바로 왕 앞에서 40년을 삽니다. 광야에 나가서 목자로서 40년을 삽니다. 80세에 하나님의 부르심을 받고 40년 동안 이스라엘을 인도하는 이스라엘의 지도자로 삽니다. 이 연속성을 생각해보세요. 아마도 모든 사람이 다 그렇습니다마는 모세야말로 파란만장하게 살았습니다. 아주 드라마틱하게 산 사람입니다. 바로의 궁전에서 왕자로 살고, 광야에 쫓겨나서 목동으로 살고 그리고 다시 이스라엘의 지도자로 하나님의 능력과 권세를 손에 쥐고 하나님의 능력을 대행하면서 이스라엘을 인도하는 지도자로 그렇게 40년을 삽니다.

그런 생각 합니다. 이 인생은 하나님의 역사였어요. 하나님의 역사요, 하나님의 섭리요, 하나님께서 하시는 일뿐이었어요. 거기에 내가 얼마간의 시중을 했고 하나님의 일꾼으로 이렇게 그 집에 집사로서 일했다 하는 것을 깊이 느끼면서 말합니다. 오늘본문에서 강조합니다. "하나님은 영원부터 영원까지 하나님이시니이다." 하나님만이 하나님이십니다. 모든것은 하나님께로서 왔다가 하나님께로 돌아갑니다. 오늘 우리가 사는 생활, 하찮은 일까지도 가만히 생각해보세요. 다 하나님의 역사였어요. 우리가 현재를 알기가 어렵습니다마는 지난날을 돌아보면 정말입니다. 하나님의 섭리가 아닌 것이 없고, 하나님의 은총이 아닌 것이 없고, 하나님의 사랑이 아닌 것이 없어요. 너무너무 귀한 일들이 그렇게 이루어지면서 오늘에 이른 것 아니겠습니까? 하나님의 큰 경륜 속에 그 플랜 속에 그 드라마 속에 그 시나리오 속에 내가 있었고, 내 역할이 있었고, 현재가 있었다는 말입니다.

그러나 인생은 본문의 말씀이 "티끌로 돌아가라" 그랬어요. 창세기에서 말씀합니다. "너는 흙이다. 흙으로 돌아가라." 그렇습니다. 정말 매장지에 가서 땅을 파보면요, 그저 땅을 파보면 뼈가 안나오는 데가 거의 없어요. 옛날에 다 묻었다가 없어진 자리에, 또 파고 묻고 그러는 것입니다. 그래 그게 별로 쓸데가 없다는 것이지요.

아무리 잘해보고 뭘 해봐야 소용없어요. 그런데 요새 상식입니다마는 재미있는 일이 하나 생겼습니다. '질소 매장법'이라는 게 나왔습니다. 스웨덴에서부터 시작해서 온세계로 퍼지는데 지금 우리나라에도 들어와 있고 지금 입법이 상정되어 있습니다. 이게 뭐냐 하면 지금까지는 우리가 매장을 하고 혹은 화장을 했습니다마는 이건 아주 과학적입니다. 영하 40도로 온도를 낮춰놓고 거기다가 질소를 투입하면요 시체가 불과 30분 동안에 깨끗하게 없어집니다. 이 시체가 싹 사라지고 딱 한줌의 흙이 남습니다. 이 흙을 분석해보면 우리가 보는 흙과 똑같은 것입니다. 이걸 흙 위에다 갖다 놓으면 한 시간 안에 흙이 되고 말아요. 이걸 보면서 생각했어요. "너는 흙으로 돌아가라." 흙입니다. 그래서 제가 소망동산에 묘지를 만들어 놓고 그 밑에다 썼어요. "너는 흙이니 흙으로 돌아가라." 쓸데없이 비석 세우지 마라. 그것입니다. 뭘 남기겠다는 거냐? 너는 흙이다. 흙으로 돌아가라. 질소를 잠깐 투입하고 나니까 이것이 그대로 한줌의 흙이 되고 맙니다. 그렇습니다. "인생은 티끌로 돌아가라" 시작이 있는가 하면 끝이 있다, 하는 말입니다.

특별히 10절에서 모세는 말씀합니다. "우리의 연수가 칠십이요 강건하면 팔십이라도 그 연수의 자랑은 수고와 슬픔뿐이요 신속히 가니 우리가 날아가나이다." 신속히 갑니다. 빨리 갑니다. 그렇습니다. 날아가는 것같아요. 순간이라는 말이 무슨 소리입니까? 한번 눈 감았다 뜬다, 그 소리거든요. 한번 껌뻑하는 것같이 이렇게 지나가는 것이다. 신속히 간다. 날아갑니다. 아침에 피었다가 사라지는 풀처럼 말입니다. 일순간에 사라진다, 모든것은 순간이다, 이것을 미리 알았더라면 얼마나 다른 모습으로 살았겠습니까? 이 미련함을

어찌 다 이제 와서 뉘우칠 수 있겠습니까? 그 많은 사람 장례를 치
르면서도 내가 죽을 줄은 몰랐거든요. 이게 남의 얘기가 아니라는
걸 왜 생각 못했던가? 쓸데없이 안달복달 아옹다옹하며 살아야 할
이유가 없는데…… 그래서 '신속히 간다.'

특별히 모세는 말씀합니다. '자랑할 것이 없다. 자랑은 수고와
슬픔뿐이다.' 인생을 돌아보니 자랑할 것이란 아무것도 없어요. 그
게 무슨 소용 있습니까? 제가 제일 우습게 보는 것이 뭐냐 하면 가
끔 아는 분들 만나서 명함을 받아보면 박사학위, 전(前)장관, 전(前)
국회의원, 전(前)회장 그렇게 썼어요. 그런데 저는 그 전(前)자 붙
은 것 영 좋아 안해요. 그러니 어쩌라는 말입니까. 당신이 전장관이
라고해서 내가 지금 당신을 특별히 대할 것같으냐고요. 그래 어쩌
란 말입니까. 나같으면 부끄러워서도 안쓸 것같은데 써가지고 다니
더라고요. 일주일밖에 못했는데도 말입니다. 이게 뭡니까? 왜들 이
래요? 아직도 그 나이 돼서도 정신을 못차려요. 명함 지워버리세요.
뭘 가지고 다녀요. 마음에 안들어요. 그 중에 최고로 마음에 안드는
사람이 누군지 아십니까? 저한테 명함을 주는데 40일 금식기도 2번,
이렇게 썼더라고요. 그걸 명함에 써가지고 다니는 사람이 있어요.
이런 미련한 짓을 합니다. 자랑할 것이 없다, 아무것도 자랑할 것이
없다, 아예 남기지 맙시다. 그것 골치아파요. 가끔 보면 요새는 자서
전이라고 써가지고 자꾸 보내요. 그거 귀찮아요. 당신 일생 산 걸 내
가 왜 보란 말입니까. 책을 써서 종이만 없애고, 왜들 이럽니까? 그
냥 가세요. 왜 남 보고 기억하라고 그럽니까? 정신 좀 차립시다. 자
랑할 것 없네요. 부끄러운 것만 많잖아요. 뭘 기억하게 하겠다는 겁
니까? 나도 기억하기가 싫은데. 또 그러니까 여기서 귀중한 결론이

나오는 것입니다.

　그 다음에 "우리에게 우리 날 계수함을 가르치사 지혜로운 마음을 주옵소서." 지혜로운 마음— 그렇습니다. 지식은 과거에 대한 것입니다. 반면 지혜는 미래에 대한 것입니다. 오늘과 내일에 대한 것입니다. 그게 지혜입니다. 지혜로운 마음을 주시고 우리의 날 계수함을 주소서. 시간이란 말을 헬라어로 보면 '크로노스'라는 말이 있고 '카이로스'라는 말이 있습니다. 여러분 가지신 시계에 보면 크로노메타라고 되어 있습니다. 그게 크로노스라는 말입니다. 일반적 시간 개념입니다. 우리에게 허락된 제한된 시간입니다. 반면 '카이로스'는 하나님의 시간입니다. 우주적인 시간입니다. 절대적인 시간입니다. 그런데 우리가 어디서 왔으며 얼마 남았느냐? 그리고 오늘 내가 무엇을 생각해야 하느냐는 것입니다. 「탈무드」에 유명한 말이 있습니다. 이건 지혜입니다. 가장 귀한 일은 당신이 지금 하고 있는 일이요, 가장 귀한 사람은 바로 당신 옆에 있는 사람이요, 가장 귀한 시간은 바로 지금입니다.

　지난날을 아쉬워할 것도 없고 미래를 암울하게 생각할 것도 없어요. 하루하루가 얼마나 중요합니까? 한 시간 한 시간이 중요합니다. 이 한 시간이 중요합니다. 오늘의 이 한 시간이 얼마나 소중하게 주어진 것입니까? 자, 보세요, 연평도 사건. 포탄을 쏴놓고 저들은 축제를 했더라고요. TV에 보니까 이걸 쏴놓고 불타는 깃 보면서 만세 부르고 축하했더라고요. 그러니 이런 화약고같은 세상에 살면서 하룻밤 평안히 잤으면 이게 보통일입니까? 오늘도 이렇게 무사히 하나님 앞에 나와 예배드릴 수 있으니 이 어찌 큰 축복이 아니겠습니까? 하루가 그런 것입니다.

로마서 13장에 말씀합니다. "너희가 이 시기를 알거니와 자다
가 깰 때가 되었으니 이제는 우리의 구원이 처음 믿을 때보다 가까
워 왔음이라 밤이 깊고 낮이 가까이 왔으니 어두움의 일을 벗어라."
아직은 밤입니다. 그러나 아침이 가까워오고 있습니다. 그러니 우리
자세가 어찌해야겠습니까? 과거에 매여야겠습니까? 현재에 매여야
겠습니까? 우리의 생각과 우리의 자세는 앞에 있는 아침에 있어야
되는 것입니다. 낮과 같이 단정히 하라. 이게 무슨 말씀입니까? 아
직 낮이 아닙니다. 아직 밤입니다. 낮과 같이 단정히 하라ー 이제 아
침이 올 거니까 우리 앞에 환한 세상이 열릴 테니까 그 주님을 맞이
할 그 생각에 오늘을 단정히 하라는 말씀입니다.

그런 말이 있습니다. 가장 건강할 수 있는 비결은 좋은 소식을
듣는 데 있대요. 늘 좋은 소식을 들으며 살아야 되고, 두 번째는 적
당한 운동을 해야 되고 세 번째는 좋은 추억을 만들어야 돼요. 나로
인해서 다른 사람에게 좋은 소식이 전해져야 됩니다. 그래서 다른
사람으로부터 다시 나에게 좋은 소식이 와야 되고 이래야 건강하다
하는 것입니다. 저는 며칠 전에 어떤 책을 보다가 깊이 감동받은 사
건이 있었습니다. 휠체어를 타고 있는 중학생이 있습니다. 소아마비
로 인해서 그는 걷지를 못하고 휠체어를 타고 학교에 다니는데 어머
니가 꼭 학교까지 데려다줘요. 휠체어에 앉아서 공부를 합니다. 그
런 학생이 있더라고요. 어렸을 때부터 중학생까지 계속해서 어머니
가 그렇게 시중을 해줬어요. 그런데 작문시간에 작문을 하는데 앞으
로 내가 소원하는 것은 무엇인가에 대한 것입니다. 나는 무엇이 되
겠습니다, 정치가가 되겠습니다, 과학자가 되겠습니다, 이런 것들을
쓰는데 이 휠체어 탄 중학생은 특별한 글을 썼다는 겁니다. 그는 이

렇게 말합니다. '만일에 내가 다시 태어날 수 있다면 나를 낳아준 어머니의 어머니로 태어나겠습니다.' 그랬어요. '그래서 우리 어머니가 나에게 해주신 그 귀한 사랑에 대해서 어머니에게 정성껏 보답하고 싶습니다.' 그 한마디가 어떻게 우리를 뜨겁게 하는지 모릅니다. 나를 위해서 희생한 이 어머니의 어머니로 태어나서 내 어머니가 내게 베푼 사랑을 보답하고 싶다고 말하고 있습니다.

여러분, 이제는 이렇게 생각합시다. 받은 사랑이 너무 큽니다. 다만 얼마라도 이제는 불만하지 말고 어떻게 하면 보답할까? 이 은혜에 대해서 어떻게 하면 보답할까? 나의 나됨은 전적으로 은혜입니다. 하나님의 약속하신 은혜를 다시 한 번 확인하면서 어떻게 하면 그 많은 은혜에 보답할까? 하는 그 감격으로 그렇게 묵은해를 보내고 새해를 맞아야 할 것입니다.   △

정직한 영을 새롭게 하소서

하나님이여 주의 인자를 좇아 나를 긍휼히 여기시며 주의 많은 자비를 좇아 내 죄과를 도말하소서 나의 죄악을 말갛게 씻기시며 나의 죄를 깨끗이 제하소서 대저 나는 내 죄과를 아오니 내 죄가 항상 내 앞에 있나이다 내가 주께만 범죄하여 주의 목전에 악을 행하였사오니 주께서 말씀하실 때에 의로우시다 하고 판단하실 때에 순전하시다 하리이다 내가 죄악 중에 출생하였음이여 모친이 죄 중에 나를 잉태하였나이다 중심에 진실함을 주께서 원하시오니 내 속에 지혜를 알게 하시리이다 우슬초로 나를 정결케 하소서 내가 정하리이다 나를 씻기소서 내가 눈보다 희리이다 나로 즐겁고 기쁜 소리를 듣게 하사 주께서 꺾으신 뼈로 즐거워하게 하소서 주의 얼굴을 내 죄에서 돌이키시고 내 모든 죄악을 도말하소서 하나님이여 내 속에 정한 마음을 창조하시고 내 안에 정직한 영을 새롭게 하소서

(시편 51 : 1 - 10)

정직한 영을 새롭게 하소서

그 유명한 알렉산더 대왕이 어느날 항구에 정박하고 있는 죄수들이 탄 배를 방문하게 되었다고 합니다. 이것을 기회라고 생각하고 모두가 자기들의 무죄함을 왕에게 호소했습니다. "나는 억울하게 여기에 와 있습니다. 판사가 뇌물을 받고 내게 유죄판결을 했습니다. 누가 배신을 해서 고만 내가 여기에 왔습니다." 모두가 자기는 무죄이며, 억울하게 이 고생을 하게 됐다고 호소를 했습니다. 아무도 제 잘못이라고 생각한 사람은 없었습니다. 그러나 그중 유독 한 사람만 아무 말이 없어서 오히려 왕이 그에게 가까이 가서 "자네는 어떻게 말이 없나?" 그랬습니다. 그러자 그는 대답했습니다. "나는 내 잘못으로 여기에 왔습니다. 내 잘못으로 내가 고생하는데 무슨 할말이 있겠습니까? 내가 가난해서 돈이 필요해서 그만 도적질을 했다가 발각이 돼서 이렇게 잡혀왔으니 마땅히 죗값을 치러야겠지요." 이렇게 대답을 했습니다. '내가 오늘 이 고생 하는 것은 마땅한 것입니다' 하는 대답이었습니다. 이에 알렉산더 대왕은 큰소리로 명령을 했습니다. "너같은 죄인이 이 의인들 속에 있어서야 되겠느냐? 너 때문에 많은 사람들이 물들게 되면 안되지. 너는 여기서 나가라." 그래서 석방을 해주었다는 이야기입니다.

여러분, 한 해가 다시 시작됩니다. 도대체 여러분의 소원이 어디에 있습니까? 어떻게 되면 좋을 것같습니까? 환경문제입니까? 정치문제입니까? 경제문제입니까? 오늘 아침에도 방송에 나오는 걸 보니까 우리 국민들의 관심사가 첫째가 경제, 둘째가 안보, 셋째가

환경…… 이렇게 나오더라고요. 어쨌든 첫째가 경제입니다. 그러
면 경제만 해결이 되면 모든 문제가 해결이 될까요? 한번 다시 물어
야 하겠습니다. 소원이 뭡니까? 어떤 어린아이가 하도 말썽을 부려
서 어머니가 걱정하던 중에 아이 손을 붙잡고 하나님 앞에 늘 기도
를 했습니다. "하나님 아버지, 이 아이가 어머니 말을 잘 듣게 해주
세요." 아이가 좀 컸어요. 그리고 "엄마, 오늘은 내가 기도하면 안될
까요?" 했습니다. 엄마는 좋은 마음으로 "그래, 네가 많이 컸구나.
오늘은 네가 기도해라." 했더니 아이가 이러더랍니다. "하나님 아버
지, 우리 어머니가 내 말을 잘 듣게 해주세요."

　여러분은 자기 소원이 제일인 줄 알지만 아닙니다. 우리 주변에
있는 사람들은 누구나 나름대로 또 다른 자기의 소원을 가지고 있습
니다. 어쨌든 한 가지만을 생각하십시다. 열왕기상 3장 9절 이하에
보면 솔로몬이 하나님 앞에 응답하는 기도를 합니다. 하나님 말씀하
십니다. "너는 내게 구하라. 네게 무엇을 줄까?" 바로 그 시간입니
다. 이 얼마나 절절하고 귀중한 시간입니까? 그때에 솔로몬은 말합
니다. "지혜로운 마음을 주세요." 이 한마디 기도를 했습니다. 저는
이 점을 강조하고 싶습니다. 여러 가지를 구하지 않고 딱 한 가지를
구했어요. 하나님께서 그것을 크게 기뻐하셨습니다. 성경은 이렇게
말씀합니다. "그의 구한 바가 주의 마음에 맞은지라."

　주의 마음에 맞은지라― 우리 소원이 주님의 것과 맞아야 됩니
다. 내가 구한다고 이루어지는 것 아닙니다. 욕심이 많다고 되는 게
아닙니다. 하나님께서 내게 주시려고 하는 바가 있어요. 또 내가 어
떤 사람이 되어야 되겠다는 그 기준이 있어요. 주의 마음과 맞아야
합니다. 때로는 우리가 매일 경험하지 않습니까? 아이들이 아무리

몸부림쳐도 부모님의 마음에 맞지 않으면 줄 수 없어요. 주어서는 안되지요. 똑같이 하나님의 마음에 맞아야 합니다. 그렇다면 오늘 우리가 생각할 것이 뭡니까? 하나님의 마음에 맞는 소원이 뭡니까? 하나님의 뜻과 일치하는 나의 소원이 무엇이 되겠습니까? 하나님께서 내게 무엇을 원하십니까?

오늘 성경에 보면 다윗은 이렇게 말씀합니다. "하나님이여, 내 속에 정한 마음을 창조하시고 내 안에 정직한 영을 새롭게 하소서." 아주 귀중한 기도입니다. 절실한 기도입니다. 그의 참회록의 중심부에 나오는 소원입니다. 다윗의 특성은 정직함입니다.

여러분, 다윗의 생애를 잘 아시지 않습니까? 아무리 보아도 다윗은 의인이 아닙니다. 다윗은 깨끗한 사람도 아닙니다. 흔히 말하는 도덕적 군자도 아닙니다. 그런데 하나님께서 왜 이렇게 다윗을 좋아하셨을까요? 하나님께서는 다윗을 사랑하셨습니다. 신구약 성경에 다윗이라는 이름이 800번 나옵니다. 사람의 이름 중에 최고로 다윗의 이름이 많이 나옵니다. 그런데 이스라엘사람들은 원래 성이 없습니다. 우리나라는 김씨, 박씨, 곽씨 성이 있지 않습니까? 그러나 그 사람들은 성이 없습니다. 왜냐하면 다 하나님의 백성인데 무슨 성이 필요하냐 해서 성이 없어요. 저는 그것 잘했다고 생각해요. 우리도 성을 다 없애야 되겠어요. 누구 자식이니 누구 손자니 해서 말이 많거든요. 싹 없애면 좋을 것같아요. 어쨌든 이스라엘사람은 성이 없습니다. 없기 때문에 할수없이 이름을 부를 때마다 조상의 이름 하나를 거기다 넣어서 부릅니다. 예수님도 마찬가지입니다. '다윗의 자손 예수!' 그 많은 조상이 있지마는 다 빼버리고 '다윗의 자손 예수'라고 부릅니다. 보세요. 예수님의 성이 다윗입니다. 그만큼 다윗은 하나님의 사랑을 받았고, 높임 받았고, 존귀함을 받았습니다.

자, 그런데 그 이유가 뭘까? 자세히 면밀하게 연구해보면 딱 한 가지 이유가 있습니다. 바로 그는 정직했어요. 그는 정직한 사람이었어요. 소년시절에 골리앗대장 앞에 가서 섰을 때도 정직했어요. 하나님의 능력 앞에 정직했어요. 그 정직함으로 골리앗을 보니까 골리앗이 아무것도 아닌 것입니다. 이것이 다윗이었어요. 사울 왕에게 쫓겨다닐 때 사울 왕이 자기 신하요 사위인 다윗을 죽이려고 합니다. 죽이려고 쫓아다니는데도 불구하고 다윗은 이리저리 피해다니기만 합니다. 사실 다윗이 사울을 얼마든지 죽일 수 있었어요. 그래도 손을 대지 않았어요. 왜? 정직했기 때문입니다. 하나님 앞에 정직했어요. 하나님께서 기름 부으신 자를 내가 손댈 수 없다ㅡ 그러고 피해 다녔습니다. 하나님 앞에 정직했습니다.

특별히 그는 회개에 있어서 정직했습니다. 이것 큰 사건입니다. 그가 실수해서 우리아의 아내 밧세바를 취했습니다. 큰 죄를 지었습니다. 그러나 나단 선지가 와서 "당신이 그 사람이오"라고 말할 때 그대로 무릎을 꿇습니다. 귀한 일입니다. 한번 이렇게 시나리오를 바꾸어 봅니다. "당신이 그 사람이오"라고 말할 때 다윗이 이렇게 말했다면 어떻게 되겠습니까? "저놈을 내다 목을 베라." 그럴 수 있지요. 그럼에도 불구하고 다윗은 나단 선지 앞에 무릎을 꿇었습니다. 하나님의 종 앞에 무릎을 꿇습니다. "내가 죄를 지었나이다." 사실 생각하면 그게 어떤 죄입니까? 이거 다 폭로하고 왕으로 살 수 있습니까? 저는 생각합니다. 다윗의 회개보다 더 중요한 것은 왕관을 내던지지 않았다는 사실입니다. 그것이 더 훌륭합니다. 자, 이렇게 자기 신하의 아내를 취해 놓았으니 이렇게 하고 이것이 다 만천하에 알려졌으니 어떻게 보좌에 앉아 있습니까? 어떻게 왕으로 재판을 하며, 왕으로 행세할 수 있단 말입니까? 그러나 다윗은 바로 이 순간에 '내가 이런 죄를 지었으니 내 자존심이 허락치 않는다. 왕관을 내던지고 베들레헴으로 가노라. 다시 목자로 돌아가노라.' 그렇게 하지 않았습니다. 직무유기 하지 않았습니다. 이 점이 더 훌륭합니다. 다윗의 회개는 바로 이겁니다. 회개하고 회개한 그 위치에 있습니다. 누가 돌을 던지든 누가 나를 비난하든, 아니, 하나님께서 나를 치셔도 그대로 다 받을 생각입니다. 이것이 정직함입니다.

　　우리는 정직하면서도 때때로 변명이 많아요. 정직 다음에 오는 후속결과에 대해서 수용성이 없어요. 정직하고 그 다음에 되는 일은 묻지 마세요. 어떤 일이라도 다 수용할 수 있어야 되거든요. 겸손하게 받아들이는 것이 그게 정직함인데 정직하면서 변명이 많아요. 도대체 말이 많고요 또 불만도 많고 그렇습니다. 그러나 다윗은 아닙니다. 다윗은 위대합니다. 정말 눈물겹도록 남자된 훌륭한 점이 있습니다. 그게 뭐냐하면 밧세바를 원망하지 않았다는 것입니다. 그 점에서 훌륭한 남자입니다. 성경을 가만히 보면 아무리 읽어봐도 밧세바가 나빠요. 왕을 그만 타락시키려고 지붕 위에 올라가서 홀랑 벗고 목욕했다는 거 아닙니까? 성경이 말씀한대로 보면 그 여자가 나빠요. 그럼에도 불구하고 이 큰 사건 뒤에 다윗은 그 많은 참회록 속에 그 많은 시편 속에 단 한 번도 밧세바를 원망하지 않습니다. "내가 죄를 지었나이다." 남자 중에 남자입니다. 남자가 변명을 하면 안되지요. 회개에 무슨 군소리나 뒷말이 있어서는 안됩니다. 모든 책임을 내가 집니다. "내가 죄를 지었나이다." 끝. 이것이 다윗의 정직함입니다. 그래서 하나님께서는 다윗을 사랑하셨습니다.

여러분, 오늘 우리가 회개의 기도를 한다고 하면서도 정직하지 못할 때가 많습니다. 변명도 많고 원망도 많아요. 그런고로 다윗은 다시 말씀합니다. "정직한 영을 새롭게 하소서." 세월가면서 정직이 자꾸 흐려지는 것입니다. "정직한 마음을 다시 창조하소서." 신실한 기도를 하고 있습니다.

여러분, 소원이 어디에 있습니까? 많이 벌고 오래 살고 건강하고 이런 거 그만하십시다. 그간에 산 것도 변변치 않았는데 뭘 더 살겠다고 하십니까? 그저 한번 이렇게 기도해 볼까요? "하나님이여, 금년만은 정직하게 살게 해주세요. 제발 거짓말 하지 않게 해주시고 하나님 앞에서 정직하게 성실과 정직함으로 그렇게 금년을 살게 해주세요."

어느 도박사가요 도박으로 한평생을 살면서 고생하고 패가망신하여 마지막 죽게 될 때 유언을 하게 됩니다. 아들이 옆에서 울고 있으니까 "아들아, 너만은 절대로 카드에 손을 대지 마라. 특별히 블랙잭은 하지 마라. 이제 죽음의 사자가 내 앞에 와 있다. 하나님 앞에서 내가 명하는데 하나님 앞에서 맹세하라. 절대로 도박은 하지 않겠다고." 그러자 아들이 얘기했습니다. "예, 하지 않겠습니다." 아버지가 마지막 말을 한마디 더합니다. "그런데 어쩔수없이 하게 될 경우에는 물주를 잘 세워야 한다." 그랬어요.

여러분 그게 그렇게 버려지는 것이 아닙니다. 결심 한번 했다고 달라지는 게 아니더라고요. 정직한 믿음. 확실히 다윗은 정직한 믿음. 사도 바울도 말씀합니다. 에베소서 4장 23절에서 "오직 심령으로 새롭게 되어," 로마서 12장 2절에서 "오직 마음을 새롭게 함으로 변화를 받아." 역시 문제는 마음의 문제요, 깊은 그 속에는 정직함의 문제입니다. 이 문제 외에 다른 문제가 없어요.

정직에 관한 유명한 일화가 하나 있습니다. 이마누엘 칸트의 아버지가 어느 날 외출했다가 말을 타고 돌아오는 길에 그만 강도를 만납니다. 강도들이 붙들어놓고 "짐 다 내려." 내렸습니다. 말도 빼앗고 짐도 빼앗고 그리고 "이것이 다냐?" 하고 물었어요. "예, 다입니다." "그러면 목숨은 살려줄 테니까 그냥 가라." 벌벌 떨면서 집으로 향해서 갑니다. 그런데 언덕을 올라가다 보니까 주머니가 묵직한 것을 느꼈어요. 주머니 속에 금덩이가 하나 있었는데 이걸 잃어버릴까봐 바늘로 꿰맸댔어요. 이게 손에 딱 잡히는 것입니다. 이걸 들고 다시 강도에게 돌아갔습니다. "아까 그것이 다냐? 할 때 경황 중에 다라고 했는데 그게 다가 아니었습니다. 여기에 금덩이가 있습니다." 하고 내놓았습니다. 아무도 이 금덩이를 받아 가지는 사람이 없었어요. 마지막에 강도 괴수가 말합니다. "이런 사람의 돈을 빼앗으면 벌받아. 이놈들아. 다 돌려줘라." 말과 짐까지 다 돌려줬다는 이야기입니다.

여러분 웃었지요. 웃을만한 얘기입니다. 요새는 이런 사람이 없으니까요. 얼마나 굉장합니까? 정직하기에 그는 힘이 있고 용기가 있었어요. 또 감동도 있었어요. 그런데 이제 이런 이야기들은 옛얘기밖에 될 수 없네요. 이런 일은 오늘에는 없으니까 말입니다. 정직함이 얼마나 소중한가를 우리에게 말해줍니다. 다윗은 정직한 믿음의 사람이요, 정직한 회개의 사람이요, 정직한 소원의 사람이요, 자신에 대해서 정직하고 이웃에 대해서 정직하고 은혜 앞에 정직한 사람이었습니다. 왜? 정직이 곧 경건이었기 때문이지요. 정직할 때 경건하고 정직함을 잃어버리면 경건은 무너지는 것입니다. 깊이 생각해야 될 문제입니다.

여러분, 가끔 우리는 새 사람이 되기 위하여 결심도 합니다. 뭔가 바꿔보려고 노력합니다마는 그게 그렇게 되는 게 아닙니다. 이건 기독교의 진리가 아닙니다. 내 의지로 될 수 있는 것이 아닙니다. 여러분, 종자의 원리를 아십니까? 여기에 씨앗이 하나 있습니다. 이 씨앗이 그대로 있는 동안은 절대로 다시 더 많은 열매를 맺지 못합니다. 씨앗이라는 것은 이 씨앗이 땅 속에 들어가서 썩어야 됩니다. 썩어 죽어지는 순간 싹이 나고 많은 열매를 맺을 수 있는 것입니다. 종자가 변해서 열매를 맺는 것이 아닙니다. 종자가 죽어서 열매를 맺는 것입니다. 이것이 기독교진리의 핵심입니다. 십자가 앞에서 우리가 죽어야 될 때입니다.

여러분, 우리나라의 유명한 교수님 한 분, 한평생 지성인으로 살았고 자타가 인정하는 현대적 지성인입니다. 그런데 얼마전 그가 유명한 책을 썼습니다. 「지성에서 영성으로」입니다. 자, 그런데 말입니다. 그 내용의 골자는 이렇습니다. 지성을 믿고 지성으로 살아왔는데 아니더라는 것입니다. 그러나 지성을 버릴 수 없었어요. 결국 사랑하는 딸이 죽음의 문턱에 서 있게 되었을 때 지성이 함께 죽어버려요. 거기서 영성이 살아났어요. 영의 눈이 열리고나니 새로운 세상이 보이는 겁니다. 내가 왜 이것을 미처 몰랐던가?

여러분, 영의 눈이 열려야 지혜도 지혜가 되고 총명이 열립니다. 생명력이 다시 솟아나는 것입니다. 이걸 잊지 말아야 합니다. 사도 바울이 말씀했듯이 "내가 그리스도와 함께 십자가에 못박혔다. 내가 그리스도와 함께 죽었다." 그러고야 새 사람입니다. 중생케 하시는 큰 역사가 있음으로 기적적으로 주의 뜻을 이룰 수 있는 것입니다.

스테판 폴란이라고 하는 분이 쓴 최신작 「8가지만 버리면 인생은 축복이다」라는 책에 지혜로운 말이 있기에 한번 말씀을 드려봅니다. 그 자신이 80고령인데 왕성하게 활동하면서 이 시대의 최고의 Life Coach로서 많은 사람에게 도움을 주고 있습니다. 많은 사람이 공통적으로 그에게 묻는 말은 "지금보다 더 행복하게 살 수 있는 비결이 없을까요?" 라는 것입니다. 이에 대한 그의 대답은 8가지입니다. 첫째, 나이드는 것을 초조해하지 마라. 즐겁게 늙어라. 그게 무슨 말입니까? 가까워오고 있는 죽음에 대해서 피하려고 하지도 말고 미련을 떨지 마라. 두 번째는 과거를 후회하지 마라. 지나간 것은 지난 간 것이다. 세 번째, 비교 감정을 버려라. 내가 보기에 행복해보이지만 그 사람 행복한 사람 아니다. 그런고로 남하고 비교하지 마라. 네 번째, 스스로 평가절하하지 말고 자격지심을 가지지 마라. 내가 나를 사랑하지 않으면 남도 나를 사랑하지 않는다. 자기 자신을 소중하게 여기라. 다섯 번째, 도움을 청할 줄 알아야 한다. 도움을 받지 않는 것만이 능사가 아니다. 다른 사람의 지혜도 구하고, 능력도 구하고, 도움도 구하는, 그 자체가 인간의 아름다움이다. 여섯 번째, 완벽한 타이밍은 없다. 타이밍만 기다리지 마라. 적극적으로 대항할 것이다. 일곱 번째, 최고보다 최선을 택하라. 오늘을 잘살아야 내일이 열린다. 오늘은 어둡고 내일은 밝으리라고 생각하지 마라. 오늘 한 순간이 밝아야 밝은 내일이 오는 것이다— 이렇게 조언하고 있습니다.

여러분, 우리가 무슨 소원으로 새해를 맞아야 하겠습니까? "하나님이여 내 속에 정한 마음을 창조하시고 내 정직함을 회복시켜 주세요." 사실 아주 어린아이들은 정직합니다. 그런데 조금 크면서부터 거짓말을 합니다. 달라집니다. 그래서 다윗은 그 아주 어렸을 때 가졌던 깨끗한 정직함을 회복시켜 달라고 기도합니다. "하나님이여 내 속에 정한 마음을 창조하시고 내 안에 정직한 영을 새롭게 하소서." △

먼저 가서 화목하라

옛 사람에게 말한 바 살인치 말라 누구든지 살인하면 심판을 받게 되리라 하였다는 것을 너희가 들었으나 나는 너희에게 이르노니 형제에게 노하는 자마다 심판을 받게 되고 형제를 대하여 라가라 하는 자는 공회에 잡히게 되고 미련한 놈이라 하는 자는 지옥불에 들어가게 되리라 그러므로 예물을 제단에 드리다가 거기서 네 형제에게 원망 들을 만한 일이 있는 줄 생각나거든 예물을 제단 앞에 두고 먼저 가서 형제와 화목하고 그 후에 와서 예물을 드리라 너를 송사하는 자와 함께 길에 있을 때에 급히 사화하라 그 송사하는 자가 너를 재판관에게 내어 주고 재판관이 관예에게 내어 주어 옥에 가둘까 염려하라 진실로 네게 이르노니 네가 호리라도 남김이 없이 다 갚기 전에는 결단코 거기서 나오지 못하리라

(마태복음 5 : 21 - 26)

먼저 가서 화목하라

그 옛날 이야기입니다. 참으로 의좋기로 소문난 형제가 살았습니다. 어느날 둘이 함께 길을 걸어가고 있다가 동생이 길 한가운데 떨어져 있는 커다란 금덩이 하나를 발견하게 됩니다. 그리고 매우 기뻐했습니다. "이것은 하늘이 내린 선물이라고. 이 큰 금덩이를 내가 오늘아침 얻게 되었으니, 나는 참으로 복이 많다. 금년은 참 복이 많은 해이다" 하고 좋아했습니다. 그러자 형님이 "그 금덩이 나 좀 보자." 그래서 형님의 손으로 넘어갔습니다. 형님이 한참 들여다보고 있으니까 동생이 "형님! 그거 내게 다시 주세요." 그래서 동생에게로 갔습니다. 한참 가다가 형님이 또 말했습니다. "그 금덩이 다시 한 번 보자." 동생이 형에게 주었습니다. 그런데 얼마 후 나루를 건너게 되었는데 나루를 건너가다가 형이 그 금덩이를 강물 속에 그만 풍덩 던져버리고 말았습니다. 동생이 깜짝 놀라서 "그것 내건데 어째서 그걸 여기다가 던져 버렸어요?" 합니다. 그러자 형이 "잘 생각해봐라. 우리가 얼마나 사이가 좋았느냐? 우리가 얼마나 서로 사랑했고 신뢰했으며 그리고 행복했느냐고. 그런데 이 금덩이가 하나 손에 있으니까 이것이 내 손에 있을 때는 욕심이 생기고, 네 손에 있을 때는 내가 마음속에서 너를 미워하게 되더라. 이 금덩이가 화근이야. 그래서 물속에다 던지고 말았다."

여러분, 무엇이 원인인 것같습니까? 깊은 곳에 무엇인가 잘못된 것이 있어요. 그러는 동안 점점 악화되어가는 걸 자기도 모르고 있는 것입니다. 잠언 17장 1절에 여러분 잘 외우시는 귀중한 요절이 있습니다. "마른 떡 한 조각만 있고도 화목하는 것이 육선이 집에 가득하고 다투는 것보다 나으니라." 만약 육선이 가득하여 기름진 음식을 먹는다 해도 서로 시기 질투하고 미워한다면 그것이 무슨 의미가 있겠습니까? 비록 마른 떡 한 조각밖에 없어도 서로 나누어 먹으면서 웃을 수 있다면 거기에 행복이 있는 것 아니겠습니까? 그런데 이상한 것이 있습니다. 그 돈이라는 것이 별로 좋은 게 아닙니다. 돈이 많을수록 화평은 깨집니다. 욕심이 커집니다. 사랑하는 마음은 없어집니다. 가만히 보니 부부간에도 가난한 사람들은 서로 위하며 행복한데 잘사는 사람들은 그렇지 못한 경우가 많아요. 동숙자요, 같이 사는 것일 뿐입니다. 전부 따로따로 바빠요. 자, 이제 어느 쪽을 택해야겠습니까? 다시 한 번 읽으세요. "마른 떡 한 조각만 있고도 화목한 것이 기름진 음식을 가득히 먹으면서 다투는 것보다 낫다."

우리의 선택이 어디에 있습니까? 왜 이렇게 된 것같습니까? 철학적으로 말씀드리면 변증법적 유물론이라고 하는, 세상을 흔들어놓은 아주 잘못된 철학이 있습니다. 그 철학에서는 '인생의 역사는 생존경쟁이다. 살아남기 위해 싸우는 것이다. 저가 죽어야 내가 산다. 저를 죽여야 내가 산다.' 이런 얘기입니다. 내가 살기 위해서는 남을 죽여야 한다, 남을 죽이고야 내가 편안할 수 있다— 정말 그렇습니까? 성경은 그렇지 않다고 이야기합니다. 저가 살아야 내가 산다, 저를 살리기 위해서 내가 모든 노력을 다 해야 나도 살 수 있다— 이게 성경의 가르침입니다. 제가 북한에 갔을 때 종종 그런 얘기를 질문 받습니다. 제 프로파일이 거기에 있기 때문에 이렇게 질문을 합니다. "목사동무, 목사님 아버지를 우리 공산당이 죽였다는데 그 죽이는 것을 직접 옆에서 보았다는데, 목사님은 어째서 우리를 돕기 위하여 그렇게 애를 쓰고 많은 투자를 하고 또 여기까지 자주 오시는 겁니까? 그것이 알고 싶습니다." 전 그때마다 대답하는 말이 있습니다. 그것은 "내가 무슨 도덕군자가 돼서 좋은 일 하려는 것도 아니고, 돈이 많아서 선심 쓰는 것도 아니고, 또 내가 이렇게 해서 북한을 먹여살리겠다는 것 아닙니다. 딱 한 가지 이유가 있다면 나도 내가 살기 위해서입니다. 당신들이 여기서 굶어죽으면 나도 살 수가 없어요. 당신들이 최소한의 생활을 할 수 있어야 나도 잠을 잘 수가 있어요. 내가 무슨 대단한 선한 일 한다고 생각하지 마시오. 내가 살기 위해 당신들을 살리겠다는 겁니다."

여러분, 사랑이라는 게 뭡니까? 저가 살아야 내가 살고, 저를 높여야 나도 높아져요. 저를 낮추고는 내가 절대로 높아질 수가 없어요. 이런 유대관계, 이런 유기적 관계, 이런 사랑의 관계를 성경은 말씀하고 있습니다. "이웃을 내 몸과 같이 사랑하라." 그것이 나 자신을 사랑하는 것입니다. 다른 사람을 즐겁게 하고야 내가 즐거울 수 있어요. 부인의 얼굴에 웃음을 주고야 내가 웃을 수 있지요. 저 사람을 울리고 내가 웃을 수 있나요? 이걸 알아야 되지요. 아이들이 마음을 기뻐하고야 내가 기쁠 수 있지, 아이들이 저렇게 슬퍼하는데 내가 어떻게 살아갈 수 있겠어요. 이걸 잊지 말아야 합니다.

오늘 성경말씀은 우리에게 귀중한 교훈을 줍니다. 예수님 친히 하신 말씀입니다. "먼저 화목하라." 먼저라는, '프로토스'라는 말은 시간적 개념만이 아니고 속성적 개념이기도 합니다. 무엇보다 중요한 것은 먼저 화목하라는 것입니다. 화목이 먼저다. 모든 것보다 먼저 화목이다. 돈보다 ,명예보다, 출세보다, 권세보다, 아니 사느냐

죽느냐보다, 더 중요한 것이 화평이다. 그런데 여기에 강조하고 있
는 것, 중요하게 놓치지 말아야 할 부분이 있습니다. 네 형제, 형제
라는 것을 강조합니다. 형제라는 관계 그것이 뭡니까? 한 아버지를
같은 아버지로 모시는 즉 한 아버지의 자녀라는 말이지요. 형제관계
는 끊어질 수 없는 관계입니다. 이걸 잊지 말아야 합니다. 형제관계
가 끊어지면 부자관계도 끊어지는 것입니다. 성경은 이것을 강조하
고 있습니다. 그렇지 않습니까? 어떤 때 형제가 싸웠대요. 동생이
정말 잘못했어요. 그래서 형이 그 못된 동생을 좀 때렸어요. 형이 때
리니까 동생이 막 대들어요. 형이 때리다 못해서 이랬대요. "이놈아
네가 그렇게 못되게 놀면 아버지가 너를 사랑하지 않아. 알았니?"
이 소리를 듣고 동생은 뜨끔합니다. 아버지 얘기가 나오니까 아버지
가 바로 옆방에서 그 소리를 듣고 있다가 문을 확 열고 나와서 하는
말입니다. "형, 너 말 잘못했다. 나는 너희들이 그저 잘하면 기쁜 마
음으로 사랑하고, 잘못하면 아픈 마음으로 사랑한단다. 내가 너희를
사랑하는 마음은 똑같은 것이란다. 네가 아무리 동생을 그렇게 얘기
해도 내게는 네 동생이 또하나의 내 아들이야. 이걸 잊지 말아라."

　여러분, 오늘 본문에 보면 죄목을 열거합니다. 그 속성을 잘 살
펴야 합니다. 어떤 죄냐? '말'입니다. 마음에서 말이 나오니까, 그 마
음과 말을 기준으로 말씀하는 것입니다. 그래서 성경은 우리에게 이
렇게 말씀합니다. "형제에게 노하는 자마다 심판을 받게 되리라. 미
련한 놈이라 하는 자도 심판을 받게 되리라." 말이거든요. "라가"라
하는 말은 천벌을 받으라는 히브리 욕설입니다. 영어로 'God damn'
입니다. 이건 욕설이고 또 미련한 놈이라는 것은 소망 없다는 말입
니다. 저주하는 말이지요. 이런 말을 하면 "지옥불에 던지우리라"

말씀하고 계십니다. 분노가 곧 살인이라는 말입니다. 꼭 돌을 던져
야 하고 꼭 누굴 때려야 하고 그게 아닙니다. 행동은 없으나 마음에
서 살인을 했어요. 그러면 벌써 마음으로 큰 죄를 범하고 있는 것입
니다. 그래서 예수님께서는 "미워하는 것이 살인이요, 음욕을 품는
것은 간음이다"라고 말씀하십니다. 마음 상태로 죄를 결정하고 심판
하고 계십니다.

특별히 오늘 말씀은 우리에게 아주 중요한 심리적인 교훈을 줍
니다. "내가 하나님 앞에 예배하러 갈 때, 제물을 들고 제사하러 갈
때 누가 나를 원망하는 것이 생각이 나거든……" 그 순간에 잠깐 잊
어버렸다 생각이 나요. 예배할 때 생각이 나요. 우리가 참회의 기도
할 때 생각이 나요. 그렇거든 곧 가서 먼저 화해하고 와서 제물을 드
리라 하십니다. 화해하지 않으면 이 예배가 예배될 수 없으니까 말
입니다. 그런데 본문의 중요한 점은 이겁니다. 원망하는 것도 죄이
지만 원망을 듣는 것도 죄입니다. 이걸 알아야 됩니다. 때리는 것만
죄가 아닙니다. 맞는 것도 죄입니다. 미워하는 것만 죄가 아닙니다.
미움받는 것도 죄입니다. 이걸 잊지 말아야 됩니다. 오늘 "원망하는
것이 생각이 나거든……" 이렇게 말씀하십니다. 생각이 나거든 제물
을 두고 가서 먼저 화해하고, "내가 잘못했소" 하고 화해하고 와서
밝은 마음으로 깨끗한 마음으로 하나님 앞에 제사를 드려라 하십니
다.

먼저 화목한다— '화목'이라는 것이 뭡니까? 겸손이 있어야 화
목이 됩니다. 믿음이 있어야 화목이 됩니다. 용서하고야 화목이 됩
니다. 용서 없이 화목이 되지 않습니다. 어떤 때는 일방적 용서입니
다. 저쪽이야 뭐라고 하든 내 편에서는 다 용서해 버렸어야 합니다.

이 점이 중요한 것입니다. 제가 이 시간에 그 어른의 이름은 말하지 않겠습니다. 한국에서 유명한 목사님입니다. 총회장도 지내신 그런 목사님입니다. 이 분이 나이 팔십이 넘었을 때입니다. 그 목사님이 옛날에 시무하실 때에 그 교회 장로님이 계셨는데 그 장로님 또한 유명한 장로입니다. 어떤 장로냐? 목사 괴롭히는 장로였어요. 신문에도 글을 많이 쓰고 목사 비판을 하고 그런 좀 이상한 분입니다. 소문난 사람입니다. 이 장로님이 이 목사님보다 나이가 좀 더 많아요. 이제 세상을 떠나게 됐어요. 세상 떠나게 됐다는 말을 듣고 이 목사님이 찾아갔어요. 뭐 할말이 많지마는 지금 임종 가까운 분에게 무슨 긴 말을 하겠습니까? 가만히 앉아서 예배를 드리고 한참 기도한 다음에 손을 딱 잡고 "장로님! 우리 교회에서 서로 봉사할 때 혹 섭섭한 일이 있었더라도 이제 천당가야 되겠으니 우리 다 잊어버립시다." 이렇게 했어요. 그랬더니 장로님이 그 목사님의 손을 잡고 빙그레 웃으면서 하는 말 들어보세요. "목사님! 뭘 아직도 기억하고 있습니까?" 그래서 그만 목사님이 한 대 얻어맞은 것 같더래요. 그 다음에 그 목사님 돌아가실 때까지 어딜 가나 설교할 때마다 이 말을 했어요.

여러분, 기억나는 일이 없어야 합니다. 기억나는 일이 없을 만큼 깨끗하게, 생각나는 일이 없을 만큼 잊으세요. 아시겠습니까? 우리가 하나님 앞에 갈 때도 임종이 가까워올 때도 생각나는 일이 없어야 합니다. 다시 말하면 누가 나에 대해서 원망하는 것 섭섭히 생각하는 것 그것이 생각나는 것이 없을 만큼 깨끗해야 됩니다. 그러기 위해서는 내 편에서 먼저 많은 희생을 해야 됩니다. 마가복음 9장 50절에 말씀하십니다. "소금을 두고 화목하라." 소금이라는 것이 뭡니까? 소금은 물에 들어가면 형체가 없어집니다. 어떤 음식에 들어가면 형체가 없어집니다. 그러나 소금의 짠맛은 절대 없어지지 않습니다. 이것이 소금입니다. 형체는 없어집니다. 그러나 소금의 짠맛은 그대로입니다. "소금을 두고 화목하라."

예수님께서 말씀하십니다. 오늘 본문에 생생하게 주신 귀한 교훈이 있습니다. "먼저 화목하라." 히브리서 12장 14절에 말씀합니다. "모든 사람으로 더불어 화평함과 거룩함을 따르라. 이것이 없이는 아무도 주를 보지 못하리라." 화목함이 없이는 아무도 주를 보지 못하리라. 어떤 기도도 응답되지 않습니다. 성령이 떠나면 그 다음에는 그 다음일은 아무도 예측할 수 없습니다. 본회퍼라고 하는 독일의 순교자가 있습니다. 이 순교자 신학자가 한 말 중에 이런 말이 있습니다. "형제가 하는 말을 더이상 들을 수 없는 사람이 될 때는 머지않아서 하나님의 음성도 들려지지 않는다." 형제가 나를 원망하는 소리, 형제가 나에게 섭섭해하는 소리. 이런 형제의 말이 내 귀에 들려오지 않는다면 머지않아 하나님의 음성도 안들린다, 그런고로 먼저 화목해야 한다는 것입니다.

그 다음에 성경에서 강조한 것이 뭐냐하면 "가서" 그랬습니다. 편지도 아니고 전화가 아니고 가서 행동하라는 것입니다. 적극적인 행위를 말하는 것입니다. 기다림이 아니요, 가서 만나야 됩니다. 가서 화해해야 된다는 말입니다. 아무 조건도 묻지 말고 말입니다. 그 다음에는 또하나 귀한 교훈이 급히 사과하라 한 것입니다. 잘 아시지 않습니까? 회개도 기회가 있고 "I am sorry"도 기회가 있어요. 그 시간 놓치면 힘들어집니다. 이걸 알아야 됩니다. 회개와 화해에는 기회가 있는 것입니다.

유명한 아브라함 링컨의 에피소드가 생각이 납니다. 링컨이 젊어서 장사하고 있을 때 장사하고 저녁에 하루종일 번 돈을 결산을 하면서 장부를 정리하다 보니까 거스름돈을 줘야 되는데 거스름돈 5센트를 덜 준 기록이 나와요. 깜짝 놀라서 이 5센트를 들고 2시간을 갔어요. 그 집을 찾아가서 밤중에 깨워서 "이 5센트 내가 덜 줬는데 이것 가지고 왔습니다." 그랬어요. 그 주인이 뭐라고 그러겠어요? "아니, 내일 줘도 되고, 안줘도 되는 건데. 그걸 뭘 왜 이렇게 가지고 왔소?" 이때 링컨이 한 말, 유명한 말입니다. "오늘 밤 내가 죽을지 모르니까요. 그러면 영영 나는 불성실한 사람이 될 것 아니겠습니까?"

여러분, 화해라는 것은 화급한 것입니다. 내일로 미루는 것이 아닙니다. 오늘 밤 나 죽으면 어떻게 되나? 급하게 화해하라. 얼마나 절실한 말씀입니까? 창세기 33장 10절에 보면 여러분 잘 아시는 말씀이 있지요. 야곱이 20년 동안 형님과 원수로 지내다가 하나님의 은혜로 다시 20년 후에 만납니다. 만날 때에 형이 무서워 벌벌 떨었지만, 형을 화평한 가운데 대하게 되니까 딱 끌어안으면서 하는 말이 입맞추면서 "내가 형님의 얼굴을 보니 하나님의 얼굴을 보는 것 같습니다." 하늘이 열리는 그런 경험을 했다는 말씀입니다.

유명한 말이 있습니다. 러시아 보르네슈의 주교 티흘이라고 하는 분이 있습니다. 이 티흘이라는 분이 자선사업을 많이 해서 많은 사람들에게 덕망이 높은 분이었는데, 어느날 영주 한 사람이 농노들을 아주 학대한다는 소문을 듣고는 충고하려고 갔습니다. 가보았더니 정말로 농노들을 너무너무 학대하는 것입니다. 이를 보고 자기도 모르게 화가 나서 이 부당한 처사에 대해서 막 충고를 했습니다. 단

도직입적으로 '뭐하는 짓이냐'고 거친 말투로 충고를 했습니다. 그랬더니 그 영주가 그만 화가 나서 주교의 뺨을 쳤습니다. 그 순간 하도 어이가 없어서 돌아서서 집으로 돌아옵니다. 마차를 타고 돌아오다가 중간에 생각을 멈추고 다시 돌아갔습니다. 돌아가서 자기를 때린 그 영주 앞에 무릎을 꿇었습니다. 그리고 이렇게 말했습니다. "화를 내게 해서 미안합니다. 당신을 이렇게 격분하게 한 나를 용서하십시오." 그러자 영주도 깊은 감동을 받고, 그 다음부터 농노들을 학대하지 않는 그런 착한 사람이 됐다고 합니다.

여러분, 화를 내게 한 죄가 있음을 알아야 됩니다. 화난 사람만 죄가 있는 게 아니고, 화를 불러일으킨 거기에 문제가 또 있다는 것을 우리가 잊지 말아야 합니다. 그리스도인에게는 항상 예배자의 마음이 있어야 합니다. 오늘도 내일도 우리는 하나님 앞에 나아가야 합니다. 성경은 말씀합니다. "성령의 감동 속에 무엇인가 원망 들을 만한 것이 생각이 나거든 급히 가서 화해하고 먼저 화해하고 깨끗한 마음으로 와서 그리고 예배를 드리라."

여러분, 잘 아시지 않습니까? 순교자가 누구입니까? 순교는 맞아 죽는 것입니다. 죽으면서도 천사의 얼굴로 스데반처럼 죽이는 자를 위하여 기도합니다. 그러고야 순교입니다. 그러고야 크리스천입니다. 이건 지나친 추리입니다마는 예수님께서 십자가를 지실 때 많은 사람들이 소리를 지르고 십자가에서 내려오라 고함을 지를 때 예수님께서 만일에 이렇게 말씀하셨다면 어떨까요? "이놈들 두고 보자. 마지막 심판날에 다 쓸어버리겠다." 만약 그랬다면 예수님의 모든 공덕이 그냥 무너지는 것입니다. 십자가에서 "하나님이여, 저들의 죄를 사하소서. 저들이 하는 것을 모르기 때문입니다." 이 한마디가 예수 그리스도를 그리스도되시게 만든 것입니다. 이걸 잊지 말아야 합니다.

여러분, 우리가 한평생 살면서 잊으려고 하는 일이 있습니다마는 다시 생각합시다. "먼저 화해하라. 가서 화해하라. 급히 화해하라." 그러고야 바른 예배를 드리고 바른 음성을 들을 수 있을 것입니다. 바른 지혜의 사람이 될 것입니다. 바른 화평이 우리 마음에 있을 것입니다. △

처음 사랑을 버렸느니라

또 네가 참고 내 이름을 위하여 견디고 게으르지
아니한 것을 아노라 그러나 너를 책망할 것이 있나니
너의 처음 사랑을 버렸느니라
(요한계시록 2 : 3 - 4)

처음 사랑을 버렸느니라

사도 베드로의 어머니에 대한 아주 특별한 전설이 하나 있습니다. 베드로가 천국에 있으면서 하루는 지옥을 내려다보았답니다. 놀랍게도 베드로의 어머니가 지옥에 있는데 유황불에 시달리면서 고통당하는 장면이 눈에 들어왔습니다. 마음이 찢어지는 듯 아팠습니다. 그래서 즉시 천사를 불러서 간곡히 부탁을 했습니다. "어떻게 내 어머니를 지옥에서 구원할 수 없을까요?" 간청을 하며 사정했더니 천사가 하는 말입니다. "잘 살펴봤더니 당신의 어머니께서는 지상에서 구원받을만한 선한 일을 한 일이 하나도 없습니다. 그래서 이렇게 지옥에 떨어졌는데 자세히 살펴보았더니 선한 일 한 것 딱 한 가지가 있는데 거지에게 파 한 뿌리를 던져준 일이 있었습니다." 밭에서 파를 거두고 있는데 지나가던 거지가 아주 배가 고파서 견딜 수가 없다고 도와달라고 하니까 "남 땀흘려 일했는데 놀고먹는 거지가 왜 우리에게 이걸 달라고 하느냐?"면서 마른 파뿌리 하나를 던져주었는데 이것을 이 거지가 받아가지고 "고맙습니다" 하고 지나가면서 이 파뿌리를 씹어 먹었는데 말입니다. 그 파뿌리 하나밖에는 착한 일을 한 게 없다는 것입니다.

이윽고 천사와 베드로가 함께 지옥으로 갔습니다. 그리고 파뿌리를 보이면서 천사가 말합니다. "빨리 이 파뿌리를 붙잡으세요." 그리고 천사가 잡아당겨서 이제 지옥에서 올라오는데 이때 지옥에서 빠져나가는 것을 알고 수십 명의 죄인들이 같이 구원받고 싶어서 이 베드로 어머니의 발을 붙잡았어요. 그랬더니 베드로의 어머니가 "떨어져. 이 파는 내 몸무게 하나도 견딜 수 없이 약하단 말이야." 그리고 발버둥을 치면서 발에 매달리는 죄인들을 다 떨어뜨려버렸어요. 그런데 그만 그러는 동안에 파뿌리가 탁 끊어지면서 베드로의 어머니는 다시 지옥으로 떨어졌습니다. 베드로가 그때에 큰소리로 이렇게 외쳤다고 합니다. "아, 어머니시여! 어머니께서 조금의 사랑이라도 있었더라면 아무리 많은 사람들이 달라붙는다 하더라도 이 파는 결코 끊어지지 않았을 것입니다." 그리고 눈물을 흘렸다고 하는 전설입니다.

이 이야기는 전설입니다만 그러나 무언가를 우리에게 말해주고 있습니다. 그 뜻을 깊이 생각해야 합니다. 글쎄 우리의 생활에 그 파뿌리 하나가 있는지 그게 문제입니다. 사랑이 없으면 안됩니다. 미워하면 다 같이 죽습니다. 사실은 사랑, 그 믿음을 근거로 해서 거기서 생기는 소중한 사랑의 열매, 이것이 구원의 길임을 말해주고 있습니다.

심리학자 나폴레온 힐이라고 하는 유명한 분이 계십니다. 그는 현대인의 불안을 나름대로 심층 분석한 결과 7가지가 있다고 말합니다. 공감이 가는 내용입니다. 첫째, '가난해지면 어떻게 하나?'하는 불안입니다. 내가 지금 당장 밥을 못먹는 게 아닙니다. 어찌 생각하면 죽을 때까지 먹을 것은 충분할 것같아요. 도리어 이것은 경제적인 걱정입니다. '내가 가난해지면 어떡하나?' '내 재산이 다 없어지면 어떡하나' 하는 걱정입니다. 두 번째는 '실패하면 어떡하나?' 이건 명예에 대한 것입니다. 내가 어렵게 쌓아올린 명예인데 이 명예가 그만 곤두박질해서 떨어지면 어떡하나? 그 다음에는 하루하루 살면서 걸리는 '질병'에 대한 불안입니다. 그래서 감기만 걸려도 이

병이 깊어지면 어떡하나? 또 무슨 병에 걸리면 어떡하나? 그 다음에
는 '노쇠'에 대한 불안입니다. 늙어가면서 여기가 아프고 저기가 쑤
시고 이렇게 여기저기 좀 불편해지는 걸 보면서 이렇게 늙어가는구
나! 노쇠에 대한 불안입니다. 그 다음은 '자유의 상실'에 대한 불안
입니다. '내가 이만큼 육체적으로, 정신적으로, 사회적으로 자유한
데 언젠가 이 자유를 다 빼앗기고 다른 사람의 손에 끌려다니는 그
런 때가 되면 어떡하나?'하는 불안입니다. 여섯 번째가 '죽음'에 대
한 불안입니다. 모든 불안의 저 끝은 내 앞에 분명히 있는 죽음이라
고 하는 공포가 나를 괴롭히고 있다는 것입니다. 언제 죽으며 죽는
다는 것은 무엇을 의미하며 죽은 다음은 어떻게 될 것인가?

그리고 일곱 번째 마지막이 뭐냐하면 '사랑의 상실'에 대한 불안
입니다. 내가 이렇게 약해지고 또 어려워지고 할 때 내 주변에 있던
사람들이 다 하나 둘 떠나가는 것입니다. 또한 연락하면 아주 불편
해하는 것같고 전화 한통을 걸어도 반가워지질 않고 좀 귀찮아하는
것같아요. 누굴 만나자고 해도 그래요. 제가 나이 칠십 넘은 은퇴한
목사님들 모이는 모임을 여러 해 같이 하고 있는데 그분들이 하나같
이 이렇게 얘기합니다. "이제는 전화걸 데도 없다." 가만히 보니 불
편해하는 것같다는 것입니다. 반가워하질 않는대요. 아들도 손자도
반가워하지 않아요. 심지어 아내까지도 그래요. 꼭 죽으라고 하는
건 아니지만 아주 불편해하는 것같다는 거예요. 밥 한 끼를 달라고
해도 영 반가워하질 않아요. 이처럼 사랑이 자꾸 끊어져나가는 것입
니다. 자꾸 떠나가니까 자꾸 고독해지는 것입니다. 전화걸고 싶은
마음도 없고, 누구 만나고 싶은 마음도 없고, 아니 만나서도 안될 것
같고 그래요. 나이많은 어른들 보니 그래요. 친구들이 하나 둘 다 떠

나고 동년배 친구들이 떠나고나니까 이제는 어디 가나 다 젊은이밖에 없어요. 전화 한통 걸고 앉아서 차 한잔 마실 사람이 없는 것입니다. 사랑이 떠나간다─ 이게 제일 불안한 것입니다.

여러분, 오늘 성경말씀에 보니 부활하신 예수님께서 말씀하십니다. "너희가 처음사랑을 버렸느니라." '아가페 프로토스'─ 이 '처음사랑'이라는 말은 '보다 처음'이라는 말이 아니고 '첫사랑 (The first)'을 말하는 것입니다. 첫사랑을 버렸느니라. 시간적 개념보다는 속성적 개념이 더 크다고 생각이 됩니다. 오래전에 「라이프」지에 나온 기사를 제가 읽은 일이 있습니다. 사랑의 과학이라고 하는 내용으로 써놓은 논문인데 그걸 읽다가 재미있는 것을 발견했습니다. "당신 없이는 살 수 없다. 당신만 있으면 살 수 있다." 라고 하는 그 첫사랑. 처음에 결혼해서 가졌던 그 마음은 도대체 얼마나 갈까? 이걸 과학적으로 연구해보았더니 잘 가면 18개월이고요, 최고로 많이 가는 사람이 3년이래요. 그 다음은 어떻게 되느냐? 당신 없이도 살 수 있어. 조금 더 나아가서는 당신 없어야 살 것같아. 이런다는 것입니다.

자, 어떻습니까? 여러분은 지금 어느 수준에 있습니까? 사랑, 도대체 사랑이 무엇이냐? 사랑의 속성은 이렇게 분석을 합니다. 첫째는 로마서 12장 9절에 결정적인 말씀이 있습니다. "사랑에는 거짓이 없나니……" 즉 사랑하면 거짓이 없어집니다. 사랑하는 사람 앞에는 거짓말을 못해요. 어느 사이에 마음이 열려서 다 말하게 됩니다. 이것이 사랑입니다. 사랑한다고 하면서 첩첩이 거짓말을 쌓아놓고 산다면 그건 사랑이 아닙니다. 사랑에는 거짓이 없습니다. 오로지 진실만이 있습니다. 이것이 사랑이 주는 묘한 속성입니다.

또 하나, 사랑은 믿음입니다. 사랑할 때는 그저 믿어집니다. 죄송하지만 거짓말도 믿어집니다. 자꾸만 믿어집니다. 그 말이 참말같아요. 참으로 전적으로 믿어지는 때가 있어요. 이게 사랑입니다.

또하나는, 사랑하면 알게 모르게 희생하게 됩니다. 그저 주고 싶고, 돕고 싶고, 그가 필요하다면 뭐든지 나를 희생할 수 있어요. 내가 작아지고 내가 없어지며 저만이 커져요. 이게 사랑의 묘한 속성입니다.

그리고 사랑은 기쁨과 행복을 동반합니다. 이유가 없습니다. 사랑한다는 것 하나만 가지고 행복합니다. 내가 소중한 존재가 됩니다. 그래서 퀴스텐 마허 교수는 「단순하게 사랑하라」라는 그의 저서에서 이렇게 말합니다. 아주 재미있는 용어를 사용합니다. '사랑은 실용적 기적을 낳는다.' 저는 이 말이 너무 좋아서 늘 외워봅니다. '실용적 기적을 낳는다.' 사랑하면 단순해집니다. 사랑하면 달라지는 게 있습니다. 그게 뭐냐? 세상이 밝아집니다. 사랑하면 내가 소중해집니다. 기적을 낳아요. 이건 기적입니다. 이론이 아닙니다. 사랑하면 기적을 낳아요. 진실해지고 사랑하면 믿음이 생기고 나도 모르게 희생을 하게 됩니다. 또 사랑하면 행복해집니다. 이게 사랑이 주는 실용적 기적입니다.

그런데 말입니다. 이 사랑이 변질될 때 어느 순간에 그만 사랑의 속성을 떠나게 될 때 어떻게 되는고 하면 거짓말하게 됩니다. 거짓에 빠지게 됩니다. 또 믿음 대신에 의심하게 됩니다. 그를 위해서 수고하는 것이 고통스럽습니다. 희생이 아주 무거운 짐으로 되는 것입니다. 도덕적으로 자식을 낳았으니 키워야 한다, 내가 책임져야 한다 — 이게 얼마나 힘든 일입니까? 또한 행복감이 없어집니다. 사랑할 때는 그렇게 행복했는데 이제는 사랑이 불행인 양 생각합니다. '왜 이렇게 살아야 하나?'하고 느껴집니다. 이건 변질된 것이고 변화된 것입니다. 본질을 상실한 것입니다.

오늘 본문은 에베소교회를 향한 주님의 말씀입니다. 에베소교회의 진상을 이렇게 그리스도께서 분석하고 계십니다. "너희들은 수고와 인내가 있었다." 수고와 인내 좋아요. '그러나 사랑이 없다.' 고린도전서 13장 3절에 여러분 잘 아시는 말씀이 있지 않습니까? "자기 몸을 불사르게 내줄지라도 사랑이 없으면 아무것도 아니요…" 참 중요한 얘기입니다. "내 몸을 불사르게 내어줄지라도 사랑이 없다면 아무것도 아니요……" 몸을 불사르는 데까지 가지 않더라도 우리가 한평생 무사히 살았더라도 사랑이 없으면 아무것도 아닙니다. 할수 없이 산 거지요. 그러니까 행복이 없었던 거지요. 사랑이 없으면 아무것도 아니요— 아주 중요한 말씀입니다. 또한 비판도 있고 개혁도 있고 교육도 있었다. 그러나 상처뿐입니다. 참고 견딘다는 것 좋아요. 인내가 좋지만 사랑이 없는 인내는 죽음입니다. 사랑이 없는 인내는 피곤합니다. 견딜 수 없어요. 사랑이 없이 참으라면 차라리 참지 않이만 못합니다. 사랑이 있고야 참는 것도 의미가 있고 수고도 의미가 있는 것 아니겠습니까?

그래서 오늘 성경말씀은 다시 우리에게 말씀해줍니다. "처음으로 돌아가라." 어디서 떨어졌는가 생각해라. 도대체 무엇 때문에 이렇게 됐나? 어디서 떨어졌는가? 되돌아가 생각해보라. 하찮은 이기심 때문인지? 끝없는 욕심 때문인지? 아니면 그 변변치 않은 자존심 때문인지. 도대체 무엇 때문입니까? 도대체 무엇 때문에 이렇게 됐을까? 그리고 '회개하라.' 회개라는 뜻의 헬라어 '메타노에오' 라는 말은 '뒤로 돌아 원점으로 돌아가다'라는 의미입니다. 그리고 성경은 자세하게 가르칩니다. '처음 행위를 가져라.' 처음 상태로 돌아가라. 첫사랑의 상태로 돌아가라. 사랑이면 다라고 생각했던 그때로 돌아가라. 그 원점 그 행복했던 날로 돌아가라. 그렇게 말씀합니다.

노먼 빈센트 필이라고 하는 유명한 분이 계시지요. 「적극적 사고방식」이라는 책에서 그는 이렇게 말합니다. 사랑의 방법에 대해서 말입니다. 미운 사람이 있다면 그를 사랑하는 방법은 그 미운 사람에게서 떠나려고 하지 말고 미운 사람의 장점을 보라. 그 많은 것 중에 내가 미워하는 사람의 장점을 발견하도록 노력하라. 그리고 내가 미워하는 사람을 위해서 기도하라. 내 원수를 위하여 한번 정말로 기도해보십시다. 이거야말로 특별한 은혜를 입을 수 있는 것입니다. 그리고 기회가 닿는대로 도와주라. 내가 미워하는 사람을 위해 도와주라. 그리고 내가 미워하는 사람을 위해서 칭찬하라. 본인이 없는 데서 다른 사람 앞에서 그 사람을 칭찬해라. 한번 칭찬해보십시다. 특별한 은혜를 경험하게 될 것입니다. 그리고 만날 때 친절한 얼굴로 대하라. 이렇게 빈센트 필은 우리에게 충고하고 있습니다.

여러분, 처음사랑 어디서 떨어졌는지? 어디서부터 잘못됐는지? 도대체 무엇이 원인이 되는지? 깊이 살펴야겠습니다. 그리고 처음사랑으로 돌아가야겠습니다. 그 큰 사랑으로 그 위대한 사랑의 세계로 다시 돌아가야겠습니다. 그럴 때에 금년 새해는 분명히 새해가 될 것입니다. △

한 어리석은 왕의 소원

그 후에 이 일이 있으니라 이스르엘 사람 나봇이 이스르엘에 포도원이 있어 사마리아 왕 아합의 궁에서 가깝더니 아합이 나봇에게 일러 가로되 네 포도원이 내 궁 곁에 가까이 있으니 내게 주어 나물밭을 삼게 하라 내가 그 대신에 그보다 더 아름다운 포도원을 네게 줄 것이요 만일 합의하면 그 값을 돈으로 네게 주리라 나봇이 아합에게 말하되 내 열조의 유업을 왕에게 주기를 여호와께서 금하실지로다 이스르엘 사람 나봇이 아합에게 대답하여 이르기를 내 조상의 유업을 왕께 줄 수 없다 함을 인하여 아합이 근심하고 답답하여 궁으로 돌아와서 침상에 누워 얼굴을 돌이키고 식사를 아니하니 그 아내 이세벨이 저에게 나아와 가로되 왕의 마음에 무엇을 근심하여 식사를 아니하나이까 왕이 이르되 내가 이스르엘 사람 나봇에게 말하여 이르기를 네 포도원을 내게 주되 돈으로 바꾸거나 만일 네가 좋아하면 내가 그 대신에 포도원을 네게 주리라 한즉 저가 대답하기를 내가 내 포도원을 네게 주지 않겠노라 함을 인함이로라 그 아내 이세벨이 저에게 이르되 왕이 이제 이스라엘 나라를 다스리시나이까 일어나 식사를 하시고 마음을 즐겁게 하소서 내가 이스르엘 사람 나봇의 포도원을 왕께 드리리이다 하고 아합의 이름으로 편지들을 쓰고 그 인을 쳐서 그 성에서 나봇과 함께 사는 장로와 귀인들에게 보내니 그 편지 사연에 이르기를 금식을 선포하고 나봇을 백성 가운데 높이 앉힌 후에 비류 두 사람을 그 앞에 마주 앉히고 저에게 대하여 증거하기를 네가 하나님과 왕을 저주하였다 하게 하고 곧 저를 끌고 나가서 돌로 쳐죽이라 하였더라

(열왕기상 21 : 1 - 10)

한 어리석은 왕의 소원

넓고넓은 사막에 오아시스가 있었습니다. 이 오아시스에 맑은 물과 우거진 야자수 그리고 조그마한 오두막이 하나 있었습니다. 이 오두막에는 할머니 한분이 외롭게 살고 있었습니다. 이 할머니는 이 따금 찾아오는 나그네에게 마실 물과 쉴 곳을 제공해주며 그렇게 행 복하게 나날을 살고 있었습니다. 그런데 나그네들은 그냥 이렇게 대 접을 받기만 하는 것이 미안해서 감사의 표시로 돈을 주었습니다. 그러나 사실상 이 할머니에게 이 돈은 필요 없습니다. 이 사막에 가 게가 있는 것도 아니고 물건을 살 것이 아무것도 없기 때문에 이 돈 은 전혀 필요가 없었습니다마는 그러나 주는 돈이니까 자루에다가 돈을 넣어놨습니다. 어느 사이에 돈이 자꾸 쌓이게 됐고 그렇게 점 점 많아지니까 그만 돈에 대한 욕심이 생겼습니다. 그런데 돈 모이 는 재미가 너무 좋아서 자루에 잔뜩 한 자루를 모아놓다보니 걱정이 하나 생겼습니다. 어느 날 가만히 보니까 이 오아시스에 물이 조금 준 것같아요. '이 물이 줄면 손님들이 안올 것이고 그러면 돈을 못벌 것이다.' 이 생각이 들어서 걱정이 생겨가지고 '줄면 안되는데' 하고 보았는데 아침에 보니 그 야자수나무의 나뭇잎에 많은 물기가 있고 이슬이 맺힌 것입니다. '아하, 이 못된 야자수나무들이 물을 자꾸 먹 으니까 물이 줄어드는구나!' 생각해서 그만 야자수나무를 도끼로 찍 어버렸습니다. 이제 야자수나무가 없으니 그늘이 없고 그리고 그대 로 햇볕이 내려쬐어 이 오아시스물은 다 말라버리고 말았습니다.

여러분, 가만히 생각을 해봅시다. 우리는 불필요한 것에 필요

이상의 욕심을 부릴 때가 많습니다. 사실 이 할머니에게는 돈은 필요가 없었습니다. 그런데 돈에 욕심을 부리다보니 어느 사이에 야자수나무까지 찍게 되는 그런 실수를 했고 결국은 다같이 말라버리고 말았다는 이야기입니다.

야고보서 1장 14절에 이런 말씀이 있습니다. "오직 각 사람이 시험을 받는 것은 자기 욕심에 끌려 미혹됨이니 욕심이 잉태한즉 죄를 낳고 죄가 장성한즉 사망을 낳느니라." 살다보면 욕심은 어느 정도 필요합니다. 그러나 욕심에 집착되면 안됩니다. 욕심이 잉태하면 안됩니다. 이 문제를 놓고 마르틴 루터가 재미있는 이야기를 하고 있습니다. "머리 위로 지나가는 새를 막을 수는 없다. 그러나 머리 위에 둥지를 트는 것은 막아야 한다." 우리 마음에 잠깐잠깐 지나가는 욕심이 있고 탐심도 있고 그런 욕망이 있지요. 그러나 여기에 집착하면 안됩니다. 이걸 꼭 잊지 말아야 합니다. 그냥 지나가버리면 됩니다.

유명한 얘기가 있습니다. 이스라엘 랍비에게 어떤 사람이 찾아가서 물었습니다. "랍비여! 나는 지나다닐 때마다 늘 보는 것이 문제입니다. 여자의 아름다움을 보면 자꾸 마음이 끌리는데 어떡하면 좋겠습니까?" 그러니까 그 대답은 간단합니다. "보지 마라." "그러면 보았으면 어떡합니까?" 그러자 랍비가 대답합니다. "잊어버려라." 그렇습니다. 보지를 말든지, 보았으면 빨리 잊어버려야 됩니다. 자꾸 생각하면 안됩니다. 집착하면 여기서 문제가 생기는 것입니다.

철학자 에피쿠로스는 인간의 쾌락을 세 가지로 나누었는데 아주 유명한 얘기입니다. 첫째는 필수적인 쾌락이 있다, 그랬습니다.

배고플 때 음식을 먹는 것, 아주 쾌락이지요. 졸릴 때 자는 것, 참 행복한 겁니다. 이렇게 자기의 욕망, 기본적인 욕망을 채우기 위해서, 또 채우면서 세워지는 쾌락이 있습니다. 두 번째는 '필수이지 않은 쾌락이 있다.' 좋은 음식, 몸에 필요한대로 먹으면 되는데 지나치게 좋은 음식, 또 화려한 잠자리, 또 지나치게 화려한 옷, 사치스러움이라는 것은 꼭 필요한 것이 아닌데, 여기까지 욕망을 가질 필요는 없는데 이 욕심 때문에 불행이 옵니다. 세 번째 쾌락은 뭐냐하면 공허한 쾌락입니다. 명성이나 인기나 명예나 이런 것들입니다. 혹은 성취욕같은 것, 몸부림쳐봐야 별것도 아닌데 이 얼마나 맹랑한 것입니까? 허무하기 짝이 없는 것입니다. 저는 허무한 중에 가끔 그런 경우를 보게 되는데, 누굴 만나면 가끔 제게 명함을 주는 분이 있어요. 거기다가 뭐라고 썼는가 보았더니 전(前)장관 이렇게 썼어요. 전(前)국회의원, 전(前)회장 그랬어요. 그래서 제가 전(前)자 붙은 걸 별로 좋아 안합니다. 그래서 어쩌란 말입니까. 이 시간에 다 지나갔는데, 또 별로 잘하지도 못했는데 우리가 이렇게…… 그런 것 다 문제가 되고요. 제가 명함 받는 중에 최고로 두고두고 웃기는 게 하나 있어요. 명함에다 '40일 금식기도 2번' 이렇게 썼더라고요. 아니, 그러니 어쩌란 말입니까.

여러분, 이게 다 불필요한 것들이거든요. 어쩌면 툭툭 떨어버려야 될 것인데 아직도 이걸 손에 쥐고 있는 동안, 마음을 쓰고 있는 동안 그만큼 공허할 수밖에 없어요. 필수 이상의 일이란 채울 수 없는 욕망이기 때문에 결국은 공허로 끝날 수밖에 없는 것입니다.

오늘 본문에 보면 아합이라는 왕이 있습니다. 사마리아의 왕인데 이 왕은 자세히 살펴보면 그의 생애 전체를 놓고 볼 때 그리 악한 왕이 아니었습니다. 하나님께서도 그를 인정을 하셨고 선지자를 귀하게 여기는 마음도 그에게 있었어요. 그런데 그를 불행하게 한 것이 두 가지가 있습니다. 성경에 보면 첫째, 불필요한 욕심에 빠졌어요. 욕망이 지나쳤어요. 욕망에 집착하는 사람이었어요. 또하나가 이세벨이라는 아내입니다. 이 사람 장가를 잘못 들었어요. 이방여자를 이렇게 아내로 맞고 그에게 그만 미혹되어 그에게 끌려가고 있어요. 이 아합왕의 일생을 이렇게 훑어보면 그 모든 실수는 그 아내 때문입니다. 오늘 이 사람은 이세벨이라는 아내의 꼬드김에 끌려서 선지자를 죽이는 엄청난 실수와 죄를 많이 범하게 됩니다. 이 두 가지로 인해서 말입니다.

다시 한 번 생각합니다. 오늘 성경에 보니 나봇의 포도원이 하나 있었어요. 아름다운 포도원이 있는데 이 포도원이 아합왕의 궁전에서 가까워요. 아합왕이 궁전에서 이렇게 내려다볼 때 바로 앞에 있는 것이 나봇의 포도원입니다. 내가 내려다보는 이 포도원이 내것이었으면 좋겠다, 이게 채소밭이었으면 좋겠다…… 어쨌든 내 눈에 보이는 것이 내것이 되어야지 이게 딴 사람 것이라는 게 마음에 안 든다…… 그래서 나봇을 불러서 한마디 합니다. "이 포도원을 날 다오. 내가 돈으로 주든지 포도원을 원하면 더 아름다운 포도원을, 다른 데 있는 포도원을 사서 주겠다. 어쨌든 이 포도원은 내게 팔아라." 그랬습니다. 그런데 이 나봇이라는 사람은 전통적 신앙에 깊이 들어 있는 사람입니다. "우리 조상이 내게 물려준 겁니다. 조상의 유산입니다. 이건 돈으로 계산할 문제가 아닙니다. 조상이 우리에게 물려준 것이므로 절대로 팔 수 없습니다." 이렇게 고집을 부리는 것입니다. 무슨 말로도 안돼요.

그런데 이 어리석은 왕은 이걸 꼭 가져야겠다고 생각합니다. 여기에 집착을 합니다. 다시 말씀드립니다만 이건 불필요한 것입니다. 사실 이건 먹는 것도 아니고 자는 것도 아니고 꼭 있어야 될 것도 아니잖아요. 왜 내 궁전 가까이에 있는 것은 다 내것이어야 합니까? 다른 사람의 것이면 안됩니까? 다른 사람의 포도원을 보면서 즐거워해선 안되는 겁니까?

여러분, 내가 가지는 것만 좋은 것이 아닙니다. 다른 사람이 가지는 것 보는 것도 좋은 겁니다. 죄송합니다. 추운 때니까 밍크코트를 많이 입고 오시던데 저는 밍크코트 못입지마는 입은 것 보는 것도 괜찮더라고요. '좋다. 참 근사하다.' 이렇게 보면 되는 거지. 그걸 꼭 내가 입어야만 되겠어요? 김동길 교수님이 언제 한번 우리 교회와서 말씀하시는데 재미있는 얘기를 했었어요. 두고두고 기억에 납니다. "감투라는 건 머리에 딱 맞아야 됩니다. 이 감투가 머리에 맞지 않아서 쑥 내려가면 눈도 안보이고 코도 안보이고 재미가 없습니다. 감투라는 건 머리에 딱 맞아야 되고 그뿐만 아니라 내가 쓰는 것만이 좋은 게 아니고 다른 사람 딱 씌워놓고 보는 재미도 괜찮은데 어째서 감투를 쓰고 죽으려고 합니까?" 그러더라고요. 말이 되는 얘기거든요. 내가 꼭 먹어야 됩니까? 사랑하는 사람에게 먹이며 즐거울 수도 있는 거지요. 꼭 내가 입어야 합니까? 다른 사람에게 입히고 그걸 바라보는 즐거움도 있는 건데 이 포도원이 어째서 꼭 내 것이어야만 합니까? 다른 사람의 포도원을 바라보며 즐거우면 되지 않습니까? 왜 이 마음이 없느냐 하는 것이지요. 아주 결정적인 것입니다. 소유욕이란 끝도 없는 겁니다. 여기서 멈추어야 하는데, 그리고 다른 사람의 소유를 함께 공유하는 기쁨도 좋은 것인데 어째서 그것이 꼭 내것이어야만 한다는 겁니까?

　이 멍청한 아합왕 좀 보세요. 이까짓 것 가지고 이 사람 성경에 가만히 보니까 답답해서 먹지도 않고 금식했대요. 꼭 투정부리는 어린애같아요. 이따위가 왕이 되니 되겠습니까? 왕이라는 게 이 모양이라니. 답답해서 금식하고 그리고 밥도 안먹고 투정을 부렸다는 것입니다. 그런데 이세벨이 물어봅니다. 왕후가 물었습니다. "무슨 근심이 있습니까?" "나봇이라는 사람이 내가 포도원을 팔라고 하니까 안판다고 해서……" 거기에 좀더 설명할 말이 있지요. 그게 뭐냐하면 왕의 체면이 말이 아니다— 체면을 생각한 거지요. 왕이 팔라고 하면 팔 것이지 이걸 자기 조상들의 것이라고 안된다고 하니 내 체면이 뭐가 되느냐. 이래서 내가 지금 이렇게 기분이 나빠서 밥도 안먹고 잠도 못자고 이러고 있다. 그런 얘기입니다. 참 한심한 왕입니다. 그런데 이세벨 보세요. 불의한 사람이긴 하지만 남편에게는 좋은 사람입니다. "당신은 왕이십니다. 그까짓 것 하나 가지고 뭘 고민하오. 내가 그 포도원을 당신께 드리리이다. 내가 당신의 소원을 이루어줄 것이니 걱정하지 마세요." 그리고 한 일이 뭡니까? 나봇을 죽여버립니다. 포도원 주인을 죽여버리고 포도원을 왕에게 "이제 당신의 것입니다. 받으세요." 그래요. 무서운 여자입니다. 글쎄 남편의 소원을 들어주는 데까지는 좋은데 하는 짓은 참으로 무서운 여자입니다.

　자, 이제 묻습니다. 이것도 사랑입니까? 여러분, 고린도전서 13장을 읽어보면 이렇지 않습니까. "사랑은 진리와 함께 기뻐하고……" 사랑은 진리와 함께 기뻐하고 진리를 떠나서 행복한 게 아니거든요. 진리가 먼저거든요 마땅한 도리와 의와 공의 그 밑에서 우리가 다같이 기뻐할 수 있는 것입니다. 불의를 따라가며 행복을 원하고 공의를 떠나서 영화를 구하는 것처럼 잘못하는 게 없습니다. 요새도 보면 많은 사람들이 불의의 길을 통하여 불의한 방법으로 명예도 찾고 권력도 찾고 돈도 벌고 하는데 이 얼마나 답답합니까? 꼭 아합왕의 하는 짓과 같아요. 이세벨과 같은 모양이라는 말입니다. 욕망충족이란 중요하지만 의가 먼저입니다. 진리가 먼저입니다. 왕이요 왕후라고 전능한 것이 아닙니다. 하나님의 의와 진리 앞에 고개를 숙여야 합니다. 이걸 잊지 말아야 합니다. 출세도 영광도 권세도 좋아요. 그러나 불의한 것은 불가한 것입니다. 의가 먼저인 걸 알고 왕 위에 왕이 있음을 알아야 합니다. 하나님께 대한 두려움과 경건이 먼저 있어야 하는데 어느 순간 욕망에 사로잡힐 때 하나님도 보이지 않고 의도 보이지 않고 백성의 원망도 보이지 않고, 전혀 보이지 않고 오로지 포도원 하나만 보이더란 말입니다. 이처럼 어리석고 미련한 것이 없습니다. 큰 죄에 빠짐으로 다함께 망하고 맙니다.

조선 후기 실학의 대가인 다산(茶山) 정약용이라고 하는 분이 있는데 유배생활 18년 동안 「경세유표」, 「목민심서」 등 무려 500여 권의 책을 썼습니다. 유명한 이조의 학자입니다. 그런데 1816년 5월 유배지 강진에서 큰아들 학연에게 보낸 편지가 있습니다. 유배 가 있는 아버지가 아들에게 보낸 편지, 대단히 중요한 것 아닙니까? 아주 유명한 편지로 알려져 있습니다. 한번 그대로 들어보세요. '세상에는 두 가지 큰 저울이 있다. 하나는 옳은 것과 그른 것이라는 저울이요, 하나는 이익과 손해라는 저울이다.' 저울이 둘이 있어요. 옳은 것과 그른 것, 이익이냐 손해냐. '그런데 옳은 것을 지키며 이익을 얻을 수 있으면 최상의 것이지만, 다음은 옳은 것을 지키다가 해를 볼 수도 있다. 그것이 두 번째다. 그 다음은 그른 것을 추구하여 이익을 보는 것이다. 그른 길을 통해서 이를 보는 것, 그것은 좋지 않은 것이고, 최하의 것은 그른 것을 해서 손해까지 보는 것이다.' 이렇게 네 가지로 아주 논리정연하게 설명해준 유명한 편지입니다. 옳은 일을 하면서 이익도 얻으면 더 바랄 것이 없지요. 그러나 옳은 일을 하다가 손해볼 수도 있어요. 그래도 괜찮아요. 그러나 그른 일을 하면서 이를 보겠다고 한다면 그건 안되는 것이지만 게다가 그른 일을 하면서 손해까지 본다면 이건 영영 구제불능이다, 이런 귀한 교훈의 말입니다.

여러분, 어찌 생각하십니까? 하나님 앞에서 생각하고 경건을 찾아야 되고 하나님 앞에서 정직하고 손해를 감수할 수 있어야 합니다. 이것이 마땅한 하나님의 사람의 모습입니다. 오늘 이 아합왕이 그 귀한 왕권을 가지고 이같은 엄청난 실수를 하고 있습니다.

여러분, 우리의 마음을 다시 한 번 가다듬어서 하나님 앞에서 생각하고 하나님 앞에서 행동하고 정직함과 경건이 먼저요, 그 다음에 하나님께서 주시는 축복, 하나님께서 주시는 행복을 향유할 수 있어야 할 것입니다. △

숨겨진 평화의 길

가까이 오사 성을 보시고 우시며 가라사대 너도 오늘날 평화에 관한 일을 알았더면 좋을 뻔하였거니와 지금 네 눈에 숨기웠도다 날이 이를지라 네 원수들이 토성을 쌓고 너를 둘러 사면으로 가두고 또 너와 및 그 가운데 있는 네 자식들을 땅에 메어치며 돌 하나도 돌 위에 남기지 아니하리니 이는 권고받는 날을 네가 알지 못함을 인함이니라 하시니라

(누가복음 19 : 41 - 44)

숨겨진 평화의 길

유명한 화가 레오나르도 다빈치의 생애 중에 있는 중요한 일화가 있습니다. 그가 그 유명한 「최후의 만찬」을 그리고 있는 중에, 돈 문제로 친구와 몹시 다투게 되었습니다. 아주 심하게 다투었습니다. 옆에서 말리는 친구 덕분에 싸움은 그치고 그리고 어쭙잖은 화해를 했습니다. 얼렁뚱땅 화해까지는 했으나 다빈치의 마음은 전혀 편하지 않았습니다. 그런데 마침 그때는 성만찬의 그림을 그리는 중에 예수님의 얼굴을 그려야 할 바로 그런 차례였습니다. 다빈치는 예수님의 얼굴을 그리려고 묵상하며 예수님을 떠올리고 그려보았지만 번번이 실패합니다. 아무리 노력해도 안되는 겁니다. 많은 날 동안 애를 쓰다가 그는 더이상 진척이 없는 것을 알고, 그 원인을 곰곰이 생각하게 됩니다. 그리고 마침내 중요한 깨달음을 가졌습니다. 그는 이렇게 기록하고 있습니다. '사람이 자주 손을 씻는다고 해서 동물과 구별되는 것은 아니며, 사람이 고도로 발달된 두뇌를 가졌다고 해서 가치가 있는 것도 아니다. 마음속에 진실로 하늘나라의 평화가 없을 때, 나는 예술가도 될 수 없고 사람다운 사람도 될 수 없다'라고 하는 결론에 도달합니다. 그래서 그는 즉시 그때 싸웠던 친구를 찾아갑니다. 그리고 진심으로 화해를 합니다. 모든것이 제 잘못이니 용서하라고. 그렇게 완전한 화해를 하고 돌아와서 다시 붓을 잡았을 때, 그는 비로소 예수님의 얼굴을 그릴 수가 있었다 하는 이야기입니다.

마음의 평화! 이 얼마나 중요한 것입니까? 헬라어에는 '에이레

네'라고 되어 있습니다. 우리가 이것을 영어로는 'PEACE'라고 번역을 하고요, 히브리어로 옮긴다면 이것은 '샬롬'입니다. 로마사람들의 '팍스'와 히브리개념의 '샬롬'은 다릅니다. '팍스 로마나'라고 하는 것은 힘의 평화요, 전쟁의 평화요, 거짓된 평화요, 남을 죽이면서 얻어지는 마치 공동묘지의 고요함같은 그런 평화입니다. 그러나 '샬롬'이라고 하는 것은 용서와 사랑과 화해 그리고 참평화요, 하나님과의 화평의 관계에서 얻어지는 평화, 이웃과의 관계에서 깨끗한 아주 아름다운 인간관계를 맺어서 거기서 얻어지는 평화, 특별히 자기 자신과의 관계에서 자기진실, 자기정직, 자기 의를 그리고 자기자유, 그 속에서 얻어지는 진정한 평화를 말합니다. 이것은 믿음이요, 이것은 사랑이요, 이것은 소망입니다.

평화— 여러분 다시 한 번 깊이 생각해 봅시다. 평화가 있고 그 속에 능력이 있습니다. 평화가 있고 지혜가 있습니다. 평화가 있고 용기가 있습니다. 그리고 그 속에 창의력도 있습니다. 계시의 영이 함께합니다. 고개를 숙일 때마다, 생각할 때마다, 길을 걸을 때마다, 무슨 일을 할 때든지 내 양심이 나를 성원합니다. 하나님께서 나와 함께하시는 평화를 느낍니다. 하나님의 거룩한 사랑을 느끼며 자유하는 그런 평화 말입니다. 그 속에 능력과 창조력과 지혜와 용기가 있는 것입니다.

그런데 오늘본문에 보면 아주 귀한 그 평화가 숨겨졌다는 것입니다. 결국 모르게 되었다는 것이지요. 길을 잃었다는 것입니다. 평화가 떠났습니다. 평화의 길을 잃었다는 것입니다. 그런고로 이제부터 모든것이 헛됩니다. 그 용기는 만용입니다. 그 지혜는 어리석음입니다. 그 능력은 곧 나약함입니다. 참평화 안에만 능력과 지혜가 있는데 말입니다.

오늘 본문의 귀중한 진리는 '심판적 선언'이라고 하는 것입니다. 44절에 말씀합니다. "알지 못함을 인함이니라." 그렇습니다. 가장 무서운 죄는 '무식의 죄'입니다. 그럼 "왜 무식했느냐?" 하고 물으면 그것은 이미 아는 것을 버렸기 때문에 무식이라고 하는 심판을 받게 되는 것입니다. 가끔 우리 그런 것 보지 않습니까? 가끔 신문기사에서도 보면 이럴 수가 없어요. 상식 이하입니다. 말도 안되는 그런 실수를 멀쩡하게 합니다. 왜 이렇게까지 무지했나? 왜 이렇게까지 바보짓을 했나? 왜요? 총명이 흐려졌습니다. 총명이 흐려지고 말았습니다. 그 다음에는 그야말로 상식 이하요, 있을 수 없는 그런 어리석음을 범하게 되는 것입니다. 그래서 여러분 잘 아시는대로 예수님 누가복음 23장 34절에서 십자가에 돌아가실 때 하신 말씀이 뭡니까? 가장 중요한 말씀이지요. "하나님이여! 저들의 죄를 사하소서." 예수님을 십자가에 못박는 그 아우성치는 무리들을 내려다보시면서 하시는 말씀입니다. "이들의 죄를 사하소서. 저들의 하는 것을 모르기 때문입니다." 죄는 무식이 죄입니다. 모르기 때문입니다. 모르기 때문에 이같은 일을 하고 있습니다. 그래서 불쌍히 여기는 것입니다. 모르기 때문입니다.

그럼 왜 모르게 됐느냐? 본문을 자세히 읽으면 여기에 귀중한 말씀이 있습니다. 그것은 바로 이런 말씀입니다. "오늘 평화에 관한 일을 알았더라면" '오늘, 지금'이라고 하는 것입니다. 지금 평화에 관한 일을 알았더라면 좋을 뻔했다. 지금이라는 말이 중요합니다. 은총의 계기가 숨겨졌다는 것입니다. 은총의 한계를 넘어섰다는 것입니다.

여러분, 가끔 그런 경우가 있잖아요. 우리가 자식들에게도 이렇게 해라 저렇게 해라 하다가 정 끝까지 말을 안들으면 "니 마음대로 해라" 그럽니다. 심지어 예수님께서도 가룟 유다에게도 비슷한 말씀을 하십니다. 성만찬 예식을 하는 바로 그 순간입니다. 예수님께서 "너희들 가운데 나를 팔 자가 있다"라고 말씀하십니다. 그럴 때에 가룟 유다가 회개했으면 얼마나 좋아요. 마지막에는 유다에게 대놓고 "네가 나를 팔 것이다"라고 합니다. 그때라도 "주여!" 하고 무릎을 꿇었으면 얼마나 좋아요. 그런데 이 사람이 그대로 문을 차고 나가버립니다. 그때에 예수님 하신 말씀이 뭡니까? "네가 하고자 하는 일을 하라." 그러시고 맙니다. 이게 뭡니까? 내치는 것입니다. 은총의 한계에서 넘어서는 것입니다.

여러분, 꼭 이걸 잊지 말아야 합니다. 하나님께서 우리와 함께 하시고 말씀으로 함께하시고 성령으로 함께하십니다. 계속 말씀하시나 어느 한계를 딱 넘어설 때 가서는 "네가 하고자 하는 일을 해라. 네 맘대로 해라" 하시는 순간이 옵니다. 그건 평화에 관한 길이 숨겨지는 심판입니다. 아주 무서운 것입니다. 이 한계가 넘어설 때 평화에 관한 일을 모르게 되고 숨겨졌고 마침내 이 선언 후에 사십년 후에 로마제국에 의해서 예루살렘이 망합니다.

오늘본문에 보면 아주 "날이 이를지라. 네 원수들이 토성을 쌓고 너를 둘러 사면으로 가두고……" 특별히 "자식들을 땅에 메어치며 돌 하나도 돌 위에 남기지 아니하고……" 자세하게 말씀하셨는데 "돌 하나도 돌 위에"— 이 말씀이 무슨 말씀인가 궁금하지 않습니까? 예루살렘 성전을 지을 때 아주 존귀하게 짓기 위해서 돌과 돌 사이에 보화를 넣었습니다. 온 이스라엘 백성이 하나님께 바친 예물들을, 그 금은보화를 돌과 돌 사이에 놓고 지었습니다. 보이지는 않지마는 온 백성의 정성과 기도와 사랑이 여기에 나타나는 것입니다. 그래서 돌과 돌 사이에 보화를 넣어가며 쌓아올렸던 그런 성전인데 로마사람들이 그걸 모를 리가 있습니까? 그 성전을 헐어버릴 때 그 보화를 찾기 위해서 돌 하나도 돌 하나 위에 남기지 아니하고 다 헐어버리고 깨끗하게 헐어버리게 됐다, 그런 날이 올 것이라고 예수님께서 예언하십니다.

그런데 중요한 것은 오늘입니다. 오늘 이 지금이 중요한데 지금은 평화에 관한 길이 숨겨지는 시간입니다. 회개하지 않을 때 교만해집니다. 또 회개하지 않을 때 완악해집니다. 여기서 끝나는 것입니다. 회개하지 않는 자의 능력, 회개하지 않는 자의 용기, 그건 멸망의 길로 가는 길입니다.

여러분 잘 아시지 않습니까? 구약성경을 보면 애굽왕 바로의 이야기가 나옵니다. 모세가 이스라엘 백성을 건지려고 가서, 큰 능력을 가지고 가서 이스라엘을 놓아달라고 하는데 바로 왕이 거절합니다. 결국 큰 이적을 나타냅니다. 열 가지 재앙을 말이지요. 저는 성경을 읽을 때마다 이런 생각이 듭니다. '이 미련한 사람, 서너 번 재앙을 받았으면 곧 회개하고 말지. 그 열 가지를 다 받아? 그리고 마지막에 쫓아가다가 홍해에 빠져 죽었다며? 이런 미련한 사람이 있나. 그 완악함 때문에 ……'

여러분, 성경을 자세히 보세요. 놀라운 신학적 의미가 있습니다. 이 바로가 이스라엘 백성을 놓아 보내겠다고 했다가 또 안하겠다고 하고 또 거절하고 또 거절하는데 그때마다 성경은 이렇게 말씀합니다. "하나님께서 그 마음을 강퍅하게 하시니라." 하나님께서 그 마음을 강퍅하게 하셨다는 것입니다. 그래서 회개를 못한 것입니다. 결국은 망하게 되는데 그럼 왜 강퍅케 하셨을까? 조금 더 거슬러 올라가야 됩니다. 거슬러 올라가서 회개할 수 있을 때 회개 안하면 하나님께서 심판하십니다. 그 마음을 심판하실 때 강퍅해지는 것입니다. 그 어느 순간에 겸손이 떠나고, 진실이 떠나고, 경건이 떠납니다. 강퍅해진 멸망 직전의 증상입니다. 그런데 놀라운 것은 이것이 바로 하나님께서 하시는 것이라는 것입니다. "하나님이 강퍅하게 하시니라. 하나님이 완악하게 하시니라." 이 얼마나 무서운 말씀입니까?

오늘 여기에 주시는 말씀이 "지금 평화의 길이 숨겨졌도다." 이제는 평화가 없습니다. 자유도 없습니다. 교만과 강퍅함만 남아 있습니다. 이건 심판 직전의 상황입니다. 마침내 불신과 교만으로 멸망으로 치닫는 것을 볼 수 있습니다. 마음이 어두워집니다. 교만해집니다. 총명이 흐려집니다. 판단력이 흐려집니다. 그럴 때는 회개하지 못합니다. 아주 중요한 시간, 딱 주어지는 결정적인 시간에 회개해야 되는데 못하면 그 다음 함정으로 빠져드는 것입니다.

아주 유명한 얘기가 하나 있지 않습니까? 링컨 대통령이 남북전쟁 때 작전계획을 세우는데 참모총장하고 의견대립이 됐어요. 대통령은 이렇게 하자 하고 참모총장은 저렇게 하자 하고 그러다가 아주 심하게 다투게 됩니다. 그러나 결국 대통령이 상관이니까 그렇게 대통령 마음대로 했어요. 마침내 전투는 엄청나게 손해를 보고 패하게 되었습니다. 전투에서 패했을 때 참모총장은 화가 났어요. 내가 하라는대로 하지 않더니 결과가 이렇게 됐다고 막 화를 내고 있는 그 시각에 링컨 대통령은 지금처럼 전화가 없으니까 메모지에다 편

지를 썼어요. 딱 한 줄 'I am sorry(미안합니다).' 딱 써가지고 비서를
통해서 보내줬어요. 비서가 이걸 가지고 가서 참모총장이 한참 화
가 나 있는 자리에 가서 딱 드리니까 참모총장이 이를 보더니 "That'
s ridiculous guy(이 멍청한 녀석)" 하고 소리질렀어요. 그리고 비서가
돌아왔는데 대통령이 물었어요. "편지 갖다줬나?" "갖다줬습니다."
"뭐라고 하던가?" 아니 이걸 거짓말 할 수도 없잖아요. 할수없이 곧
대로 말했지요. "멍청한 녀석이라고 그러던데요." 아브라함 링컨,
껄껄 웃으면서, 큰 소리로 웃으면서 말합니다. "그 사람, 사람 볼 줄
아는구만." 이 얼마나 멋있는 얘기입니까? 그만큼 아브라함 링컨에
게는 평화가 있었어요. 넉넉한 평화가 있었어요. 결정적인 시간에 "I
am sorry." 이 한마디면 되는데 그걸 못하는 인간, 아니 못하고 죽는
인간을 보세요. 얼마나 비참합니까? 정말입니다. 이제라도 주어진
마지막 기회에 진실을 찾고 마음의 평화를 찾아야 됩니다. "평화의
길이 숨겨졌도다. 평화의 길이 숨겨졌도다."

　　여러분, 결정적인 시간에 딱 한마디면 좋은데 이걸 못하는 그
리고 죽는 이 미련한 인간을 봅니다. "평화에 관한 일을 알았더라면
좋을 뻔하였거니와, 그러나 네 눈에 숨겨졌도다." 예수님 예루살렘
을 내려다보시면서 우셨어요. 왜? 사십 년 후에 망할 테니까요. 오
늘 우리에게도 결정적인 순간이 옵니다. 우리의 마음에 평화, 아주
자유로운 평화, 이것이 흐려져서는 안됩니다. 적어도 "고맙다"고 할
줄도 알고 "미안하다"고 할 줄도 알고 "그것은 내 잘못이었습니다"
라고 할 줄도 아는 자유함, 그 평화가 있어야 합니다.

　　숨겨진 평화의 길. 다시 한 번 생각해봅니다. 이 평화 안에 지혜
가 있고 용기가 있고 능력이 있고 창조력이 있는데 이 평화를 잃어

버리고나면 모든 것을 다 잃어버리는 것입니다. 그래서 예수님께서 예루살렘을 내려다보시면서 우셨습니다. "평화에 관한 일을, 그 길을 알았더면 좋았을 텐데 너희 눈에 숨겨졌구나."

여러분, 오늘 우리의 마음에 이 평화가 있고 하나님께 향한 평화, 이웃을 대하는 평화, 나 자신에 대한 평화, 이 평화가 조금도 흐려지지 않고 깨끗하게 지켜져서 그 깨끗한 평화 그것을 지켜가며 주의 음성을 가까이 가까이 들으며 항상 들으며 주의 음성에 응답하며 사는 그런 자유함이 있어야 할 것입니다. △

곽선희목사 설교집·강해집·기타

〈강해집〉
(빌립보서 강해) 희락의 복음
(갈라디아서 강해) 은혜의 복음
(고린도전서 사랑장 강해) 진정한 사랑의 의미
(예수님의 이적 강해) 이적으로 계시된 말씀
(사도신경 강해) 사도들의 신앙고백
(야고보서 강해) 참믿음 참경건
(예수님의 잠언 강해) 예수의 잠언
(사도행전 강해)(상) 교회의 권세
(사도행전 강해)(하) 교회의 권세
(로마서 강해) 믿음에서 믿음으로
(고린도전서 강해) 복음의 능력
(고린도후서 강해) 생명에로의 길
(예수님의 비유강해)(상) 하나님의 나라/(중) 이 세대를 보라/(하) 생명
에로의 초대
(에베소서 강해) 내게 주신 은혜의 선물
(골로새서 강해) 위엣것을 찾으라
(데살로니가서 강해) 사도의 정체의식
(디모데서 강해) 네 직무를 다하라

〈기타〉
행복한 가정/참회의 기도/영성신학/종말론의 신학적 이해/생명의 길